市场经济与城市规划

李 宁 著

吉林科学技术出版社

图书在版编目（CIP）数据

市场经济与城市规划 / 李宁著 . -- 长春 ：吉林科
学技术出版社，2019.12
ISBN 978-7-5578-6352-4

Ⅰ . ①市… Ⅱ . ①李… Ⅲ . ①市场经济－影响－城市经济－
经济规划－研究－中国 Ⅳ . ① F299.2

中国版本图书馆 CIP 数据核字（2019）第 244412 号

市场经济与城市规划

著　　者	李　宁
出 版 人	李　梁
责任编辑	端金香
封面设计	刘　华
制　　版	王　朋
开　　本	185mm×260mm
字　　数	370 千字
印　　张	16.5
版　　次	2019 年 12 月第 1 版
印　　次	2019 年 12 月第 1 次印刷
出　　版	吉林科学技术出版社
发　　行	吉林科学技术出版社
地　　址	长春市福祉大路 5788 号出版集团 A 座
邮　　编	130118

发行部电话 / 传真　0431—81629529　　81629530　　81629531
　　　　　　　　　　81629532　　81629533　　81629534

储运部电话　0431—86059116

编辑部电话　0431—81629517

网　　址	www.jlstp.net
印　　刷	北京宝莲鸿图科技有限公司
书　　号	ISBN 978-7-5578-6352-4
定　　价	70.00 元

前　言

随着城市化进程的加快，城市建设从以前的杂乱无章慢慢转变为科学合理，各功能空间层次分明，越来越趋近于成熟的城市规划给城市的经济发展、人民出行、生存环境带来了前所未有的改变。城市建设的理念也随时代的变迁越来越有前瞻性、科学性，伴随着我国城市开发建设速度的加快，使得城市规划迎来了新的发展机遇。

本书开篇便对市场经济与城市规划的概况与发展以及市场经济下的城市规划做出了基本阐释，接下来重点论述了专业市场基础理论、社会主义市场经济理论发展、城市规划、具体城市规划、新时期的城市发展与规划以及城市规划经济等相关知识点，是一本不可多得的兼顾城建与经济、理论与实践经验的工具书。

目　录

第一章　绪　论

第一节　市场经济

市场经济是指通过市场配置社会资源的经济形式。简单地说，市场就是商品或劳务交换的场所或接触点。市场可以是有形的，也可以是无形的。在市场上从事各种交易活动的当事人，称为市场主体。市场主体以买者、卖者的身份参与市场经济活动，活动中不仅有买卖双方的关系，还会有买方之间、卖方之间的关系。如果不考虑政府的作用，市场经济体系中有两个部门，一个是公众（消费者），一个是企业（厂商）。两个部门的相互关系，可以说明市场供求的一般原理。

一、背景

在世界历史上，从农业时代向工业时代转变，是从西欧开始的。从 14 世纪到 15 世纪，欧洲遇到了空前严重的危机，接连不断的饥荒、瘟疫和战争使整个欧洲经济和社会的发展几乎完全停滞，与当时古代中国和古代印度的繁荣形成强烈的反差与对照，使不少欧洲人冒险探索前往东方的航线。

1492 年哥伦布到达美洲，欧洲列强开始在全球范围内进行大规模的殖民侵略活动，世界市场急剧扩大，刺激英国工场手工业迅速发展起来，大量农田被强行改为牧场，大量农民被迫离土离乡，进入手工业工场，充当雇佣工人，史称"圈地运动"，又名"羊吃人运动"。

1640 年英国爆发了革命，到 1688 年，经过长期斗争，历经三次反复，终于确立了君主立宪政权。

18 世纪 60 年代至 19 世纪 30 年代，英国率先完成了工业技术革命，实现了机器大生产。随后，欧美等主要国家都相继完成了工业技术革命。亚洲的日本在 1868 年明治维新之后，也迅速完成了工业化。

19 世纪末 20 世纪初，欧美国家相继由自由竞争阶段，进入垄断阶段，整个 20 世纪，西方各国经济的垄断程度越来越高，到了 21 世纪，几乎各行各业都形成了一些规模巨大的垄断公司，寡头垄断已经成为占统治地位的市场结构。

20 世纪上半期，列强为争夺势力范围，发动了两次世界大战。1945 年第二次世界大战结束后，美国取代英国成为西方世界的头号强国。

战后至今 60 多年间，世界经济又发生了很大的变化。一般来说，欧洲和北美绝大多数国家，以及亚洲的日本，已经步入成熟的市场经济阶段。而亚洲、非洲和拉丁美洲绝大多数发展中国家则依然处于传统小农经济阶段向现代市场经济过渡中，工业化水平远远落后于欧美日发达国家。

1949 年中华人民共和国成立前，中国大陆地区是一个典型的传统小农经济国家，只有微不足道的少量零星工业生产。

中华人民共和国成立后，首先从 1949 年到 1952 年在短短三年内，迅速恢复了战争创伤，然后从 1953 年开始到 1970 年，排除重重阻力，克服种种困难，在政府的强力推动下，走计划经济道路，初步完成了工业化。

1978 年 12 月中共十一届三中全会之后，在新的历史条件下，实行改革开放，于 1984 年中共十二届三中全会提出发展有计划的商品经济，1992 年中共十四大提出发展社会主义市场经济。到了 21 世纪，已经基本上建立了市场经济体系，步入了市场经济国家行列。但总体市场化程度仍然有待提高。

与中国改革开放的同时，苏联东欧国家也在 20 世纪 80 年代实行各具特色的经济改革，到 80 年代末 90 年代初相继和平演变，由计划经济国家向市场经济国家转型。

二、基本模式

1. 基本模式

市场经济一经产生，便成为最具效率和活力的经济运行载体。迄今为止，全世界绝大多数国家都纷纷走上了市场经济的道路。这种经济体制的趋同，一方面表明市场经济具有极强的吸纳能力和兼容能力，另一方面也意味着经济模式的多样性和丰富性。

美国、德国、日本市场经济体制是迄今世界各国中比较成熟的市场经济模式，它们各有特点，各具风格。这种市场经济模式的多样性、差异性，既是各国市场经济体制的特殊内容，也是各国相关经济政策、国情和文化历史传统差异的折射。

1991 年，世界经济合作与发展组织在《转换到市场经济》的研究报告中提出了成功的市场经济的三种主要模式：美国的自由主义市场经济模式；德国和北欧一些国家的社会市场经济模式；法国、日本的行政管理导向型市场经济模式。

2. 国外市场经济模式的共性

世界各国经济的丰富实践，使得经济模式在多样化的基础上日益走向互相整合。现代市场经济存在着以下共同特点：

（1）资源配置的市场化。资源配置是指为使经济行为达到最优和最适度的状态而对资源在社会经济的各个方面进行分配的手段和方法的总称。市场经济区别于计划经济的根本之处就在于不是以习俗、习惯或行政命令为主来配置资源，而是使市场成为整个社会经济联系的纽带，成为资源配置的主要方式。在经济运行中社会各种资源都直接或间接地进入市场，由市场供求形成价格，进而引导资源在各个部门和企业之间自由流动，使社会资源得到合理配置。

（2）经济行为主体的权、责、利界定分明。经济行为主体如家庭、企业和政府的经济行为，均受市场竞争法则制约和相关法律保障，赋予相应的权、责、利，成为具有明确收益与风险意识的不同利益主体。如果经济行为主体的权责利不界定清楚，那么，主体特别是企业这一微观层次就很难成为真正的自主性市场竞争主体。

（3）经济运行的基础是市场竞争。从市场经济的理念上普遍强调竞争的有效性和公平性。为达到公平竞争的目的，政府从法律上创造出适宜的外部环境，为企业提供平等竞争的机会。如美国的反托拉斯法、德国的反对限制竞争法、日本的禁止垄断法等等。只有把各市场利益主体的活动都纳入到法律的框架内，才能维护市场竞争的有序性和正常运行。

（4）实行必要的、有效的宏观调控。在自由竞争市场经济时期，国家的经济职能主要是保护经济发展的秩序，不直接干预经济运行。但是在现代市场经济条件下，国家对经济的干预和调控便成为经常的、稳定的体制要求，政府能够运用经济计划、经济手段、法律手段以及必要的行政手段，对经济实行干预和调控。其目的，一方面是为经济的正常运转提供保证条件；另一方面则是弥补和纠正市场的缺陷。

（5）经济关系的国际化。现代市场经济是一种开放经济，它使各国经济本着互惠互利、扬长避短的原则进入国际大循环。经济活动的国际化不仅表现在国际进出口贸易、资金流动、技术转让和无形贸易的发展等方面，还表现为对协调国际利益的各种规则与惯例的普遍认同和参与。上述的所有市场经济的共同特征，对于发展中国家建立与完善市场经济体制都是值得借鉴的，同时发达国家市场经济的相异特点也应该借鉴。

比如美国"企业自主型"市场经济强调对企业自主地位的确立和保障，政府对企业的关系真正的含义是服务；德国"社会市场经济"体制的以稳定求发展和实现经济发展与社会发展之间良性循环的做法，对于处理好发展与稳定、公平与效率的关系具有一定的参考意义；日本"政府指导型"市场经济强调市场与计划的有效结合，对于后发达国家发挥政府调节的优势，提高资源利用的时空效率也不乏参考价值。

2016年3月16日，李克强指出：市场经济是法治经济，也应该是道德经济。

三、模式分类

1. 美国市场经济模式

美国模式，即"企业自主型"市场经济模式，又称"自由主义的市场经济"。它十分强调保障企业作为微观经济活动主体的权利，政府"这只看得见的手"一般较少直接触碰企业，而是指向市场。其体制与运行特征主要有：

（1）企业享有比较充分的自主权。美国市场经济体制的基石，是自由企业制度。企业作为市场活动的独立主体，拥有比较完整、充分的权利，生产什么、生产多少和怎样生产等微观决策通常都是由企业自行决定。美国自由市场经济的重点是企业的自由。当然，企业的这种"自主性"是建立在较完备的法律基础上的。因此，企业经营中一般都很重视法律方面的工作，较小的公司聘有专职律师，较大的公司一般都设立法律部。

（2）市场是经济运行的中心环节，政府宏观调控活动集中在市场上。美国政府比较强调市场的合理性，注重限制垄断，保护竞争。美国通过了一系列的反托拉斯立法，以法律手段尽力为企业创造公平竞争的社会环境。最早的反托拉斯法是1890年通过的《谢尔曼法》，对托拉斯的行为做出了限制。其后100多年来，针对反托拉斯过程中的问题又通过了不少相关立法。另外，由于市场调节的有效与否取决于市场提供给企业的信号是否真实，美国政府把尽可能地使市场信号真实作为自己的一项重要职责，目标主要是反周期和反通货膨胀。

（3）政府宏观调控手段偏重于财政政策与货币政策。美国政府对经济运行的介入和干预也是依法进行的，在法律授权的范围内，依据对市场总需求的分析，采用或松或紧的财政政策和货币金融政策。其直接目的是为了扩大或压缩市场上的有效需求，通过市场上供求总态势的变动，引导企业对市场做出反应的形式进行决策调整。相对而言，美国政府宏观调控手段不那么强调具体功能以及经济计划和产业政策。

（4）体制关系的透明度较高。美国模式中政府、市场和企业的相互关系以及各自地位，一般都有明确的法律作出规定。尤其是政府的行为，都要以立法为依据。政府的宏观干预和调节，也必须落实到法律上，通过立法来贯彻执行，具有较高的公开性。

2. 德国市场经济模式

德国模式，即社会市场经济模式。德国实行的是宏观控制的社会市场经济，既反对经济上的自由放任，也反对把经济统紧管死，而是将个人自由创造和社会进步的原则结合起来，通过国家的有限干预实现"社会公正"。路德维希艾哈德是社会市场经济的主要奠基者，他把社会市场经济概括为"自由加秩序"。其体制与经济运行特征主要有：

（1）政府的首要职责是保证自由竞争，限制垄断。市场竞争是推进经济发展的最强大动力，也是社会最主要的支柱。垄断和"不道德竞争"是市场机制有效性的最大威胁。政府干预的首要目标，就是建立和维护合理的市场竞争秩序，消除有碍市场机制发生作用的因素。只要市场机制健全，就能合理引导企业，因此政府不必对企业进行"多余"的直接干预。在市场自由的基础上，企业也是自由的；企业的自主性，又是市场机制有效作用的必要条件。

（2）宏观调控的核心目标是实现稳定与均衡。市场机制的有效性取决于经济环境的有序和经济运行的稳定，其中主要是指价格稳定、货币稳定、增长稳定以及收入稳定。为此，宏观调控的政策手段主要是制度政策、稳定政策和社会政策。制度政策即保证充分、有效的市场竞争政策；稳定政策包括物价、货币、就业和经济增长的稳定，具体手段有财政政策、货币政策、收入政策和结构政策等；社会政策包括收入再分配、社会保障等。

（3）有比较发达的社会保障制度。德国市场经济力争经济高效率又兼顾社会公平。为维护社会公平，德国通过立法推行监督、影响之下的雇主与职工"共向决定"制度。有关工人就业和收入的一系列具体问题，工人都有参与决定的权力。另外，德国进一步扩展社会保障制度。通过政府（财政的转移支付）、企业和职工（认保缴费）的"三方付费"制度，建立起了比较完备、具有较高水平的医疗、失业、退休和事故等各种各样的保险，以及社会福利和社会救济制度。

（4）体制关系的透明度很高。在德国社会市场经济体制中，法律保障占有相当重要的地位，通过各种立法建立和维护有序的、合理的和公平的竞争秩序。体制关系中透明度很高。

3. 日本市场经济模式

日本模式，即所谓政府指导型，又称"社团市场经济"。第二次世界大战后日本经济除近年有所停滞外，曾历经几十年的持续高速增长，在 1950 ~ 1990 年的 40 年间，年均增长率高达 7.7%。日本非常强调政府在经济发展中的作用，政府既调控市场，也直接引导企业，并且将重点放在后者之上。日本市场经济体制与运行的特点有：

（1）比较突出地强调政企合作。日本"政府指导型"市场经济，并不是指企业的自主发展必须充分考虑来自政府的各种信号，而主要是寻求政府与企业之间的协调一致。在这种体制关系中，十分强调政府与企业之间的合作、共同参与决策，尔后分别在宏观和微观两个层次上具体实施。企业仍然是独立的微观经济主体，但受到政府有关经济计划的明显约束，从这个意义上讲，其自主程度相对较低。

（2）在社会资源的配置中把计划与市场有机结合起来。日本的市场经济模式在发挥市场调节的同时，重视政府宏观调控对社会资源配置的作用。日本的政企关系建立于市场与企业关系的基础之上，政府宏观调控的作用不是取代市场调节，而是设法强化市场机制的作用，弥补市场调节之不足。

（3）有一套官民结合的严密而有效的经济管理的组织体系。日本的"政府主导型"还表现在它的经济组织制度上。从政府机构到半官方的经济审议会，再到民间的行业团体和企业间内部的横向联系，是一个政府主导、民间经济界充分参与的多层次官民一体型体系。官与民相互联系，互通意见，有机结合。这样既便于政府制定的经济政策切合实际，平衡各方利益，又有利于经济政策得到企业和公众的响应和自觉执行。

（4）政府宏观调控的手段侧重于经济计划和产业政策。从战后日本经济的发展来看，政府对经济活动的干预尤以经济计划和产业政策为佳。经济计划具有全局性、长期性和战略性等特点，主要任务是提出国民经济发展的长期趋势和总目标，以及实现目标的政策措施与手段。产业政策是由通产省主持制定的产业结构设想和产业组织政策，指明产业的发展目标，实行产业倾斜，并从税收、金融等方面给这些产业以一定的优惠，以推动实现产业结构、技术结构和出口结构的优化，提高企业的国际竞争力。

（5）体制关系的透明度较低。日本市场经济模式强调政企合作，既有政府对企业大量的随机监督与指导，又存在着企业经常寻求政府指导和扶持的现象。由于这种密切的联系，不可能时时处处诉诸法律程序，因此，日本市场经济的公开性较差，透明度也较低。

四、发展原因与问题

1. 原因

分析西欧各国率先实现工业化的原因，从根本上来说，是由于欧洲国家连年战争不断，内耗过大，15 世纪末叶、16 世纪初叶，欧洲直通印度新航线的开通和美洲大陆的发现，以及环球航行的成功，使英国的对外贸易迅速增长。当时的英国王权较弱也是一个重要原因：英格兰国王詹姆士一世即位时西班牙与英格兰的战争还在继续，詹姆士一世和议会之间因为拨款的问题产生的矛盾冲突非常严重，而议会主要由资产阶级和新贵族控制。

詹姆士一世不关心英国的海上贸易，不重视建设海军，这些政策大大阻碍了英国资本主义的发展，引起了资产阶级和新贵族的强烈不满。另外詹姆士一世为了不背叛和荷兰人的和约而不再允许英国对荷兰的海盗行为，虽然劫掠荷兰商船是英格兰很久以来的获利丰厚的合法海盗行为。

后来建立君主立宪制，限制了君主的权力，地主贵族为了生产肉类和商品粮以供应城市的需要，扩大投资，改善土地的生产能力，同时加速进行圈地。资产者则大力鼓励圈地。政府通过议会立法使圈地合法化，工业迅速发展起来。在革命之前，真正的机械化生产还没有发展起来。英国是欧洲第一个建立君主立宪制的国家，工业革命发源于英格兰中部地区。西欧各国率先实现工业化，主要是因为国与国之间的战争、新航线的开辟、王权相对较弱。所以在英国，资产阶级和新贵族控制下的议会容易取得对国家的控制权。

2. 问题

在市场经济时代，随着工业成为主导产业，厂商成为基本的经济组织形式，农业和家庭双双发生了危机。

（1）农业

首先，就农业来讲，其比较经济效益显著下降，城乡居民的收入差距越拉越大，农民的贫困问题日渐突出，农民的社会地位一落千丈，越来越多的农民离开土地涌入城市，成了社会上长期受到普遍关注的焦点问题。问题的根本原因是社会上层对待农业和工业的态度，在英国资产阶级革命之后，地主贵族和资产阶级都加速进行圈地运动，目的是为了供应城市的需求，社会经济因为社会统治阶层的变换而转型，导致农业时代向工业时代发展过渡。挫伤农民的劳动积极性和社会地位是城乡居民收入差距越拉越大的最初始的原因。

为了满足工业化的需求，各种各样的服务业随之兴起，甚至拥有比工业生产更高的社会地位和劳动报酬，而国家层面对农产品价格的限制比较严格，一旦农产品提价就会引起社会上非常强烈的不满。自近代以来，世界经济发展的一个主要趋势就是工业和服务业的兴起，大量的人力、物力、财力随之不断地由农业向工业、服务业流动。就像"水往低处流，人往高处走"一样，资源是由经济效益低的行业向经济效益高的行业流动。因此，伴随着现代工业和服务业的发展，必然是农业的比较经济效益低于工业和服务业。

（2）家庭

其次，世界性的家庭伦理危机日益严重。家庭的规模在不断缩小，"三世同堂"式大家庭已基本成为过去，一对夫妇及其孩子组成的"核心家庭"已取而代之成为目前最普遍的家庭形式。但家庭规模的缩小并没有到此为止，而是还在进一步缩小中，出现了大量非典型不完整家庭，如各种单亲家庭、丁克家庭、单亲家庭等。与此同时，家庭的职能也在不断剥离。

在农业时代，家庭可以说是全职全能的，包括生产经营、生活消费、两性情爱、生育后代、抚养教育、赡养老人以及承担社会义务等许多职能。进入工业时代以来，这些职能都开始相继从家庭中分化独立出来，程度不等地实现了市场化、社会化。

生产经营差不多已经完全由各类厂商所包办，生活消费远远超出了家庭范围，"天伦之乐"已让位于"天涯之乐"，孩子的抚养教育不再由家庭大包大揽，而是由各类托儿所、幼儿园、学校承担了相当大一部分，老人的赡养也不再完全由子女承担，而是由各类托老组织承担了一部分。最叫人难以接受的是，夫妻感情日渐淡化，婚外恋大量涌现，非法色情交易屡禁不止，愈演愈烈。发展至今，除了生育职能基本上完全由家庭承担以外，其他职能都已经全部或部分越出了家庭的范围。

导致这些问题的根本原因是社会内部不安定因素不断扩散、不断激化，比如失业现象严重、社会内部欺诈行为难以控制、对劳动的剥削变本加厉、社会人口迁徙和流动加剧，这一切导致社会内部信任不断被破坏，连家庭内部的信任都难以保证，而资产阶级革命前的农民只要有土地，就不会失业，不需要不断迁徙，也不需要用上夜班来实现更多的生产，因为农作物的生长必需遵守自然规律。另外，人的生活压力变大，女权运动使女性和男性一样开始在社会上工作、参政议政，这样，对下一代和上一代的抚养和照顾就不得不尽量交给社会承担了。

3. 影响

市场经济时代最基本的特征是，工业取代农业占据了社会经济的决定性地位，市场营销成为最普遍的经营形式，由此导致社会经济各个方面发生了一系列深刻的变化。

市场营销要求根据市场需求，广泛利用各种市场资源，在极其广阔的时空范围内进行生产，而不是像传统小农那样局限在一个家庭范围内，使用家庭资源，为满足家庭需要而进行生产，市场营销强调"广泛利用市场资源"。但是这种"广泛利用市场资源"的观念必须"立足于当地实际，从当地实际出发"，否则容易造成当地各种资源的严重流失，使当地经济发展居于劣势。

（1）机械化

从历史发展来看，世界各地小农经济统治数千年间并不曾发明过任何一台最简单的机器，而15世纪末以来，随着市场经济逐渐成为世界经济的主流，人们便开始尝试发明这样那样的机器，特别是自18世纪下半叶以来短短二三百年时间，人们便便发明了无数精巧绝伦、神通广大的机器，各行各业都普遍实现了机械化。机械化是社会上层重视工业生产的必然。

从理论上来分析，首先，面对巨大的市场需求，手工生产是无法满足的，必须大量应用机器生产；其次，在市场经济背景下，资本家拥有大量财力去支持用于生产的发明创造，为各种机器的发明和制造提供了充分的现实可行条件。于是，经过人们坚持不懈的努力，终于实现了机器大生产，其主要特点是：以煤炭、石油等非生物能源为动力，能够大功率、高效率、长时间连续作业。虽然机械化是在工业化发展到一定阶段出现的，但这并不意味着没有工业化，就没有机械化，而工业化当然会加速机械化的进程。

（2）科学化

由于面向市场经营，使用机器大生产，这就要求人们改变以往小农经济状态下那种凭经验靠估计的做法，而代之以科学的定量测试、计算和分析。这里"科学化"并不简单地局限于科学技术成果在生产中的应用，而包括人们观察和分析问题时的思维方式的科学化。但是这种对科学性的要求往往被恶性竞争严重扭曲。

（3）雇佣化

面对规模化的工业生产，仅靠家庭劳动力显然是无法满足的，必须大量引入家庭外劳动力。使用家庭外劳动力，可以有两个途径：一个是强迫一些人当自己的奴隶；另一个是通过支付工资来雇佣他人为自己工作。但是，大量强迫奴隶劳动，只能限于简单的、不容易被破坏的劳动环境，比如种植园，即便是种植园，也难以阻止奴隶破坏和反抗力量的爆发，奴役制度必然灭亡。

规模化的工业生产只能通过支付工资的办法来雇佣本国自由民从事生产劳动，而出于对技术和本地人口就业的保护，雇佣外国公民不是明智的选择。

大量机器的应用及由此导致的技术分工，虽然要求工人融合为一个有机联系的整体，共同完成生产过程，但是由于自由竞争的商品经济下工业生产内部管理失控的现象难以避免，所以这种"融合为一个有机联系的整体"的愿望和努力常常面临各种困难。

（4）专业化

整个的机械化大生产和雇工经营是在自由竞争的商品经济的大环境和工业生产内部管理失控的情况下进行的，由于外部环境中恶性竞争严重，风险很高，商业机密很多，内部管理常常失控，导致社会分工变得越来越细，整个社会经济呈现出专业化和社会化的特点，理论上说，社会成员应该普遍养成分工协作的习惯和理念，但是社会经济的专业化和社会化并没有降低风险、解决内部管理失控的状态，这也是社会内部信任的破坏程度一直非常严重、社会生产的整体效率难以提高的原因。

机械化大生产和雇工经营，必然突破家庭经营的局限，使厂商成为最基本的经济组织形式。与小农家庭简单的内部结构相对比，厂商内部结构要复杂得多，其中包含了种类繁多、数量巨大、分工精细的各种生产要素，是一个巨大复杂的经济系统，而这样复杂的经济系统在管理上也非常复杂、非常困难，本身就容易出现失控的状态。

（5）私有化

厂商成为基本经济组织形式以后，私有制的范围就扩大了，虽然名义上仍然是私有制，但在实际经营和管理层面上，所有者已经不能完全随心所欲地支配和处分自己名下的财产了。

这与封建农业时期的个体私有制相比，已经不可同日而语了，这是一种"扩大的私有制"，其内部正在孕育产生新兴公有制萌芽，而这样的公有制萌芽对工业化生产的约束力量远远不够，私有化厂商的生产在自由竞争的商品经济环境下，容易出现失控状态，雇佣工人、消费者或者供应商的利益常常被侵犯。

（6）目的化

由于在极其广阔的时空范围内组织市场经营，厂商生产的目的不再像小农经济那样以获取产品为直接目标，而是以利润为直接生产目的，产品的生产变成了获取利润的手段。在这里，利润是泛指一切价值增值。在这样的目的驱使下，产品质量难以保证，雇佣工人、消费者或者供应商的利益难以保证，我们赖以生存的环境常常被污染，我们的地球资源面临枯竭的威胁，一切都可以成为商品，野生动物也在这样的目的驱使下，面临灭绝的命运。

（7）规范化

人的社会性注定人天生愿意遵守信用、善待他人，但是在自由竞争的市场经济条件下容易出现恶性竞争的状态，市场经济是一个由千千万万的厂商和个人参与的过程，因此必然要求对人们的行为做出严格的规范，包括国家法律制度、厂商内部的管理制度、各种技术性操作规范以及产品和服务的质量标准等。

这就好比，在乡间小道上，一个人或很少的几个人走路，无须特别制定交通规则，人们也不会随便故意相互碰撞，但在大城市，数以万计的行人、车辆一起上路，而每个人都急于达到自己的目的地，就必须制定严格的交通规则了。

总之，规范化是市场化所面临的艰巨的任务和挑战，没有市场化，人们就不会感到自由竞争的商品经济对社会规范的冲击。

（8）扩张化

17世纪中期，英国爆发的革命，建立了限制王权的君主立宪制，加速了工业化的进程，最直接的目的是为了赚到更多的钱，但是工业的迅速发展，势必加剧国家内部的矛盾，他们必须迅速将产品卖出去，才能维持正常的社会生产、保证整个社会的稳定，否则他们将会负债累累、将会破产，这种压力使资产阶级殖民扩张成为他们唯一的出路，而殖民扩张的成功又会使他们进一步扩大生产规模，使自由竞争的商品经济条件下的工业生产在全球范围不断扩张，殖民战争结束后，所有的国家都希望走工业化的道路，因此市场经济的扩张性并没有因为殖民战争的结束而消失，反而从旧殖民主义顺利转化为新殖民主义。

市场经济试图通过市场机制来实现资源优化配置，但是这样的努力在带有侵略性的自由竞争环境下往往是非常脆弱的。

（9）资本化

随着利润成为直接的生产目的，一切生产要素都相应地变成了赚取利润的手段，即通常所谓"资本"。整个社会经济从此都置于资本的支配之下，受资本统治。

在整个社会管理失控的状态下，社会主义国家也走上工业化道路，它们同样面临社会管理失控的状态。冷战之后，自由竞争的商品经济几乎遍及世界每一个角落，而一旦资本能得到社会有效的管理，自由竞争的商品经济就会直接转化为接受社会管理的经济模式。

五、局限性

市场经济是一个由千千万万的厂商和个人自主参与交易形式，在市场经济中有一只看不见的手在指挥。这只看不见的手就是市场的价值规律。假定厂商打算做长久的生产经营和销售，商品的价格就会受供求关系影响，沿着自身价值上下波动，在交易过程中，我们常能看到同一种商品在不同时期价格不同，没有打算做长久的生产经营和销售的厂商，虽然很快被淘汰的风险很大，但是他们的获利也会非常可观。

1.市场的局限性的具体表现

（1）当涨价时，卖方会自发的加大生产投入；当减价时，卖方会自发的减少生产投入，这就是市场的一个特点：自发性。

（2）市场的范围之大使得谁也无法客观宏观的去分析观察，参与者们大多以价格的增幅程度来决定是否参与，与参与程度，这就体现了市场的第二个特点：盲目性。

（3）参与者盲目自发的投入生产，而生产是一个相对于价格变动耗时较长的一个过程，所以我们常能看到一种商品降价后，它的供应量却在上升，这就是市场的第三个性质：滞后性。

（4）我们在购买时只能先付款后消费，由于商品种类繁多，我们并不是每次都能在购买时直接看到消费的效果，而事后使用法律武器维护自己的利益的代价很大，所以市场还具有第四个性质：欺诈性。

2.市场机制

理论上说，市场分配成为最基本的分配形式包括各种市场资源和劳动产品，都通过市场交换来进行分配，实行"各增其值、等价交换"原则，即个人向厂商提供生产要素，按系统论观点，每一种生产要素在生产过程中都实现增值，并得到各自的报酬，形成个人收入，个人再以其收入按等价交换的原则向厂商购买各种消费品。但事实上，等价交换根本没有具体评估的标准，只能在可选的范围内，按照自己的需求进行"自愿交换"的状态。

3. 市场竞争

由于市场分配成为最基本的分配形式,一切生产要素和产品都要通过市场来分配,于是千千万万的厂商和个人便在市场上围绕有限的市场资源展开了广泛而激烈的市场竞争,使每一个人和每一家厂商都随时面临严酷的市场压力,从而推动市场经济不断向前发展。而在这样的过程中,人们极力避免严酷的市场压力给自己带来的风险,造成了巨大的自然资源的浪费和自然环境的破坏,犯罪率也会因此大大提高。

4. 政治民主

首先,众所周知,在传统意义上的自然经济条件下,每一个生产者差不多都是自给自足的,都直接生产自己需要的绝大部分消费品,因而他们的生活资料的取得,多半是靠与自然交换,而不是靠与社会交往。一小块土地、一个农民和一个家庭,旁边是另一小块土地、另一个农民和另一个家庭。一批这样的单位就形成一个村子,一批这样的村子就形成一个地方,有人比喻,这就"好像一袋马铃薯是由袋中的一个个马铃薯所集成的那样",相互间除了简单的地域联系之外,"再没有任何丰富的社会关系"与经济交往。

在经济交往层面,这个比喻可以成立,但是自然经济条件下的风俗文化上的交往比商品经济条件下丰富得多。自然经济条件下,的确不会在交换问题上存在大范围的、剧烈的利益分化与利害冲突,也不会因为在交换问题上频繁出现利益冲突而感到不自由、不平等。市场经济条件下的情况则完全两样。在这里,"交换的主体生产各种不同的商品,以适应各种不同的需要,如果说每个人依赖于一切人的生产,那么一切人则依赖于每个人的生产,他们由此而互相补充"。这样一来,人与人之间的经济交往就不可避免了。

与此同时,由于"交换过程的各主体表现为商品的所有者",随之而来的就必然是各商品所有者之间在交换过程中不可避免的利害冲突,他们在这种利害冲突过程中对实现社会平等和个人自由的愿望会非常强烈。这种现象,用马克思的话来概括,便是:个人之间以及他们的商品之间的这种差别,既是使这些个人结合在一起的动因,亦是使他们作为交换者发生他们"被假定被证明为"平等的人与自由的人的那种社会关系的动因。

其次,自由原则和平等原则乃至法治原则的实现,只有在市场经济关系中才具有现实的可能性,然而这一切并不会自然实现。

在自然经济条件下,每一个生产与消费单位之间是不存在积极意义上的经济交往的。然而这并不排斥各个单位内部的交往。问题在于,由于小农处在对地主的人身依附之中且承受着后者的超经济强制,这种交往也就根本不可能是自由的和平等的。市场经济虽然不存在明文规定的超经济强制,但是交换关系本身注定人们必然依附他人而生存,所谓商品交换纯粹是各商品所有者之间的按照彼此的需求自愿按照协商价格交换,在协商的过程中极力在社会中树立自由原则和平等原则。

再次,民主政治是贯穿于市场经济关系始终的自由原则与平等原则在观念上层建筑与制度上层建筑之间的斗争冲突中的反映。

革命限制王权或者推翻王位世袭的制度，建立了民主共和。这一切表现在上层建筑上，便是民主观念与民主制度的确立。作为民主的观念，平等和自由仅仅是交换价值的交换的一种理想化的表现，作为民主的制度，平等和自由仅仅是交换价值的交换在法律的、政治的和社会的关系上发展了的东西。一方面，民主意味着自由，意味着为法律、政治和社会制度所保障的种种公民权利；另一方面，"民主意味着平等，意味着在形式上承认公民一律平等，承认大家都有决定国家制度和管理国家的平等权利"。

虽然平等自由的民主政治被写入法律，但事实上自然经济时期的等级制度和人身控制关系只是以另外一些方式继续存在，不过只要在法律上明确自由平等的民主政治是公民的权利，这一切就有不断斗争和争取的合法依据，自由平等的实现并不是自然而然的，需要不断发现和解决人们面临的各种严峻的问题。

在自给自足的自然经济条件下，由于各个小农彼此间只存在有地域的联系，由于他们利益的同一性并不使他们彼此间形成任何的共同关系，形成任何的全国性的联系，形成任何一种政治组织。因此，他们不能以自己的名义来保护自己的阶级利益，无论是通过议会或是通过国民公会，他们不能代表自己，一定要别人来代表他们。他们的代表一定要同时是他们的主宰，是高高站在他们上面的权威，是不受限制的政府权力，这种权力保护他们不受其他阶级侵犯，并从上面赐给他们雨和阳光。

所以，归根到底，小农的政治影响表现为行政权力支配社会，表现为极端的专制主义。市场经济条件下情况有所变化，虽然在商品交换过程中，从表面上来看，双方一开始就是作为自由的和平等的商品所有者出现的，他们通过自由竞争和等价交换，最后又确证了自身的平等和自由，然而市场经济的商品交换关系和雇佣关系注定人们必然依靠他人才能生存。平等和自由的实现并不是自然而然的，必须建立对交换价值和交换行为的合理原则，而建立对交换价值和交换行为的合理原则长期以来一直是非常棘手的问题。

第二节　城市规划及其发展

"城市规划"是规范城市发展建设，研究城市的未来发展、城市的合理布局和综合安排城市各项工程建设的综合部署，是一定时期内城市发展的蓝图，是城市管理的重要组成部分，是城市建设和管理的依据，也是城市规划、城市建设、城市运行三个阶段管理的前提。

城市规划是以发展眼光、科学论证、专家决策为前提，对城市经济结构、空间结构、社会结构发展进行规划，常常包括城市片区规划。具有指导和规范城市建设的重要作用，是城市综合管理的前期工作，是城市管理的龙头。城市的复杂系统特性决定了城市规划是随城市发展与运行状况长期调整、不断修订，持续改进和完善的复杂的连续决策过程。

一、各国定义

1. 国际

苏联（《城市规划原理》）：在社会主义条件下的城市规划就是社会主义国民经济计划工作与分布生产力工作的继续和进一步具体化。

日本（强调技术性）：城市规划是城市空间布局、建设城市的技术手段，旨在合理地、有效地创造出良好的生活与活动环境。

英国（《不列颠百科全书》）：城市规划与改建的目的，不仅仅在于安排好城市形体——城市中的建筑、街道、公园、公用事业及其他的各种要求，而且更重要的在于实现社会与经济目标。

美国（国家资源委员会）：城市规划是一门科学、一种艺术、一种政策活动，它设计并指导空间的和谐发展，以满足社会和经济的需要。

2. 国内

城市规划是为了实现一定时期内城市的经济和社会发展目标，确定城市性质、规模和发展方向，合理利用城市土地，协调城市空间布局和各项建设所做的综合部署和具体安排。城市规划是建设城市和管理城市的基本依据，在确保城市空间资源的有效配置和土地合理利用的基础上，是实现城市经济和社会发展目标的重要手段之一。

城市规划建设主要包含两方面的含义：即城市规划和城市建设。所谓城市规划是指根据城市的地理环境，人文条件，经济发展状况等客观条件制定适宜城市整体发展的计划，从而协调城市各方面发展，并进一步对城市的空间布局、土地利用、基础设施建设等进行综合部署和统筹安排的一项具有战略性和综合性的工作。所谓城市建设是指政府主体根据规划的内容，有计划地实现能源、交通、通信、信息网络、园林绿化以及环境保护等基础设施建设，是将城市规划的相关部署切实实现的过程，一个成功的城市建设要求在建设的过程中实现人工与自然完美结合，追求科学与美感的有机统一，实现经济效益、社会效益、环境效益的共赢。

2014 年，北京会通过《北京市城市总体规划》的修改，来反思和调整北京建设和管理的理念。明确战略定位、调整和疏解非核心功能、提高建设的质量、治理大气污染、提高管理水平，这些都会贯彻到这次总规修改中。

2015 年 2 月 28 日，《厦门市城市总体规划（2010～2020)》草案结束了为期一个月的批前公示阶段，目前已提交到住建部，将由该部提交到国务院审批。在这份规划里，明确提出了"2020 年，厦门市常住人口规模 500 万人，全市城市建设用地 440 平方公里"。

2014 年 11 月，国务院印发了《关于调整城市规模划分标准的通知》。根据通知，城市常住人口 500 万以上 1000 万以下的城市为特大城市。按照此标准，到 2020 年，厦门将步入"特大城市"行列。

二、产业规划

1. 基本属性

（1）技术性。城市功能的合理性：土地资源、空间布局、道路和交通、公共设施和市政基础设施。

（2）艺术性。城市形态的和谐性：城市天际轮廓、城市公共空间，如街道／公园／广场／滨水地带／城市街区特色／标志性建筑。

（3）政策性、法制性。城市规划作为公共政策过程：经济效率和社会公正。

（4）民主性。社会资源的再分配：代表最广大的人民利益。

（5）综合性。经济、社会和环境协调发展。

（6）地方性。结合地方特点设计规划方案。

（7）实践性。规划方案充分反映建设实践的要求，同时要按规划进行建设。

2. 内容

城市产业规划是在明确的区域（镇域、县域及以上）范围内，立足当地的资源与条件，充分结合外部环境及产业发展现状与趋势，确定适合当地发展的主导产业及培育产业，并对各类产业的发展进行详细规划，理清发展次序，合理进行空间布局，形成完整的产业体系，打造强有力的产业集聚群，常常包括城市片区规划。丰富的产业研究经验，能够很好地将宏观的行业研究与微观的项目研究结合起来，让规划最终落脚到重点细分领域、重点集聚区和重点项目上。

三、问题

住宅及其环境问题是城市的基本问题之一。美国社会学家佩里通过研究邻里社区问题，在20年代提出居住区内要有绿地、小学、公共中心和商店，并应安排好区内的交通系统。他最先提出"邻里单位"概念，被称为社区规划理论的先驱。

后来建筑师斯坦因根据邻里单位理论设计纽约附近雷德布恩居住街坊，取得重大成功。雷德布恩式的街坊被视为汽车时代城市结构的"基层细胞"。第二次世界大战后，西方国家把邻里单位作为战后住宅建设和城市改建的一项准则。

邻里单位理论本是社会学和建筑学结合的产物。从20世纪60年代开始，一些社会学家认为它不尽符合现实社会生活的要求，因为城市生活是多样化的，人们的活动不限于邻里。邻里单位理论又逐渐发展成为社区规划理论

人们流动自由度的增大反映了社会的进步。城市规划家应当考虑不断变化的交通要求。产业革命后，城市的规模越来越大，市内交通问题成为城市发展中最大难题之一。交通技术的进步同旧城市结构的矛盾愈益明显。

英国警察总监特里普的《城市规划与道路交通》一书提出了许多切合实际的见解。他的关于"划区"的规划思想是在区段内建立次一级的交通系统，以减少地方支路的干扰。这种交通规划思想后来同邻里单位规划思想相结合，发展成为"扩大街坊"概念，试行于考文垂，直接影响了第二次世界大战后的大伦敦规划。

《城镇中的交通》是 1960 年由英国首相麦克米兰委托英国著名的建筑与城市规划学家科林·布坎南爵士（Professor Sir Colin Buchanan）召集规划、交通、建筑及土木工程等各个方面的专家学者于 1963 年编著完成的，又称《科林·布坎南报告》。当时英国仍然处于二次世界大战的战后重建和城市化进程加速的时期，在《报告》编著时，英国已有注册车辆 1500 万辆，根据预计的增长率，1970 年要达到 1800 万，1980 年将达 2700 万。到 2010 年，车辆保有率将达每户 1.3 辆，即全国要有 4000 万辆。《报告》提出针对道路认识的根本转变：城市应当宜于居住，这比开车进入市中心能力要重要得多，因此对交通需求要有管理，对人们运用车辆的方式应当引导。《报告》也提醒人们要认识到交通也会带来环境的负效益，通行能力的增长只能加剧交通拥堵而不是解决。另外，《报告》中也针对只依据交通量来设计道路的方法，提出了依据道路在城市中的功能来设计的思路，在各级道路中充分考虑人们生产生活的需求和行人、自行车和汽车在各级道路中的行为需求来设计道路。《报告》出版后在英国和其他欧美国家引起强烈反响和争论。这些远见卓识在相当长的时间里并未成为政府的政策。

《城市区域的道路》是英国交通部于 1966 年完成的一本城市道路技术指南。与《科林·布坎南报告》不同，这本指南仍然坚持传统道路设计中的特点，如强调横断面的宽度等；也没有提交通管理和对公交、行人的优先。这也体现了当时人们对于道路认识的局限和争论。

在经历了六十年代后期、七十年代和八十年代的实践后，英国的决策者、规划者和道路工作者逐步认识了城市区域的交通"承载能力"（包括交通和环境两方面的承载能力）是有限的，城市的土地利用、交通和道路建设必须同时规划同时管理。另外，英国的城市化进程进一步向纵深发展，郊区和原来的乡村地区房屋开发的需求高涨，城市中心地产重组再开发（常常因地价原因，这类地产经常为商业目的），这些都进一步刺激了交通需求。

1987 年由英国交通部与英国道路与交通工程学会联合出版了一本技术指南——《城市区域的道路与交通》。该指南指出，对于城市的交通问题要采用一种"均衡"的方法，即，"把交通管理与道路建设结合起来，当采取适当的设计标准时，是能够起到降低噪声、减轻污染和视觉冲击的"。这本指南的影响是深远的，它转变了从单纯地设计路宽等技术指标的思路，落实了六十年代《科林·布坎南报告》中提出的思想，使道路的建设服务于城市的整体功能，道路的设计面向使用、面向以人为本。鉴于其影响，这本指南在业界又称"棕皮书"。

进入九十年代，英国城乡发展的差距进一步缩小，可持续发展成为国际社会和英国交通政策的主要目标，这也给城市综合交通系统带来了一些深刻的变化，甚至影响到交通系统的设计和运营。过去那种对交通需求不加限制的政策已被"需求需要管理"和"出行要采用综合运输方式"的舆论所取代。这本操作指南与八十年代的"棕皮书"不同，它不仅仅注重交通管理与道路建设，它更是把城市中的各类交通方式进行了系统地定位，在城市的环境中突出强调出行时间的稳定性而不是高速度，要追求整体的环境效益、社会发展效益，从而实现城市的可持续发展。

进入21世纪，由于有1997年的技术指南奠定的综合交通系统的基础，交通决策者和从业者对于街道的建设、公交优先、停车政策等技术指南的需求日益专业化，所以在1997年指南的基础上，英国交通部、英国道路与交通工程学会等机构陆续出版了各类专业化的技术指南，这些指南在各个方面将全世界的优秀实践加以总结和利用。此后，学者们提出了树枝状道路系统、等级体系道路系统等多种城市交通网模式。发展公共交通的原则现已被广泛接受。城市交通规划同城市结构和城市其他规划问题息息相关，已成为城市规划中的一项基本内容。人们对交通的认识，也从认识它的单纯运输功能，进而认识到它对空间组织的意义和空间联系作用，并了解到城市交通是土地使用的函数。对城市交通的研究也发展到从城市环境的多种要求出发论交通。

在19世纪，由于城市的脏乱，提出了改善市容问题。1893年为纪念美洲发现400周年，在芝加哥举办世界博览会，芝加哥湖滨地带修建了宏伟的古典建筑、宽阔的林荫大道和优美的游憩场地，使人们看到了宏大的规划对美化城市景观的作用，影响所及，在美国掀起"城市美化运动"。

沙里宁在奥地利建筑师席谛对城市形象所做的分析研究的基础上提出"城市设计理论"，要求把物质环境设计。放在社会、经济、文化、技术和自然条件之中加以考虑，以创造满足居民基本生活需要的良好环境。针对当时形式主义的习尚，他还提出了自由灵活设计、建筑单体之间相互协调、建筑群空间构成以及建筑与自然协调等一些基本原则。这样，就将城市的美化与城市的各项功能要求有机地结合起来，使城市规划思想进一步深化了。

20世纪50年代以来，城市设计问题除了从视觉艺术的角度继续进行探索以外，还从心理学、社会学、生态学、人类学等角度进行更深入、更广泛的理论研究和应用研究。城市设计的理论和实践从追求美丽的城市发展到追求有效率的城市——更适宜于人们健康愉快地工作和生活的城市。

与城市设计相联系的是城市公园的规划和建设。美国风景建筑师奥姆斯特德在1858年设计了纽约中央公园，后又设计了布法罗、底特律、芝加哥和波士顿等地的公园，这是有计划地建设城市园林绿地系统的开端。实践证明，在城市规划一开始就应该将城市园林绿地系统的规划纳入其中。

城市的急剧发展，人工建筑对自然环境的破坏，促使人们日益重视保持自然和人工环境的平衡以及城市和乡村协调发展的问题。"大地景观"的概念开始引起人们的注意。有的城市规划学者对此作了系统的阐述，引申出把大城市地区看作人类生态系统的组成部分等观念。各国的城市规划工作都考虑保护自然环境问题。

历史纪念物不仅是一个国家、一个民族的文化瑰宝，也是全人类共同的文化财富。自古以来，远见卓识之士都很重视文化遗产的保护工作。可是，近代由于城市迅速发展，许多古建筑和历史名城不仅受到自然的侵蚀，而且更多地遭到人为的破坏。1933年《雅典宪章》较早地从城市规划角度提出保护古建筑问题。

四、意识

由于这些工作的开展，人们深刻地认识到旧建筑、旧居住区在实用、经济和艺术方面的长远价值，开始以新的观点研究旧城、旧区、旧建筑的改造问题。通过全面调查、精心规划，把旧城、旧区、旧建筑合理地利用起来，使之既适应新的需要，又能保持城市的文化特性和地方文化的延续性，从而使城市规划的观念和程序也发生相应的改变。

城市的发展和城市问题的日益严重使人们逐渐认识到不能仅就城市论城市，必须从更大的范围——区域的甚至国土的范围来研究与城市有关的问题。自从格迪斯提出区域原则以后，区域规划和国土规划的实践以1933年开始实施的美国田纳西州区域规划的成果最为卓著；大城市地区的区域规划工作以纽约及其周围地区规划较早，也较有代表性。20世纪40年代制定的大伦敦规划在这方面有创造性的发展。后来，一些城市纷纷从商业、交通等方面从事大城市影响区域的研究，出现了区域科学。

从区域角度对工矿区进行规划，是区域规划工作的一项内容。较典型的例子有英国顿克斯特城市规划和苏联顿巴斯矿区规划等。对风景名胜区、休养疗养地区进行规划也属于区域规划领域。例如苏联黑海沿海地区和高加索矿泉地带的区域规划。

五、工作内容与方法

1. 工作内容

（1）收集和调查基础资料。研究满足城市发展目标的条件和措施。

（2）研究城市发展战略，预测发展规模，拟定城市分期建设的技术经济指标。

（3）确定城市功能的空间布局，合理选择城市的各项用地，并考虑城市空间的长远发展方向。

（4）提出市域城镇体系规划，确定区域性基础设施的规划原则。

（5）拟定新区开发和旧城区利用、改造的原则、步骤和方法。

（6）确定城市各项市政设施和工程设施的原则和技术方案。

（7）拟定城市建设艺术布局的原则和要求。

（8）根据城市基本建设的计划，安排城市各项重要的短期建设项目，为各项工程设计提供依据。

（9）根据建设的需要和可能，提出实施规划的措施和步骤。

2. 方法

城市规划的方法，各国不尽相同，例如英国的发展规划，联邦德国的土地使用规划（也称总体规划）和地区详细规划，苏联的总体规划、建设规划和详细规划。

中国编制城市规划，20世纪50年代以来基本上采取第二次世界大战前后国外流行的方法：先论证城市发展性质，估算人口规模；再确定土地使用方式，组织建筑空间结构，确定道路交通系统及其他主要市政工程系统等；然后编制城市总体规划和城市详细规划。这种规划基本上是一个物质环境规划，为一个城市的未来各种活动安排空间结构，是一幅要在规定期限内（如20～30年内）加以实现的城市物质环境状态的蓝图，用以指导城市建设。

经多年的实践，人们越来越认识到上述规划方法不能适应社会、经济的迅速发展。基于对城市开放性——城市的发展与更新永无完结的认识，城市规划界提出了"持续规划"和"滚动式发展"的规划思想，即主要着眼于短期的发展与建设，对远景目标则不断地加以修正补充和调整，实行一种动态的平衡，从而抛弃了把城市规划当作城市"未来终极状态"的旧观念。

在这种认识下，出现了新的城市规划方法，如英国在1968年用新的结构规划和局部规划的两阶段规划方法代替原有的发展规划或总体规划。在规划内容上除了物质环境规划，还增加了经济规划和社会规划，以实现城市的社会经济目标，因此成为多目标、多方面的更为综合的规划。这种规划方法仍在发展中。

六、作用

要建设好城市，必须有一个统一的、科学的城市规划，并严格按照规划来进行建设。城市规划是一项系统性、科学性，政策性和区域性很强的工作。它要预见并合理地确定城市的发展方向、规模和布局，作好环境预测和评价，协调各方面在发展中的关系，统筹安排各项建设，使整个城市的建设和发展，达到技术先进、经济合理、"骨肉"协调、环境优美的综合效果，为城市人民的居住、劳动、学习、交通、休息以及各种社会活动创造良好条件。

城市规划又叫都市计划或都市规划，是指对城市的空间和实体发展进行的预先考虑。其对象偏重于城市的物质形态部分，涉及城市中产业的区域布局、建筑物的区域布局、道路及运输设施的设置、城市工程的安排等。

中国古代城市规划的知识组成的基础是古代哲学，糅合了儒、道、法等各家思想，最鲜明的一点是讲求天人合一，道法自然。

1. 宏观经济条件调控的手段

在市场经济体制下，城市建设的展开在相当程度上需要依靠市场机制的运作，但纯粹的市场机制运作会出现"市场失效"的现象，这已有大量的经济学研究予以了论证。因此需要政府对市场的运行进行干预，这种干预的手段是多样的，既有财政方面的（如货币投放、税收、财政采购等），也有行政方面的（如行政命令、政府投资等），而城市规划则通过对城市土地和空间使用配置的调控，来对城市建设和发展中的市场行为进行干预，从而保证城市的有序发展。

城市的建设和发展之所以需要干预，关键在于各项建设活动和土地使用活动具有极强的外部性，在各项建设中，私人开发往往将外部经济性利用到极致，而将自身产生的外部不经济性推给了社会，从而使周边地区受到不利影响。通常情况下，外部不经济性是由经济活动本身所产生，并且对活动本身并不构成危害，甚至是其活动效率提高所直接产生的，在没有外在干预的情况下，活动者为了自身的收益而不断提高活动的效率，从而产生更多的外部不经济性，由此而产生的矛盾和利益关系是市场本身所无法进行调整的。因此，就需要公共部门对各类开发进行管制，从而使新的开发建设避免对周围地区带来负面影响，从而保证整体利益。

2.保障社会公共利益

城市是人口高度集聚的地区，当大量的人口生活在一个相对狭小的地区时，就形成了一些共同利益要求，比如重组的公共设施（如学校、公园、游憩场所等）、公共安全、公共卫生，舒适的生活环境等，同时还涉及自然资源和生态环境的保护、历史文化的保护等等。这些内容在经济学中通常都可称为"公共物品"，由于公共物品具有"非排他性"和"非竞争性"的特征，即这些物品社会上的每一个人都能使用，而且都能从使用中获益，因此对于这些物品的提供者来说就不可能获得直接的收益，这就与追求最大利益的市场原则不一致。因此，在市场经济的运作中，市场不可能自觉地提供公共物品。这就要求政府的干预，这是市场经济体制中政府干预的基础之一。

城市规划通过对社会、经济、自然环境等的分析，结合未来发展的安排，从社会需要角度对各类公共设施进行安排，并通过土地使用的安排为公共利益的实现提供了基础，通过开放控制保障公共利益不受损害。比如，根据人口的分布等进行学校、公园、游憩场所以及基础设施等的布局，满足居民的生活需要并且使用方便，创造适宜的居住环境质量，同时能使设施的运营相对比较经济、节约公共投资等。同时，在城市规划实施过程中，保证各项公共设施与周边的建设相协同。

对于自然资源、生态环境和历史文化遗产以及自然灾害易发地区等，通过空间管制等手段予以保护和控制，使这些资源能够得到有效保护，使公众免受地质灾害的损害。

3.协调社会利益，维护公平

社会利益涉及多方面，就城市规划的作用而言，主要是指由土地和空间使用所产生的社会利益之间的协调。就此而论，社会利益的协调也涉及许多方面。

首先，城市是一个多元的复合型社会，而且又是不同类型人群高度聚集的地区，各个群体为了自身的生存和发展都希望谋求最适合自己、对自己最为有利的发展空间，因此也就必然会出现相互之间的竞争，这就需要有调停者来处理相关的竞争性事务。在市场经济体制下，政府就担当着这样的责任。

其次，通过开发控制的方式，协调特定的建设项目与周边建设和使用之间的利益关系。

4. 改善人居环境

人居环境涉及许多方面，既包括城市与区域的关系、城乡关系、各类聚居区（城市、镇、村庄）与自然环境之间的关系，也涉及城市与城市之间的关系，同时还涉及各级聚居点内部的各类要素之间的相互关系。城市规划综合考虑社会、经济、环境发展各个方面，从城市与区域等方面入手，合理布局各项生产和生活设施，完善各项配套，使城市的各个发展要素在未来发展过程中相互协调，满足生产和生活各个方面的需要，提高城乡环境的品质，为未来的建设活动提供统一的框架。同时从社会公共利益的角度实行空间管制，保障公共安全，保护自然和历史文化资源，建构高质量的、有序的、可持续的发展框架和行动纲领。

七、城市发展

随着世界城市化进程的加速，城市愈来愈成为人类社会和经济生活的主体。在信息经济、知识经济条件下，由于经济活动的全球扩散和全球一体化，城市的空间分布和功能组织正在发生重大调整。就我国情况看，一批城市群、城市带、城市圈和都市区不断涌现，已经呈现出十分强劲的加速发展势头。

城市是人类社会经济文化发展到一定阶段的产物。城市的起源的原因和时间及其作用，学术界尚无定论。一般认为，城市的出现以社会生产力除能满足人们基本生存需要外，尚有剩余产品为其基本条件。城市是一定地域范围内的社会政治经济文化的中心。城市的形成是人类文明史上的一个飞跃。

城市的发展是人类居住环境不断演变的过程，也是人类自觉和不自觉地对居住环境进行规划安排的过程。在中国陕西省临潼区城北的新石器时代聚落姜寨遗址，我们的先人就在村寨选址、土地利用、建筑布局和朝向安排、公共空间的开辟以及防御设施的营建等方面运用原始的技术条件，巧妙经营，建成了适合于当时社会结构的居住环境。可以认为，这是居住环境规划的萌芽。

第三节 市场经济下的城市规划

一、市场经济下城市规划的作用

1. 城市规划对政府的指引作用

城市在单纯追求 GDP 增长对城市建设规划置之不理，只考虑经济发展而忽视了环境、人文、交通、人口等因素。许多大中城市不同程度地出现了诸如水资源紧张、能源短缺、废弃物污染、大气环境质量恶化、中心区人口过密、基础设施特别是道路交通设施严重滞后等弊端，这些问题的存在，严重制约了城市的可持续发展。在这种背景下，城市规划也变得越来越重要。城市规划对政府有着至关重要的作用，坚持科学规划、科学建设、科学管理的规划原则在城市发展速度之快的今天有着重要意义。城市规划科学化是新要求的具体形式，体现了城市人民政府对城市性质、发展规模、土地使用、近期发展与长远发展等因素进行全面考虑。在清晰的明确城市发展布局后才能组织各项建设项目综合部署和具体安排。城市规划的根本作用是作为建设城市和管理城市的基本依据，是保证城市合理地进行建设和城市土地合理开发利用及正常经营活动的前提和基础。

2. 城市规划对城市可持续发展的促进作用

在市场经济的体制下，城市人口越来越多，居住、劳动、学习、交通、休息以及各种社会活动显得尤为重要，在这样的条件下城市规划更要显得对城市建设发展具有前瞻性，能有效地发挥城市的可持续发展，能够让社会、经济、政治体制运作在所许可的范围内。当今社会市场经济起主导地位，不但要做好城市的物质规划方案还要考虑规划背后社会经济政治等诸多要素。城市的建设与发展之间产生的矛盾都需要城市规划来控制与解决。

3. 城市规划能使土地资源得到更好的利用

市场经济对中国城市建设进程起到强大的推进作用，城市规模不断地扩张，一片片荒芜的土地上建起了高楼大厦，规范合理的城市规划可以使土地得以充分利用，合理高效的使用土地资源不但提高利用效益、节约用地、优化城市用地结构还为未来城市发展留着余地。

4. 城市规划的基本原则

（1）注重城市发展战略布局，体现和丰富发展城市文化内涵和表现形式。

（2）尊重自然，使人，城市，自然得到最好融合。城市规划要坚持从实际出发，正确处理和协调各种关系的整合原则。

（3）规划组织多姿多彩的城市空间美化城市直观形象，搞好建筑设计具体协调安排城市空间布局。城市规划要坚持适用、经济，贯彻勤俭建国的方针，这对于中国这样一个发展中国家来说尤其重要。

二、城市规划的发展

我国现阶段正处于经济转型的关键时期，随着城市化进程的加快，城市的发展方向和功能作用也会随之改变，经济全球化的大趋势和世界范围内的经济社会可持续发展战略将对城市发展带来巨大影响。因此，未来中国城市将向科学化、人性化、生态化、现代化的方向发展。

1. 科学化

城市规划科学化主要是在当下许多城市发展中发现规划不合理，杂乱无章、各功能区域配置不科学针的现象提出来的。城市规划科学化是要使人、自然、城市和谐统一。城市发展的速度和理念是不断变化的，前瞻性的城市规划也要跟上时代的节奏，适宜当今城市发展步伐，只有这样才能够在千变万化的实际情况中规划出科学合理的城市布局。城市规划的与时俱进和不断发展完善不等于否定先前的规划，而是现在的规划更适合城市发展水平。在规划实践中，总是出现收尾不相顾，顾前不顾后顾眼前不顾长远的现象，还有规划水平不高的问题。城市规划科学性要有科学组织、有前后计划、有认真落实、利于人民生存、利于城市经济发展、利于人类进步思维方法。城市规划科学化的实质是要引入一种科学精神，即实事求是精神。

2. 人性化

宜居、科技、人性化和具有文化魅力将是中国城市未来发展方向。是否拥有自然绿地和可接近的水体，是否在生态上可持续是未来城市规划的关键，设计者一定要能让市民感觉到亲近大自然。现代城市交通拥堵可以借助高科技和手段，根据就业和生活状况打造智能化城市能避免上述问题。在制定城市规划时，一定要在前期运用高新技术，对城市布局进行科学的预计、评估和测算，使家居、小区和城市更加智能化。人性化和最便捷的生活条件也是衡量城市规划的重要因素，公共设施的设计在一定区域，一定范围内不仅要给本地居民而且要给外来人口带来便利。决定一座城市是否有魅力在于其文化底蕴和氛围，中国城市大都有深厚文化传统，但关键是要对传统文化进行传承并创新，将文化融入城市建筑和市民生活。现在的城市规划不能再像以前一样追求大城市甚至特大城市的格局，而应根据实际情况，多建一些适度规模的城镇。

3. 生态化

生态城市是城市发展的终极目标，它是社会发展、经济发展、生态良性循环的人类住区形式，自然、城市、人融为有机整体，形成相互依赖相互生存的良性循环结构。生态城市的发展目标是实现人与自然的和谐，即生态城市不仅能"供养"自然，而且满足人类自身进化、发展的需求，达到"人与生态和谐"。生态城市实质是实现人与自然的和谐，只有人的社会关系和文化意识达到一定水平才能实现。倡导生态价值观和生态伦理观念，人们有自觉的生态意识，建立自觉保护环境、促进人类自身发展的机制，有公正、平等、安全、舒适的社会环境。

4. 现代化

中国不但要发展城市现代化，同时也要放眼全球使我国城市成为有国际水准的大都城市。城市现代化与城市国际化有许多共同点，有许多类似的因素，可以同步发展，但并不是每一座现代化城市都成为国际化城市。城市现代化，是指城市的多功能子系统按现代方式均衡、协调运行，使城市整体的发展和竞争力达到所处时代的先进水平。它是一个复杂的历史发展过程，是有阶段性的。并且是以人的相对独立活动为中心，以经济、社会与生态效益为目的，以科学技术发展为条件。城市的主体是人，人的综合文化素质增强，尤其是领导者的意志和素质，对城市现代化发展有着决定性作用，是推进城市化进程快慢的重要因素。

三、市场经济下城市规划的重要意义

1. 优化城市产业结构

随着社会的不断发展，人们的生活水平不断提高，越来越多的人选择进入城市寻求更好的发展。随着农村人口的迁入，城市的各项基础建设已经无法满足因人口增多带来的需求。政府针对这一问题也采取了措施，优化调整产业结构、改善资金流向。采取优胜劣汰的方式逐渐淘汰落后的产业，促进城市经济又快又好的发展。随着城市人口的增多，有限的空间渐渐无法满足越来越多的人的需求。在这种前提下，合理利用城市空间将是人民面临的又一考验。城市空间结构的最大利用化是未来城市发展面临的重要问题，在有限的空间内发展出无尽的公共资源是首要任务，优化现有的城市产业机构，来推动城市规划的可持续发展战略。城市规划的根本意义就是产业结构和空间结构的相结合，在规划建设中对城市经济可持续发展起到作用，全满建设城市产业机构，带动城市经济快速发展。

2. 在规划下缓解城区压力

随着人口的增多，城区压力也随之增大。城市规划在保证新开发城区具有一切城市必要的城市需求下，来提高整体城市经济发展，同时也快速的促进城市的发展能力，是城市在可持续发展的前提大得到快速的突破。在市场经济的作用下，城市规划起着重要作用。国家的发展离不开城市的发展，国家的面貌取决于所有城市的共同发展。在共同发展前提下，城市与城市发展之间的竞争也随之展开。城市间竞争对比的条件就是城市环境的面貌、整体城市形象和生态基础的建设。在市场经济的作用前提下，想要维护社会公平、公正就要使用政府的行政手段，在行政手段的使用过程中保障社会的公共利益。利益多元化对城市化建设起到了平衡作用，适应市场的城市规划建设体系给城市发展建设带来巨大的效益。在效益前提下为适应市场经济的规划管理制度提供了便利。

四、市场经济下城市规划可持续发展的战略

1. 重心转向公共资源配置和发放

人口的增加给城市带来了巨大的压力。在压力作用下，合理地安排资源和分配资源就显得尤为重要。在土地资源短缺的前提下，做好合理的土地资源分尤为关键。公共资源的合理分配对城市规划起到关键作用，调查当地人民的贫困状况，给贫困的人提供帮助，在整体发展水平平衡的前提下共同达成城市规划的目标。其次，还可以扩大城市的规模效益，在投资建设中，弄清各个方面的利益关系，对各方面利益关系进行优化和调整，统一的情况下共同进行基础设施的建设，通过完整统一的方式促进城市经济的稳定发展。

2. 走可持续发展道路

城市规划策略的实施对城市全面发展起到了促进的作用。在发展的过程中，加强民生建设表现的极为重要。城市规划的核心就是统筹兼顾，加强城市发展，和增强民生建设是城市规划的主要任务。城市发展不单单是指城市内的发展，整体村镇的全面建设也包括在内，村镇与城市的共同发展才能凸显城市规划的意义。城市规划还可以采取的措施就是构建动态城市，实施评估调整体系。在城市规划不同的阶段进行完整的评估，找出城市规划过程中出现的漏洞，在评估指标系统的监督下，解决漏洞引发的问题。在可持续发展观点实施的过程中，城市属于不稳定改善建筑的状态，这时城市规划对城市规划评估起到了动态调节的作用。在调节作用下，城市规划得到更好的实施。其次，城市规划离不开群众的参与。城市规划的目的就是让群众有更好的生活环境，改善居民生活水平。

3. 统筹兼顾，实现整体计划

在城市规划中，本着以"科学发展观"为中心的规划指导理念，在城市各个建设环节得以突破。在对土地和空间资源进行规划的过程中进行城市规划，在城市规划过程中慢慢稳定经济的增长，达到可持续发展的最终目标。也可以构建有特色的经济产业链条，在实施建设经济产业链条过程中，法律手段和行政手段要合理的结合。通过法律手段来解决在建筑过程中出现的问题；用行政手段来制约建设过程中存在的不合理规定，争取建设一个和谐的经济的产业结构。在不断优化中逐渐扩大产业结构的模式，大力开发以旅游为特色的国际旅游业，使其逐渐走上更专业的道路，为人们带来自己的特色与特点。

在城市规划过程中，应首先考虑城市发展的全面性。应该坚持以科学发展观为前提的发展道路，坚持以群众为根本出发点，想民众所想，办民众所需，在群众满意的前提下进行发展和建设。其次还要构建完整的建设体系，针对各个方面各个时期进行评估检测，对建设过程中的问题给予改正。城市规划建设关系到我国整体经济在国际中的影响。城市可持续发展要从城市规划抓起，只有城市规划体现城市发展观，才能促进和加快城市的可持续发展。城市的可持续性发展体现的方面广泛，甚至和城市每个节发展细节都息息相关，只有加强城市规划，才能更好地完成城市的可持续发展。

第二章 专业市场基础理论

第一节 专业市场概述

传统意义上的专业市场是一种以现货批发为主，集中交易某一类商品或者若干类具有较强互补性或替代性商品的场所，是一种大规模集中交易的坐商式的市场制度安排。专业市场的主要经济功能是通过可共享的规模巨大的交易平台和销售网络，节约中小企业和批发商的交易费用，形成具有强大竞争力的批发价格。专业市场的优势，是在交易方式专业化和交易网络设施共享化的基础上，形成了交易领域的信息规模经济，外部规模经济和范围经济，从而确立商品的低交易费用优势。

专业市场从农场兴起，是传统集贸市场向专业化方向发展的结果，因此其"专业"性是相对于集贸市场而言的。与集贸市场相比，专业市场的"专业"性主要表现在：首先是市场商品的专门性，其次是市场交易以批发为主，再次是交易双方的开放性。将这些特点综合起来，简而言之，专业市场的内涵就是"专门性商品批发市场"。根据以上特点，可以比较清晰地把专业市场同综合市场，超级市场，百货商店，菜市场，零售商店，专卖店，商品期货交易所，集市，庙会等各种市场形态区别开来。

一、概念与特点

1. 概念

专业市场是指同类产品积聚于某一场所进行的交易、流通和配送；简单来说，就是相同系列的专业店、专卖店高度聚集的特色商业场所，它所呈现的是特定的客户定位、特定的经营行业定位。

2. 特点

（1）是一种典型的有形市场。

（2）以批发为主，兼营零售。

（3）集中交易，有一定数量规模的卖者，接近完全竞争的市场结构。

（4）以现货交易为主，远期合同交易为辅。

二、运营策略

1.全面了解行业市场

要做好一个专业市场，就必须做到信息上领先，一般可在中国专业市场网站充分了解专业市场的发展前景、市场容量、同类市场竞争等。比如在惠州开发五金机城，首先要了解惠州五金、机电产业的基本情况，如产业聚集地以及生产量和原材料的采购量，其次要了解原材料的生产区域，引进一手原材料供应商；其三要考虑到与周边区域如深圳、东莞等地的五金、机电采购中心的竞争性，在保证五金、机电件品种的同时，适度控制市场开发规模；其四，针对五金、机电采购的特征，有的放矢地进行市场经营和推广等。

2.完善专业市场的整体配套

完善的专业市场配套是专业市场经营的基本保证。一个完整的专业市场，不仅涉及仓储、货运代理、分装配送、长短途交通、停车场、展览中心等基本环节，而且还需要银行、酒店、餐饮、行业协会、工商税务、报关、网上交易平台等相关配套服务。这就要求一个好的专业市场必须为经营者和消费者创造一个良好的商业环境，同时也为项目后期经营管理打下坚实基础。有的开发商在开发之初没有一个好的商业规划，项目的配套根本无法满足做批发市场的需要，有的项目虽具备下游采购的信息网络，但却缺乏下游采购消费的交通网络，导致开业后大批量的外来商户撤离，市场面临经营严重困难的处境。因此，在建立专业市场时必须做好商业规划，完善商业配套。

3.开拓新的交易平台

随着专业市场的逐步发展壮大，市场对交易场所和交易方式提出了更高的要求，在继承传统的同时，我们必须开辟新平台，加强市场的网络建设。义乌小商品批发市场作为中国传统专业市场的领先者，起步较早，但随着其不断发展壮大，传统意义上的商品交易平台已经难以满足市场发展的需求，电子商务平台建设呼之欲出。正是得益于新型网络电子商务平台的开发，义乌小商品批发市场的产品足迹几乎已经遍布全球。据统计，在义乌小商品批发市场里，开展电子商务的摊位占60%。义乌小商品城的成功，与他们不断创新开拓交易平台，靠多条腿走路的发展模式是密不可分的。

十八届三中全会，明确提出市场在资源配置中起决定性作用，从而把市场体系、市场机制、市场经济在经济社会发展中的地位完全提升到基本制度层面，长期从事专业市场电商服务的咨询机构亿云通给我们列出了新形势下的一些问题。例如，专业批发市场作为市场体系中的重要环节和力量，与市场经济的演变和发育成长存在着什么样的关系？发展和完善市场体系，专业批发市场有哪些职能和使命？现代专业批发市场与电子商务、现代物流、展贸经济以及国际采购等是一种什么样的产业生态关系？专业批发市场与工业化、市场化等有怎样的逻辑关系等等，

4. 充分利用行业协会的优势

行业协会往往是一个行业龙头企业聚集的团体，是该行业市场信息动态的先知先觉者，也是行业内部协调、与政府部门和其他行业沟通交流最重要的桥梁。因此充分利用行业协会的优势，与行业协会进行亲密无间的合作，对于一个专业市场的建设将会起到事半功倍的作用。很多专业市场都选择和行业协会强强联手，充分发挥行业协会信息多、渠道广的优势，为市场未来经营提供技术、信息等方面的支持。

5. 招商严把商户质量关

很多专业市场开业火爆，但是好景不长，商户来也匆匆去也匆匆，很快整个市场就形成恶性循环，最后人去楼空。为什么会出现这种虎头蛇尾的现象呢？主要有两个原因：首先批发市场不比零售市场，大部分市场采购人员有选购产品的专业素质，而且每次的采购量比较大，距离往往也比较远。如果市场商户的经营实力有限，经营品种有限，无法以最快速度满足市场的需求，采购人员会很快改变他们的采购地点。其次，每个市场都需要一段时间的培养期，没有经营实力的商户在这个时候就会信心动摇或者经受不住市场的考验，这个时候也将给市场经营管理带来比较大的负面影响。因此，专业市场在招商时，不能为了为凑场而招商，而是要选择那些有经营能力且能应对市场风险的商户。

三、开发要素

1. 市场基础

专业（批发）市场是商业地产中的一类目标产品。既然是产品，就需要有市场基础。以专业市场为目标产品的市场基础有两个：

一是立地条件。从地产角度理解就是"商业选址"。商业各业态都有自己的选址标准，一般是人流、交通等等。有些业态也会选址在一些商业网点不足地区，看中的是未来的发展和人流。但专业市场不同，尤其是专业批发市场不同，它不再是市场的空白点。新的专业市场的生存和发展必须依赖原有专业市场在若干年的发展中所培养起的商圈氛围，离开这些成熟商圈去打造新的专业市场大多命运多舛。

二是产业条件。一般中小型专业（批发）市场对立地条件要求较高，对产业加工条件要求不高，但是，随着专业（批发）市场这个业态的成熟，同样面临一个再发展的问题。一方面是规模不断扩大，另一方面是硬件不断升级。商圈内部扩张的同时，需要辐射的半径也就更大。但随着资源和空间的受限，这个扩大总会遇到瓶颈。从外部环境和内部发展的需要，专业（批发）市场对产业加工能力的要求也就越高。没有产业支撑，或集中产业区距离市场较远时，信息成本、物流成本、时间成本的增加，都会带来经营成本的增加。产业条件不足的市场或者商圈就会在竞争中落伍或者被淘汰出局。

中关村 IT 市场的生存和发展就很好地说明这一点，她的发展基础是周边众多高校、科研院所而形成研发条件。义乌小商品批发市场的成功也有赖于周边温州、台州等小商品加工产业的快速发展。

2. 政府支持

专业（批发）市场的发展壮大往往离不开当地政府的大力支持。一方面批发市场的交易额较大，是政府税收的重要一块，各地政府较为重视其发展。另一方面，专业市场在发展中需要政府在政策、交通、配套等方面提供大力支持，这些支持是市场手段替代不了的。另外，专业（批发）市场的生存也常常受到城市发展和区域产业政策的影响，产业政策的调整对专业（批发）市场的发展往往是致命的。

新专业（批发）市场的开发与运作，如果没有当地政府支持，前景令人担心。

3. 物流条件

专业（批发）市场商品的流动性强、量大，对物流环节有着较高的要求。

以批发为主的专业市场大都离长途客运站或火车站较近。木樨园商圈的发展和马连道茶业市场没有周边众多的长途客运站为依托，很难发展到今天。西直门商圈也是如此。而零售比重较大的万通市场、天意市场、秀水市场、雅秀市场无一不是在城市主干道边。

早期在城市中心发展起来的专业市场，随着城市车辆的增多和交通环境的恶化、物流成本在不断增加，迁址是很多在城市中心区专业市场面临的又一个难题。新开发的专业市场选址不宜选在城市中心区，更不宜选在物流交通条件不好的地方。

4. 规划设计

目前，在一些三线城市，专业市场的空白点也已不多，那种一个大棚子或简易加盖子的时期已过。升级的专业（批发）市场对软硬件如电梯、停车、空调、防火等指标要求也越来越高。另外，专业（批发）市场业态性质所决定，以摊档为主，人流动线的要求也较高，在建筑产品的规划设计时必须充分考虑到。另外，随着以人为本的观念的深入，批发市场还要在配套服务如餐饮、休闲、酒店住宿等方面加强。

最后一点，为适应商业国际化、信息化发展趋势要求，新建专业（批发）市场的宽带配套也是必不可少的。

5. 经营管理

统一的经营、良好的管理同样是成功打造专业（批发）市场，并可持续经营发展的必要条件之一。

专业市场更需要专业化的运作，首先需要专业化的开发。专业化开发体现在三个阶段：第一阶段是定位之初的专业化研究。专业化研究是要走出地产圈里的人在地产圈里研究商业的误区。最好在拿地之前就已完成市场研究并有了清晰的定位；第二阶段是规划设计。这个阶段一方面要根据市场变化修正定位，一方面要根据定位正确规划和设计建筑产品；第三阶段是研究销售对后期经营的影响，当然最好是不售。这三个阶段要强调的是，开发商一定要走出地产圈子，请真正有商业经验的专家人士或机构支持，如实现订单式开发最好。走完这三个阶段，也只是在商业地产的地产这一段完成了一半。剩下的一半就是商业行业里的事了，即商业招商和经营管理。

进入商业运作阶段想不找商业圈里的专业机构和人才都不行了。开发商再想自己把这后面的事情做起来就涉及跨行业发展，多半会失败。专业市场对经营管理的要求非常高，即使前面四项因素解决得好，也不一定就能长期经营。管理不行，租金上不去，商家照样走人。

四、成本控制

坚持广告效果的全面测定，寻求广告投放之最佳效果。对于专业市场来说，主要测定广告前后专业市场房屋出租率发生变化的情况以及该专业市场总租赁额的变化情况。若将专业市场进一步细化，按照专业市场成立的早晚，可以分为成熟型市场和成长型市场。对于成立较早、比较成熟的专业市场来说，则应侧重于广告心理效果的测定。广告心理效果的测定，即测定广告经过特定的媒体传播之后对消费者心理活动的影响程度。对于成立较晚或刚刚成立的专业市场应注重对进行"地毯式"大面积投放广告效果的测定，寻求最佳投放效果。

顺管理职能，监管与服务并举。经过多年的发展，专业市场成熟了，相应的营业税及其附加等各种税费增多了，本无可厚非。但就政府职能部门而言，应该理顺管理职能，从重视对专业市场的监管逐步过渡到监管与服务并举。因为专业市场已经走过了粗放经营的阶段，开始进入集约化和规范化经营阶段。专业市场迫切需要科学管理来升级换代，特别是面对零售业态与网络交易的双重冲击，进一步挖掘交易功能之外的产品展示、信息交流等功能，成为市场监管的首要任务。

提倡以"成本为中心"的战略方针，建立健全内部控制机制。在收入一定的情况下，成本费用是决定企业经济效益高低的关键因素。要突出与成本费用相关的一些技术指标在企业预算管理中的地位，强化技术与经济的结合。不能忽视对期间费用的管理，把资金费用的控制面扩展到全员。预算管理应突出成本控制，以成本为中心，从完善本单位的内部控制制度入手，只有最高管理当局重视内部控制，才能有利于会计系统和控制程序发挥最大的效力。

建立行业制约机制，进行竞争成本管理。专业市场发展至今，众多同质化市场争吃一块蛋糕，使专业市场的经营成本提高，而利润却在下降。所以，必须进行竞争成本管理。而专业市场之间的竞争归根到底，是地方经济与地方经济之间的竞争。要进行竞争成本管理，首先要得到当地政府的鼎力支持。显然，政府的统一规划有利于避免重复建设、浪费资源；有利于建立行业制约机制，严禁一些不法操作。而在产业聚集或消费聚集地区形成的市场能够降低交易费用，具有低成本竞争优势。因为在具有产业聚集地区形成的商品市场具有显著的规范效应，有利于降低成本；这些企业之间可以实行高度的专业化分工、上下游之间可以较好地协作，能形成整个产业的配套能力，这些将进一步促成成本的竞争优势形成。同样，在消费聚集地区形成的市场，市场交易者通过市场的集中采购，也有利于降低交易费用。

第二节 市场投资

投资是指现在的承诺在未来一段期间回收，因此投资不能用来表示经常性的行销活动支出，这些经常性支出只是用来维持预订的销售。投资应当用来表示非经常性的支出，而这些非经常性支出用在渗透新市场或是推出新产品。

一、种类

1. 投资的含义

投资指投资者当期投入一定数额的资金而期望在未来获得回报，所得回报应该能补偿：

（1）投资资金被占用的时间。

（2）预期的通货膨胀率。

（3）未来收益的不确定性。

2. 企业的投资活动明显地分为两类：

（1）为对内扩大再生产奠定基础，即购建固定资产、无形资产和其他长期资产支付的现金。

（2）对外扩张，即对外股权、债权支付的现金。

3. 中国投资品种

（1）房产。很多人都投资房产，一家买 n 套房等着升值。

（2）债券。债券有国债、金融债券、公司债券。这个比起股票风险低，但是收益也低。可以选择复利计划。国债是很多人都不能买到的，信誉好、利率优、风险小被称为"金边债券"。金融债券风险相对高些，公司的债券风险最大，收益最高。

（3）股票。这个基本是都知道一些的。中国的股市从 2008 年的 6000 多降到 2011 年的 2000 多，并且经济增长而股票不涨，中石油那么牛的企业它的股票也是不好，巴菲特是从中石油赚了 35 亿美元后华丽的退出了。有人说中国的股市和日本的很像，再也不可能上到高点，只会在 3000 左右不断徘徊。可能与中国政府强大的势力有关吧。还有中国人民从众怕事的心理有关。

（4）贵金属。这个近几年比较热。"乱世买金"，在金融危机、欧债危机，世界不稳定因素太多，还有中国的通货膨胀比较厉害的情况下，很多人都转向黄金这个世界通用、价值稳定的物质。银行很多黄金产品，如黄金条块、纸黄金、黄金 T+D。很多人也通过一些渠道做海外的黄金，不过很可能遇到黑平台，钱被弄平台的公司给全坑走了。中国承认的黄金交易机构只有上海黄金交易所。中国比较热的是炒白银，投入比较少些，黄金对资金的要求更多。

（5）保险。保险公司推出了很多理财型保险，预计收益率在6%左右。

（6）基金。基金是指为了某种目的而设立的具有一定数量的资金。主要包括信托投资基金、公积金、保险基金、退休基金，各种基金会的基金。人们平常所说的基金主要是指证券投资基金。

（7银行短期理财产品。这个可以是几天十几天几个月，年化预计收益都是5%左右吧。不过这是"年化"。比较适合有短期大额闲余资金的公司或个人。

（8）信托。这个是最少100万，也是适合比较有钱的人。

（9）钱币古董的收藏。这也是有一定的收益的，不过可能时间长，收益也不能保证。

（10）民间借贷。目前有一些机构做民间借贷的，收益可能在5%左右。

短期投资，是指能够随时变现并且持有时间不准备超过1年（含1年）的投资，包括股票、债券、基金等。

二、类型

1. 基本类型

以P2C模式为代表互联网金融平台。

2. 经济学方面

在理论经济学方面，投资是指购买（和因此生产）资本货物——不会被消耗掉而反倒是被使用在未来生产的物品。实例包括了修造铁路，或工厂，清洁土地，或让自己读大学。严格地讲，在公式GDP=C+I+G+NX里投资也是国内生产总值（GDP)的一部分。在那方面来说投资的功能被划分成非居住性投资(譬如工厂、机械等)和居住性投资(新房)。从I=(Y, i)的关联中可得知投资是与收入和利率有密切关系的事。收入的增加将促进更高额的投资，但是更高的利率将阻碍投资因为借钱的费用变得更加昂贵。即使企业选择使用它自己的资金来投资，利率代表着所投资那些资金的机会成本而不是将资金放贷出去的利息。

3. 财务方面

在财务方面，投资意味着买证券或其他金融或纸上资产。估价是估计一项潜在的投资的价格值得与否的方法。投资的类型包括房地产、证券投资、黄金、外币、债券和邮票。之后这些投资也许会提供未来的现金流，也许其价值会增加或减少。股市里的投资是由证券投资者来执行。

4. 证券投资

证券投资是指投资者（法人或自然人）购买股票、债券、基金等有价证券以及有价证券的衍生品，以获取红利、利息及资本利得的投资行为和投资过程，是间接投资的重要形式。

（1）证券投资原则

①效益与风险最佳组合原则：效益与风险最佳组合是指风险一定的前提下，尽可能使收益最大化；或收益一定的前提下，风险最小化。

②分散投资原则：证券的多样化，建立科学的有效证券组合。

③理智投资原则：证券投资在分析、比较后审慎地投资。

（2）证券投资账户开立

进行证券投资需到大型全业务牌照的证券公司申请相应的投资理财账户。投资理财账户可运用于股票（包括 A 股、B 股、H 股等）、债券（包括国债、企业债、公司债等）、期货（包括金融期货如股指期货、外汇期货，二元期权如 Meetrader、商品期货如金属期货、农产品期货等）等一系列的金融工具进行证券年投资。证券账户的开立可到各证券公司营业部办理，需要在交易日内办理。

（3）证券投资的作用

①证券投资为社会提供了筹集资金的重要渠道，是各类企业进行直接融资的有效途径。

②证券投资有利于调节资金投向，提高资金使用效率，从而引导资源合理流动，实现资源的优化配置。

③证券投资有利于改善企业经营管理，提高企业经济效益和社会知名度，促进企业的行为合理化。

④证券投资为中央银行进行金融宏观调控提供了重要手段，对国民经济的持续、高效发展具有重要意义。

5. 投资俱乐部

投资俱乐部是以投资金钱为目的而经常聚会的团体，其投资标的通常是股票和其他公开交易的证券。出现了致力于这类型投资的各式网络群组，其并且在美国促成了个人投资的景气。

6. 投资海外

对中国的高净值投资人而言，由于股市的大幅震荡和房市的宏观调控，以股票和房地产为主的投资策略在过去的几年内越来越难实现好的投资回报。

中国的股市相比于国外的市场，第一，因为缺少成熟的以做空和杠杆为工具的对冲机制，无法实现像海外对冲基金投资这样的绝对回报。第二，由于监管的缺乏，中国股市的内幕交易问题严重，无内幕消息的个人投资者在股市交易中处于明显的劣势。第三，由于公司上市机制的不合理性，股市往往成为上市公司圈钱的渠道而缺少长期投资的价值。最后，因为国内财务审计公司缺少独立的监管，容易造成上市公司财务造假，进一步增加了股市长期投资的风险。

房价因过去几年的飞速增长，使得政府不得不加大宏观调控，以遏制房地产市场的投机性。中国房地产投资的暴利时代已结束。所以高净值的群体都开始远离房市，并考虑其他投资渠道。海外投资在最近几年成为很多人高净值投资者的选择，原因有很多追求投资的绝对回报、资产配置的国际化、分散资产配置、资产的安全性、移民、子女留学、以休闲度假为目的的海外置业以及享受海外境外贷款较低的利率。作为一个可能的海外投资者，必须首先回答投资海外的目的。

三、特点与作用

1. 特点

（1）投资是以让渡其他资产而换取的另一项资产。

（2）投资是企业在生产经营过程之外持有的资产。

（3）投资是一种以权利为表现形式的资产。

（4）投资是一种具有财务风险的资产。

（5）投资周期很漫长一般为 5 ~ 10 年，不漫长的叫投机。

2. 作用

（1）投资对经济增长的影响

投资与经济增长的关系非常紧密。在经济理论界，西方和我国有一个类似的观点，即认为经济增长情况主要是由投资决定，投资是经济增长的基本推动力，是经济增长的必要前提。投资对经济增长的影响，可以从要素投入和资源配置来分析。

（2）投资是促进技术进步的主要因素

投资对技术进步有很大的影响。一方面，投资是技术进步的载体，任何技术成果应用都必须通过某种投资活动来体现，它是技术与经济之间联系的纽带；另一方面，技术本身也是一种投资的结构，任何一项技术成果都是投入一定的人力资本和资源（如试验设备等）等的产物。技术进步的产生和应用都离不开投资。

四、投资陷阱

没有投资就没有发展，投资是寻找新的赢利机会的唯一途径，也贯穿于企业经营的始终："新建项目的投资、扩建项目的投资、技术改造的投资、参股控股的投资。"每一项投资都蕴含着新的希望，每一次投资都面临着无尽的风险——尤其对民营企业而言，一次投资失误也许就意味着一生的一蹶不振。

对投资者而言，一个未知的行业就像遥远沙漠上空美丽的海市蜃楼，因为遥远而显得美丽。只有穿越之后，才知道美丽的远景只是各种光线融汇而成的图景而已。优惠政策、垄断行业的高利润高回报、高新技术等，对准备进入和新进入者而言，没有实实在在的调查研究和充分的风险准备，都只能是一道美丽的幻影。

1. 政策性

政策机会是中国企业最青睐的投资方向之一，从世界范围来看，政策方向的调整、新政策的出台对相关产业也具有巨大的影响，甚至成就了很多知名跨国企业。中国沿海大量民营企业也就是充分利用了国家改革开放政策的机会，形成了中国最具活力的经济区域。但对政策性机会的盲目追求却常使投资者在毫无准备的时候，一步一步踏进政策性投资陷阱中。

在我国进入 WTO 后，出于对知识产权保护的承诺和完善法制建设的考虑，将进入一个政策法规大调整的非常时期，企业遭遇类似的政策调整将会更多，一些对政策有极大依赖的投资项目，如果不能及时考虑好撤退、转向或是减少对政策的依赖，一旦政策调整，都将面临难堪的境地。除了政策的行业审批限制、政策的变化包括城市规划调整给投资者带来的风险外，政策执行的时间差、空间差以及执行力度差别都会成为一个个投资陷阱。

要避开政策性陷阱，重要的是不要过分依赖政策。在国内投资的外商投资企业中，新加坡、韩国投资商遭遇政策陷阱而失败的多，而欧美企业相对较少，主要原因是欧美企业在投资过程中，较少受优惠政策吸引，而更多地看该地的市场环境及项目本身在该地的市场前景。

针对政策性陷阱，国家经贸委博士后研究员赵晓给投资者的建议是：

（1）加强与政府沟通，保证政策信息来得更快更准确，因为政策的确包含着巨大的商机。

（2）忌贪小便宜吃大亏，不能仅仅因为政策优厚而不顾投资的其他条件。

（3）提高对政策的应用水平，不要把宝全押在政策商机上，要根据自己的实力进行投资。

（4）政策应用适当，不要过头，留心政策的变化。

2. 非市场竞争

企业是市场中的动物，只能在市场链条中生存。市场的生态环境一旦被破坏，企业的生存就岌岌可危了。在企业的投资行为中，垄断部门的市场壁垒是一个极大的投资陷阱。

很多投资者仍然热衷于与垄断行业做生意甚至力图进入垄断行业，他们看到了垄断行业丰厚的利润、稳定的回报，却忽视了即将遭遇的非市场竞争的坚冰。垄断行业要保住自身利益，将会动用各种力量对新进入者进行全力阻击，利用现存不公正制度是最常见的手段，如利用政府补贴进行降价、利用计划经济时制订的标准进行经营方面的限制等。要破除这些坚冰，所需付出的额外成本非常之高，不具备一定实力的投资者不能承受，即使具备了这种实力，在以后的经营过程中能否消化这些成本也未可知。

这类非市场竞争陷阱在市政环保、自来水、影视、教育、天然气、电信、银行等垄断性行业及律师事务所、审计师事务所、会计师事务所等中介行业中均不同程度地存在，如券商为上市公司实行配股包销使券商们"变成了股东"，纷纷陷入资金紧张或赔本甩卖的案例，与其说是激烈的市场竞争使然，不如说是券商与上市公司之间不平等的地位造成。

3. 人文环境

1999 年，国家经贸委发布"禁白令"，明确未来将取缔一次性发泡塑料餐具，一大批企业敏锐地发现了其中蕴含的巨大商机，一头扎进了绿色环保餐具行业。

两年过去了，原本测算年需求总量达 120 亿件，潜在销售额不低于 30 亿元的快餐具市场竟然成了绿色餐具的滑铁卢。由于环保餐具价格较高，大量餐饮企业视国家禁令于不顾，仍然违规使用一次性发泡塑料餐具及后来上市的"环保"替代品———一次性 PP 餐具。全国 170 家左右的绿色环保餐具生产企业，大约有 2/3 以上停（待）产，每天 3 班满负荷生产的企业基本没有，一些原来还能勉强开工的企业由于缺少流动资金或其他经营上的种种原因，纷纷停产关门。

"白魔"屡禁不止，背后的原因其实是投资者掉进了新行业的人文环境陷阱中。大量小型饮食企业在薄利中生存，对成本的考虑远远大于环保意识，只要国家的禁令有口子——而这几乎是肯定会有的——饮食企业就会舍绿就白。

在投资前的市场分析中，人文环境的考察是极为重要的一环——尽管这一点被很多企业所忽略。融资环境、人员的文化素质、市场消费习惯、政府开放程度等构成了企业投资运作的重要人文环境，企业一旦与之不融合，要调整则会花费巨额的成本，如近两年的中外合资改独资潮、多家民营企业搬迁等。一些投资者面临着投资中的"关门打狗"困境、新奇项目不被消费者接受、并购中双方企业文化不融合、遭遇地方保护主义等，都暴露出项目对人文环境的不适应。

有的投资者自认为只要适应一些特殊的人文环境，如地方保护，如融资的人情化，可能会获得加倍的利益。但我们很难看到一个企业能长久用"高额的账外成本"与特殊的人文环境保持融洽，而且我们的社会交易理念正在向着重契约、守规范的西方式圭臬转化，从长远来看，简单地适应最终都会弦断弓折。

对人文环境的不适应，最好的办法只有一个：敬而远之。

4. 技术及人才

对高新技术的追求已经成为一种时尚。企业在投资行为中往往有追求高新技术的冲动，以保持自己的独特优势和核心竞争力，但是，一旦对高新技术的把握不当，反而会成为颠覆整个投资行为的主因。

一般而言，拥有成熟的技术是所有投资者投资的前提，问题是，技术能否保证成熟？一些投资者相信"只要有钱，不怕买不来技术"，市场情况也确实如此，但问题又来了，买来技术真能用吗？

与技术陷阱类似的是投资中的人才陷阱，都是新进入一个行业的投资者特别容易踏进的陷阱。这类陷阱有一个共同特征：为企业经营所必备，容易从市场获得所以投资者不重视，但评判是否合适却非常困难，往往成为新投资项目成败的关键。

在资本时代，企业对高新技术和高精尖人才的追求几近疯狂，魂牵梦萦的都是能拥有别人无法替代的技术，有不可或缺的人才。他们没有留意到，技术和人才作为企业进行市场竞争的两大法宝，在为投资者赢来丰厚利润的同时，也常使大量优秀的项目消弭于无形。

要避免技术和人才陷阱，投资者应努力做到：

（1）进入新领域优先考虑熟悉产业的相关行业，尽量不要进入自己不熟悉的行业。

（2）对还处于实验阶段的新技术，必须进行由小试到中试再到小规模的投产试验。

（3）对专家、顾问不能盲从，信任他们，但要验证。

（4）技术和人才的投资以适应企业规模和投资能力、适应目标市场需求为主要标准，过高或过低的技术、人才要求并不适当。

（5）对进入新行业的投资者而言，判断人才是否合适的标准是：一看其是否有相当的从业经验；二看其在该企业及行业内的口碑；三看其历史业绩，最后，还要看其个人禀性是否与本企业文化相融合。对技术是否合适的判断标准与此类似。

5. 求新求异

传统产业竞争的白热化，市场发展的超速度，使人们不得不将眼光投向一个个未知的领域——未知意味着领先一步。但这样往往在不知不觉中踏入求新求异的陷阱，如一度如火如荼的互联网，以及生物制药、环保产业等。投资中的求新求异成为企业面临的二律悖反难题：不求新求异是等死，但求新求异也许是找死。

新的经济形式其实就像实验室中的新产品，可能会给投资者带来巨大的利益，但与成熟产品相比，其风险程度太大。尤其是对实验产品进行规模化生产，损失将难以估量。同时，求新求异的盲目投资常常使企业陷入一些新型管理理念的陷阱。因为求新求异往往容易使人产生对"新事物"的盲目崇拜。

企业要避免求新求异的投资陷阱，要点在于：

（1）投资的目的在于赢利，确定投资项目首先得有详细的赢利计划，不要被各种时尚潮流所迷惑。

（2）任何一种新奇的项目，既要弄明白其中的法律禁区，还得考虑人们的消费习惯和对新鲜事物的接受程度。2000年全国首家发泄公司在江西南昌关门，2001年海南首家"人体克隆"店停业，高估了市场对新事物的接受能力是重要原因。

（3）新的项目一般很难被消费者一下子接受，因此一方面有失败的承受能力，还得做好持久战的准备。

（4）站在潮头的背后，关注新奇项目的发展，发现赢利区后果断进入。

6. 规模经济

恰当的规模才是真正的规模经济，而不是绝对地规模越大越好。但仍有众多的企业盲目追求投资的规模，追求做大的乐趣。企业的扩张、连锁经营以及多元化甚至并购大多是基于规模经济的考虑，对投资者而言，以规模扩张为投资出发点或是过分追求投资规模，是一种十分有害的倾向。

规模经济的陷阱主要表现在两方面：

（1）市场经济的显著特征之一是需求的不断变化，对规模经济的盲目追求导致的过度投资会使企业尾大不掉，在市场变化的时候，已经透支的企业资源无力迅速调整战略重新面对新的市场。

（2）无法实现对成本和市场的有效控制。受企业资源限制，过分追求做大规模，相应的人、财、物和管理模式会产生脱节断档，造成企业运作流程的堵塞甚至停止运行，最终整个投资失控。

7. 短期利润

企业的目标是利润，但短期利润的诱惑却常常使企业丧失了获得长期利润的源泉。对短期利润的追逐会使企业的有限资源越摊越薄，在人、财、物和精力等方面稀释主业的供给。在越来越专业化的市场竞争中，市场演化速度越来越快，每一个产业链上都汇聚了太多虎视眈眈的分食者，且不说短线产品本身所具有的风险，企业即使获得了可以对主业项目形成资金支持的短期利润，其在主业市场的影响力、管理者精力以及综合竞争力的衰减都是不可弥补的损失。

追求上市是追求短期利润的陷阱之一，对投资者而言，上市最大的损失在于战略方向的迷失。一方面，上市本身高额"利润"的吸引力容易使企业对短期利润"成瘾"，另一方面，上市融来的巨额资金会"撑死"企业，找不到项目可投，病急乱投医往往会形成大量呆坏死账，直接影响企业长远战略目标的实现。此方面的分析在本刊特别策划《批判上市》中已有详述，在此不表。

一些企业本末倒置，轻视主业经营，在证券市场中通过"委托理财"疯狂追逐资本利得，也形成了巨大的短期利润陷阱。

有的投资者明白项目运作、并购以及品牌扩张中其实存在种种陷阱，只是在高额的利润驱使下，希望可以侥幸抓住那一条条滑溜溜的鱼。但道亦有道，在超速竞争的市场，实力并不雄厚的投资者偶入魔道，或许得用一生的光阴来偿还。

8. 项目运作

项目运作给现代企业提供了丰富的机会和可能，而且往往是大块分金银，相对实业投资而言，其财富聚集的速度是几十数百倍。在今天，说进行项目运作成为一种时尚似不为过，但项目运作是有钱人的游戏，其中的陷阱埋葬了太多希望空手套白狼的追求者。

资金链断裂是项目运作最大的陷阱。利用超市的巨额现金流量进行项目运作即是一种主要操作方式，其中的典型案例是闹得全国媒体沸沸扬扬的东北最大超市万集源猝死案。

9. 品牌延伸

企业培育一个成功的品牌不易，当它拥有一个有一定知名度的品牌后，自然会想到充分发挥既有品牌的效用，用既有品牌投资发展关联产品。事实上，品牌延伸是许多著名企业成功扩张的经验，甚至成为不少西方企业发展战略的核心。一项针对美国超级市场快速流通商品的研究显示，成功品牌（年销售额在1500万美元以上）有2/3属于延伸品牌。

但品牌延伸把握不好，也会带来意想不到的结果。一些企业过度拓展产品阵容，恨不得用自己的品牌投资所有产品，结果却连最拿手的产品都受到拖累，品牌资产损失惨重。这样的品牌延伸犯了一个忌讳：原有品牌的个性被稀释，从而使消费者感到疑虑，也就失去了与原有品牌的连接点。因此有专家说，营销的精髓就是在消费者心目中建立品牌形象，而破坏一个品牌形象最简单的办法就是把所有的东西都打上这个名称。

"品牌延伸陷阱"主要表现在：损害原品牌形象；模糊、淡化原品牌定位；诱发消费者心理冲突以及跷跷板效应（即同一品牌不同产品的市场表现互相冲突无法平衡）。

具体说，品牌延伸过程中应遵循以下准则：

（1）知名品牌与其延伸品牌的品牌定位要一致。定位是指使品牌在顾客的心理中占据一个有利的地位。

（2）知名品牌与其延伸品牌的目标市场、价格档次应相近。

（3）知名品牌与其延伸品牌的服务系统相同。

（4）品牌延伸应根据企业和产品的现状而定，不能盲目扩张。一些热衷于品牌延伸的企业往往把注意力放在新消费群体上，由于企业自身的资源和能力有限，在吸引新客户的同时却忽略了维系老主顾。企业保有一个消费者的费用仅仅是吸引一个新的消费者所需花费的 1/4，所以，企业在考虑应用品牌延伸时，应考虑其自身的状况和能力．

10. 并购

七八年前，当"低成本扩张"的并购概念撞击民营企业家的脑海时，几乎所有企业都为之振奋。对民营企业而言，轰轰烈烈的国有企业产权改革催生了太多的发财机会，并购无疑是巧妙而迅速进入"小康社会"的一大捷径。

喧嚣之后是长久的沉寂，仅仅几年的时间，在经历了一系列并购带来的震荡之后，"低成本扩张"已被很多民营企业悄悄地搁置在一边，市场又迎来外资为主导的新一轮并购热。这里面，固然有国家产权改革政策完善使并购不再像从前那样有利可图的原因，但更多的却是尝尽了并购之痛的民营企业在默默地舔伤。

对大量民营企业来说，真正的扩张成本其实不是兼并时付了多少钱，而是兼并以后未来能赚多少钱。很多形式上的零兼并也可能是成本非常高。企业依靠声誉、品牌和实力进行并购扩张，资产得到了扩张，但这些扩张也可能是"陷阱"。

一些企业进行并购的目的在于进行资本运作，即对被并购的企业进行重新包装审计转手或抵押贷款，随着国家相关政策的完善，此类运作越来越缺乏操作空间。而此类并购的陷阱在于容易发生现金流剧缩，一旦发生资金链断裂，将会产生惨烈的连环效应，危及整个企业的生存。

从历史案例来看，并购中主要存在着三大陷阱：一是债务陷阱，即被并购企业中存在的隐形债务；二是主管部门出尔反尔的与文化冲突的陷阱。

一般说来，并购企业处于强势地位，有着自己独立而强大的企业文化传统，在并购活动中，被并购企业的文化一旦不能完全融入，就可能产生巨大的冲突。三株在并购过程中就屡次尝到这方面的苦头，其军事化管理不断遭受被并购方的责难和抵制，有的甚至直接导致并购活动失败。

要避免并购的陷阱，经济学家盛洪的建议是：

（1）在产权受到严格保护的市场经济中，并购最好的方式是严格按照法律程序办事，但在产权保护体系还不完善的制度环境，在获得相关主管部门的支持后，需要注意先接管后转让或先租赁经营后转让甚至合资经营等非常方式。

（2）聘请中立权威的会计师事务所进行财务审计，同时在产权交易合约中明确规定收购方承担的债务范围。

（3）在并购企业中进行文化融合而不是企业文化的替代。

（4）借助合适的中介机构帮助进行并购。合适的中介机构标准是：业绩好，历史长，专业化程度高，人员构成合理，规模大。

五、投资理论

1. 有效市场假说

1965 年，美国芝加哥大学金融学教授尤金·法玛，发表了一篇题为《股票市场价格行为》的论文，于 1970 年对该理论进行了深化，并提出有效市场假说（Efficient Markets Hypothesis，简称 EMH）。有效市场假说有一个颇受质疑的前提假设，即参与市场的投资者有足够的理性，并且能够迅速对所有市场信息做出合理反应。该理论认为，在法律健全、功能良好、透明度高、竞争充分的股票市场，一切有价值的信息已经及时、准确、充分地反映在股价走势当中，其中包括企业当前和未来的价值，除非存在市场操纵，否则投资者不可能通过分析以往价格获得高于市场平均水平的超额利润。

2. 行为金融学

1979 年，美国普林斯顿大学的心理学教授丹尼尔·卡纳曼等人发表了题为《期望理论：风险状态下的决策分析》的文章，建立了人类风险决策过程的心理学理论，成为行为金融学发展史上的一个里程碑。

行为金融学（Behavioral Finance，简称 BF) 是金融学、心理学、人类学等有机结合的综合理论，力图揭示金融市场的非理性行为和决策规律。该理论认为，股票价格并非只由企业的内在价值所决定，还在很大程度上受到投资者主体行为的影响，即投资者心理与行为对证券市场的价格决定及其变动具有重大影响。它是和有效市场假说相对应的一种学说，主要内容可分为套利限制和心理学两部分。

第三节　市场布局

一、产业布局的影响因素

1. 产业布局理论的概念

产业布局理论是一门研究产业空间分布规律的学问。产业布局理论研究产业地域分布的影响因素、基本规律、演进过程和产业布局的原则、模式、政策等问题，为人们干预产业的地理空间分布、实现资源合理配置提供理论依据。产业布局理论伴随着经济学各个分支学科的产生而发展，它融合了国际经济学、经济地理学、发展经济学、制度经济学等多门学科的理论。

2. 影响产业布局的传统因素

（1）地理位置

地理位置影响金融产业的运营成本。为了降低成本，可以将销售与维护部门设在销售所在地，将研发中心设在名牌大学周围。或者电子金融机构的总部都集中到一条街上，技术人员之间偶然的、非正式的交流，往往可以带来灵感，从而带来商务赢利模式的重要突破。

（2）社会因素

①人口因素

包括人口构成、人口数量、人口分布和密度、人口增长、人口素质、人口迁移等。电子金融产业发展需要高科技人才，对人才的素质要求较高。它需要吸收高校毕业的优秀IT人才和金融专业人才参与，最好是硕士、博士。我国培养了大量的IT初级人才，却缺少高端人才，即管理、技术都精通的人才。据某国外网站观点，我国IT人才的算法设计能力远远强于印度和美国。但是，我国高智商的专业人才却只能给外国公司打工，实在是我国人力资本的损失。我国要在人才管理方面鼓励高科技人员创业，容忍失败，只有真正的企业管理实践，才能避免"纸上谈兵"式地培养管理人才。而培养优秀的民营企业是我国解决管理人才缺乏问题的基本途径。

②社会历史因素

主要包括历史上已经形成的社会基础、管理体制、国家宏观调控法律政策、国内外政治条件、国防、文化等因素。它们是超经济的，也是独立于自然地理环境之外的因素。政府通过政治、经济、法律的手段对产业进行干预和宏观调控，对产业布局有着不可忽视的影响。由于就业需要，我国大力支持中小企业发展，无形中给电子金融产业发展增加了活力。但是，电子金融产业的实力还是要靠大企业。

③"行为因子"

行为因子是指决策者、生产者和消费者在确定产业区位过程中的各种主观因素，它往往使产业区位指向发生偏离。事实上，无论是我国还是世界上其他国家，许多产业并非建立在最优区位。这种偏离，行为因子特别是决策者的行为，起了关键作用。决策者的行为取决于决策者个人素质的高低。生产者、消费者的行为仅对产业区位指向产生一定的影响。从行为因子的角度来说，电子金融产业聚集又未必发生在北京。它受到地方政府政策、金融环境、投资主体等方面的影响。我国主要城市都是综合型城市，如果采取分工布局的思路，则电子金融产业中心可能会选择在成都、大连、杭州等地。

（3）经济因素

①"聚集因子"

产业区位集中，规模经济和外部经济是主要依据和动力。它减少前后关联产业的运输费用，从而降低运输成本；提高公共设施利用率，降低分摊的相应费用；便于交流科技成果和信息，提高产品质量和科技水平。地域上的集中，高楼大厦显然能很好地实现集中，这也是都市高楼越盖越高的原因之一。"聚集因子"是科学地进行产业布局需要考虑的因素。

②基础设施

基础设施不但包括为生产服务的生产性基础设施，也包括为人类生活和发展服务的非生产性基础设施，如交通运输设施、信息设施、能源设施、给排水设施、环境保护设施、生活服务设施等。这些基础设施条件，特别是其中的交通运输条件、信息条件对产业分布的影响很大。交通运输条件主要指交通线路、交通工具和港站、枢纽的设备状况，以及在运输过程中运输能力的大小、运费率的高低，送达速度的快慢、中转环节的多少等。产业区位在最初总是指向交通方便、运输速度快、中转环节少、运费率低的地点。信息条件主要指邮政、电信、广播电视、电脑网络等设施状况。

③"市场因子"

消费市场、金融市场、劳动力市场等。对于电子金融市场，金融机构总部主要在北京，金融 IT 公司也有一部分在北京。另外，海龙市场作为全国最大的电脑市场，也是电子金融的上游市场。北京的 IT 公司不少在国外上市。目前，金融界作为金融资讯的代表已经在美国 NASDAQ 上市。北京也聚集着大量风险投资资金，在寻找好的投资项目。对于电子金融企业的融资，中软、恒生电子、信雅达等在国内上市了，而神州数码也在香港上市了。

（4）技术因素

地区所具有的技术能力是产业布局的重要因素。无论是靠近研究中心，还是高校，都要求该研究所或者高等院校具有世界先进的技术实力和科研实力。北大和中科院在接受了美国 100 纳米 8086CPU 芯片生产技术后，已经推出了自己的创新成果，并主打农村千元电脑市场。

3. 产业布局影响新因素

地理因素、社会因素等，曾是影响产业布局的最重要的外部因素之一，也曾经影响乃至决定了我国区域发展和产业布局的基本格局。但是，随着生产力的发展，尤其是经过我国产业结构的三次大调整，自然因素等对产业布局的影响正在逐步弱化。经济全球化、信息化以及新的发展理念等，已成为产业布局重要影响因素。

（1）经济全球化与外资的拉动成为产业布局的主导因素

世界经济的市场化、同质化程度已达到了前所未有的历史水平，不管意愿如何，企业都必须面对全球竞争。这就要求企业，以全球市场的眼光审视企业的市场竞争态势和经营发展战略，在全球市场上构筑战略优势。经济全球化在大大促进我国经济快速发展的同时，也在明显地改变着我国的区域发展布局。经济全球化的基本内涵是资本在全球范围内的流动，在开放经济中，外资净流入对区域经济增长具有重要影响。一方面，外资流入与国内储蓄一样是社会固定资产投资的重要资金来源；另一方面，各国对外开放的历史经验表明，利用外资对于促进技术进步，增加就业和提高居民收入水平，对于带动产业结构升级，加快贸易增长和工业化进程，对于保持国际收支平衡，增加外汇储备稳定货币发挥巨大的作用。外资对经济增长的重要性要远远超过单纯的资金流入，已成为区域经济长期快速增长的重要推动力量。

（2）信息化发展和科学技术体制化给产业布局以强烈影响

随着信息产业的发展，信息技术水平已经成为国家（地区）经济实力的象征。因此，国与国，地区与地区之间对信息的产生、传播、反馈和使用能力的差异，即信息资源比较优势在贸易中的地位越来越重要，贸易中信息技术因素成为参与贸易各方的竞争力构成要素。企业或货架信息处理效率成为其参与竞争的基础和条件，信息基础设施的发达程度和信息产业的规模比重都极大影响了一国或一个地区在世界经济中竞争实力和竞争地位。这种情况也使发展中国家或欠发达地区原来具有的自然资源和廉价劳动力的比较优势的重要性降低。而发达国家或地区几乎控制和垄断着信息资源，所以，随着信息资源和信息贸易重要性日益增强，发达国家和发展中国家之间，我国东中西三个地带之间，信息化发展的差异，给产业布局中的地区差异以强烈的影响。

（3）环保产业成为产业布局中的新的经济增长点

环保产业主要是指国民经济结构中以防治环境污染，改善环境质量，保护生态平衡为目的进一步系列技术开发、产品生产与流通、信息服务和工程承包等活动的总和。它要求综合运用经济、生态规律和现代科学技术，适时促进环境技术产业化、及时更新各产业中不利于环境保护和生态平衡的硬件设备和加工工艺。发展环保产业不仅是实施可持续发展战略的必然要求和物质基础，更可使环保产业成为新的经济增长点。随着全球产业布局调整向资源利用合理化、废物产业减量化、对环境无污染或少污染方向发展，我国发达地区的环保产业得到了迅速发展。

二、经济布局

经济布局指在一定时期内对社会物质生产部门基本建设的地区分布所做的部署；或指社会物质生产部门如工业、农业、交通运输等业在地域上的分布。经济布局的特点取决于社会生产方式，并受自然、人口、历史、社会、技术等各方面条件的影响。

1. 促进措施

（1）认真贯彻执行国家产业政策和地区经济布局目标。

（2）充分发挥中央和地方两个积极性。

（3）充分发挥计划和市场两种优势。

（4）大力发展地区间、企业间的横向联合与协作。

2. 存在问题

（1）许多地区没有根据本身的资源优势，确立和发展有本地区特点的主导产业和重点产业，而是追求建立"门类齐全"的工业体系，无法发挥地方特有的资源优势，导致全国宏观经济效益的低下；

（2）地区产业结构调整工作进展不平衡，使东中西三大地带的区域产业分工难以顺利展开，地区比较优势难以充分发挥，甚至导致资源地区和加工工业地区矛盾、摩擦加剧，建立区际贸易壁垒，影响全国统一大市场的形成。

3. 任务

充分发挥各地优势，加快地区经济发展，促进全国经济布局合理化。

4. 指导方针

在国家统一规划指导下，按照因地制宜、合理分工、各展所长、优势互补、共同发展原则，促进地区经济合理布局和健康发展。

5. 格局

（1）东部沿海地区要大力发展外向型经济，重点发展附加值高、创汇高、技术含量高、能源和原材料消耗低的产业和产品，多利用一些国外资金、资源，求得经济发展的更高速度和更好的效益。

（2）中部和西部地区资源丰富，沿边地区还有对外开放的地缘优势，发展潜力很大，国家要在统筹规划下给予支持。这些地方应当根据市场经济的要求，加快对内对外开放的步伐，加强基础设施的建设，促进资源的开发和利用，努力发展优势产业和产品，有条件的也要积极发展外向型经济，以带动整个经济发展。

（3）国家采取有效政策扶持老、少、边、穷地区。

第四节　市场供给

一、市场供给

市场供给是指在一定的时期内，一定条件下，在一定的市场范围内可提供给消费者的某种商品或劳务的总量。如前所述，市场供给能力分析的时间也应考虑整个项目寿命期，市场范围包括国内市场和国际市场。市场供给分析还可以分为实际的供给量和潜在的供给量，前者是指在预测时市场上的实际供给能力，后者是指在预测期（项目寿命期内）可能增加的供给能力，实际的供给量和潜在的供给量之和近似为市场供给量。

1.概述

市场供给量又可具体分为国内供给量和国外供给量，对市场供给能力的分析，不仅要分析国内的供给能力，而且要研究国外的供给能力。

市场供给是指某一时间内和一定的价格水平下，生产者愿意并可能为市场提供商品或服务的数量。市场供给是所有生产者供给的总和。

2.影响因素

（1）产品价格。在其他条件不变的情况下，某种产品自身的价格和其供给的变动成正方向变化。在其他条件一定时，价格提高，就会增加企业的利益或利润，从而吸引企业去生产更多的产品，其他企业也会生产这种商品，使供给增加。反之，价格下降，收益减少，供给就会减少。

（2）生产成本。在其他条件不变时，成本降低，意味着利润增加，则供给就会增加。反之，如果生产成本上升，供给就会减少。

（3）生产技术。生产技术的进步或革新，意味着效率的提高或成本的下降，从而影响企业的利润。因此，技术水平在一定程度上决定着生产成本并进而影响供给。

（4）预期。生产者或销售者的价格预期往往会引起供给的变化。

（5）相关产品的价格。

（6）其他因素，包括生产要素的价格以及国家政策等。

3.国内供应量

产品的国内供给量，主要决定于国内的生产能力。因此，调查供应量时，必须首先调查全国或一定地区这项产品现有的生产能力。调查中还应注意了解现有生产能力中是否还有一部分未加利用。如有这种情况，则应了解其比例有多大，原因何在（如技术问题、原材料不足、需求下降等），短期内有无扩大利用的可能。如不考虑这些因素，就会低估供应量而高估市场需求不足额。

所需资料一般可由计划、统计部门、有关企业的主管部门以及金融部门等单位提供，也可以对现有生产企业作一些实地调查，这些企业可以提供一些重要的第一手资料。

掌握了供应量，就可以预测未来的供应量。

预测未来的供应量非常重要。因为不少产品从目前来看需求量很大，供应量严重不足，是一项短线产品，但当很多地方都一拥而上生产这种产品时，情况就会很快发生变化，由短线产品变为长线产品。因此，在预测未来供应量时，要尽可能掌握较全面的资料和信息，以便正确估计形势。

4. 国外供应量

调查预测国外供应量不是指调查预测世界各国对这项产品的总供应量，而是指我国可能进口这项产品的数量。如果国内对这项产品的需求要依靠一部分进口来满足，应向外贸部门了解进口量（应注意规格、型号及质量要求）和将来采取的进口政策。允许进口量以满足国内生产缺额为度。这样，减少进口就可为项目的产品开辟国内市场。反之，如果增加进口，就会使项目产品的国内市场缩小。

根据经验可知，国外供应（即进口数）往往对产品市场产生很大影响。有的产品，原来国内外供应都很少，显然是短线产品。但由于没有进行有效的控制，各地纷纷盲目进口，使项目投产后产品销不出去。

二、有效供给

所谓有效供给是指与消费需求和消费能力相适应的供给，即产品的供需平衡。任何一种产品的市场均衡产量和价格都是由该产品的供给曲线和需求曲线的交点决定的。其需求曲线应与该产品消费方的边际效用曲线相一致，供给曲线应与该产品生产方的边际成本曲线相一致。这样，社会边际收益等于社会边际成本，帕累托最优得以实现。

1. 主要类型

（1）私人产品的有效供给

假设社会上只有 A 和 B 两个人。此时某种产品的市场需求量就是 AB 人两人由于收入不同而产生的不同需求量的总和。这一需求曲线和由生产者边际成本决定的该产品的供给曲线相交的点就是市场均衡点。由于在私人产品条件下，不存在外部性现象，因此，消费者从该产品消费中所获得的边际效用也就是这一产品的社会边际收益，这样，在市场均衡点上社会边际收益等于个人边际收益总和，等于社会边际成本，实现了帕累托最优。

实现私人产品有效供给的关键是价格机制，是价格调节了私人产品的产量和消费者。

（2）公共产品的有效供给

在私人产品的情况下，消费者可以通过调整自己的消费量来使自己的边际效用等于既定的市场价格。公共产品则不同，它一旦提供出来，任何人对它的消费量都是相同的，但是每个人从中所获得的边际效用却不尽相同。因此，愿意为此支付的价格（税收）也不相同。

此时，全社会对该公共产品愿意支付的价格应由不同个人愿意支付的价格加总得到。这样该公共产品的市场需求曲线 DD 就是每个人的需求曲线的垂直相加，即 DD=DA+DB。

SS 是与公共产品的边际成本相一致的供给曲线，它与 DD 的交点 E 决该公共产品的均衡产量。由于消费者的出价是与其消费公共产品所获得边际效用相一致的，所以所有消费者出价的总和就是其边际效用的总和，即社会边际收益。这样，在 E 点社会边际成本等于社会边际收益，实现了帕累托最优。即

$$MSR = \sum_{i=1}^{i} MR_i = MSC$$

但是，需要指出的是，这只是一种理想的状态。在实际生活中，由于人们往往倾向于隐瞒自己从公共产品消费中所得到的实际边际效用从而逃避应支付的价格（税收）。因此，能否使消费者愿意按照其真实的受益程度缴税是实现公共产品有效供给的关键。因为政府只有通过税收才能实现向公民提供公共产品。由此就产生了对公共产品有效供给的机制的分析。

2. 基本内容

有效供给的内容有两方面，即产品的品种品质与产品的成本价格。所有供给如是有效供给，都会归结为其中一种或两种的综合。比如开发出具有新功能的产品，改进旧产品的性能品质，即是有效供给的表现。另外，我们将产品成本价格降低，也是有效供给的表现，因为价格下降可促进需求。好产品但价格太高，也会发生"过剩"，反之，坏产品但价格低，同样会发生过剩，这都是没有需求的表现，也是无效供给的表现。比如，有效治疗艾滋病的药物是好东西，许多人很想要，但如果价格太贵就无人能购买得起。这样，产品的使用价值虽然很高，但仍不算作有效供给。许多伪劣商品虽然价格便宜，但品质很差，甚至对人有害，这也不算有效供给。

有学者列举有效供给多方面内容，如胡培兆教授新著《有效供给论》就列举广告供给、推销供给、招徕供给、价格供给、产品供给、售后供给、信誉供给、安全供给以及就业供给等九种供给活动与行为。不难看出，这都是围绕产品品种品质与价格两方面的供给活动。广告的基础是产品在品种品质或价格上有优势，否则广告就名不附实。同样，推销、招徕、价格、产品、售后服务、信誉、安全等，无不与产品品种品质及价格两方面直接相关并构成它们之成立的基础。就业供给也是产品供给的一个方面，因为就业的有效供给实际上是劳动力的有效供给；劳动力作为商品一方面要做到"品种品质"好，另一方面也要做到成本价格（工资）低，这样才保证劳动力具有更大的就业机会。

显然，这两方面有效供给可以并且必须内在地结合起来，即供给产品既好又廉价，即人们平常说的"价廉物美"。可能人们认为，商品既要好，又要价廉，那是不可能的，品质好的商品价格肯定贵。情况确实如此，因为品质好的东西需要耗费的人力物力更大，它自然包含更大成本价格。但人类科技的作用，在于以低廉代价制造尽可能好的物品。比如，

通过人类科技发展进步，可以更低廉成本制造出更好的汽车、电脑等几乎所有产品。这正是人类生活水平得以提高进步的根本原因。

3.不足成因与对策

（1）现阶段消费品市场有效供给不足的市场表现

①消费品市场上的商品其价位与消费者的市场收入层次错位，对于每一个相应的消费者阶层来说，他们均不能很好地找到自己的消费均衡点，他们的购买力水平均难以完整实现。

从属于较低收入层次的城乡居民来看，相对于他们既定的购买力水平，则是高价位的商品与高价位的服务比较多。面对这种较高比例的高价位的市场商品供给，虽然其边际效用相对较高，但这一部分消费者还是不得不服从于其收入预算约束线，不得不考虑其有限购买力在商品之间的投向，不得不约束自己对于某一商品的需求总量，以获得效用的最大化。这种出自于理性的考虑与约束的结果，其市场总需求量呈现下降趋势，而投放于市场的消费品如果价格水平不下调，尽管它们的质量与其市场生命周期均被肯定，但其市场供给也就成为无效供给。从属于较高收入层次的白领阶层来说，相对于他们的既定的购买力水平而言，则是低价位的商品与较低价位的服务比较多。而在规范的市场经济社会里，商品的价位与商品的档次呈正比。购买力水平的明显超前的那一部分消费者自然要求其消费水平也要相应地超前于大众消费者。而此时的消费品市场中，相对于其既定的购买力水平而言，低价位的商品与服务比较多，其对于这一部分消费者的边际效用呈不断下降之趋势，使这一部分消费者往往失去购买欲望而持币待购。尽管它们的质量与其市场生命周期均被肯定，市场商品供给也会变成无效供给。

从另一方面分析，即使这时有一部分能够显示其身份、地位的高价位、高档次的商品与服务投放于市场供其选购，由于这一部分消费者仅占市场消费者总数的10%左右，其需求的绝对量毕竟有限，此时投放于市场的大部分消费品对于这一部分消费者而言也就形成了无效供给。而前一部分消费者与后一部分消费者其权数、比重之间的巨大差异自然就左右着消费品市场有效供给的巨大差异。再将两个收入层次的消费者结合在一起来分析，对于掌握有市场商品购买力绝大比重的少数消费者而言，由于这一消费者群其数量较少，其市场商品购买与消费需求数量毕竟只是占市场商品总需求的一小部分，其边际消费倾向小于低收入者，并且，这一个群体对于既定市场上现有的商品需求已经相对饱和，他们的更高层次的超前需求市场尚未完全出现，因而他们找不到新的消费热点，而不得不使自己手中握有的大部分购买力在其手中沉淀下来。而对于掌握有市场商品购买力较小比重的大多数消费者而言，由于这一消费者群其数量较多，其市场商品消费需求数量将占市场商品总需求的绝大部分，其边际消费倾向大于高收入者，可是，由于购买力结构的失衡，这一个群体对于既定市场上现有的商品需求不能实现，他们的更低层次的滞后的需求市场已经完全撤退，因而他们也找不到自己的消费热点，加之不可预期的支出将大大增加，而不得不使自己手中握有的购买力在其手中沉淀下来。这种沉淀并不是由于其他的低收入消费者没有市场购买欲望所致，而是由于低收入者没有购买力以及市场没有适应于这一低收入阶层需要的商品的缘故。当国民收入一定时，分配差距扩大到一定限度，购买力结构失衡，当市场供给结构与商品档次没有相应调整时，高收入者与低收入者均找不到消费热点，就可能使总消费水平下降，最终带来整个商品市场的低迷状态。

就 2001 年消费品市场的初步测算分析来看，在消费品市场供应的全部商品中，超过50% 的商品为中档价位的商品，其需求收入弹性在 0 ~ 1 之间，超过 30% 的商品为高档价位的商品，其需求收入弹性大于 1，只有不到 20% 的商品为低档价位的商品，其需求收入弹性为负值。而 2001 年由于住房、医疗等改革的推进，不可预期的支出比率呈快速上升趋势，这一事实使得消费者对这中高档价位商品的需求量就会逐渐减少，持续一段时间的结果，这一类高价位商品就会出现积压，就会成为无效供给。于是就出现了一种令人难以理解的怪现象，一方面是市场商品大量积压，另一方面则是城乡居民银行储蓄存款大量增加，无论政府怎么采用旨在刺激需求的货币政策与财政政策，其刺激作用都不明显。

②消费品市场上一般商品多，名优品牌商品少，知名品牌商品更少。

在湖南省的消费品市场供应的全部商品中，根据我们所做的初步测算分析，属于国际知名品牌的商品不到 1%，属于国家级品牌的商品不到 5%，属于省级知名品牌的商品不到 10%，其余的大多数商品为没有品牌效应的商品，有相当一部分商品甚至根本就是没有注册登记、没有品牌名称、没有质量检查合格证的"三无"商品。而在现代消费者的市场消费行为中，名优品牌往往代表着商品质量，往往是消费者身份与地位的象征，往往代表着消费新潮流，往往产生着消费的示范效应。在消费行为日趋个性化、情感化的今天，"三无产品"远离国内外大市场的真正需求，既体现不了身份与地位，更卖不起价，在产品更新换代的速率不断提高的今天，其边际效用急剧下降，往往造成大量积压、过剩，导致低水平的、结构上的相对饱和状态。

以湖南消费品市场为例，湖南工业产品的国内市场占有率仅为 2.53%，在全国排第 16位。在全部独立核算工业企业所分布的 40 个工业大类行业中，湖南仅有 13 个行业的市场占有率达到应占份额(1/31)，有 2/3 的行业低于应占份额，无一行业市场占有率超过 10%(最高的烟草加工业也只有 9.58%)。湖南工业商品本省平均市场占有率仅为 15% 左右，其中食品为 10%，家电和塑料制品为 5%，洗化用品与儿童用品为 1%，服装为 20%。在国内竞争尚且如此，加入 WTO 后，随着国内竞争国际化、国际竞争国内化趋势的加剧，湖南工业产品将受到国内和国际的双向挤压，市场占有率面临进一步下降的危险。目前湖南省共有服装生产企业 2000 余家，年产服装 2 亿件 / 套，占国内总产量的 2%，在国内位居13 位左右，仅有"益鑫泰""中国虎"、两个品牌在国内略有名气，"超世""博雅""天剑""派力斯""风景""忘不了""圣得西"等少数几个品牌在省内略有一定知名度。而我省年服装消费约 200 亿元，自产服装总值约 20 亿元，全省服装在省内市场的占有率不到 10%，市场份额 90% 被外来品牌所占领。不是名优产品、无知名品牌这一市场现实，使得众多的消费者尤其是哪些高于平均收入水平、领导消费新潮流的消费者感到这种商品不能给自己带来效用的最大化，对这种商品的边际需求下降，只好望商品而兴叹，也形成了消费品市场的有效供给不足甚至无效供给。

③技术含量低、低附加值、失效、淘汰等市场生命周期处于衰退期的商品大量充斥市场，甚至库存大量积压；另有一部分商品甚至就是假冒伪劣产品，这种产品因其使用寿命大打折扣而不被理智的消费者接受，其市场供给也就形成无效供给。而技术含量高、高附加值、时令、抢手等市场生命周期处于旺盛期的商品市场供应不足，不得不严重依赖于进口。

1999年年底，我国各种商品的社会库存已经达1万亿元左右，同年底，我国还从国外进口各种商品折合人民币1.2万亿元左右。例如，我国的钢产量早已突破了1亿吨，雄居世界第一。但令人尴尬的是，在这1亿多吨钢多有积压的同时，我国每年还要进口1320多万吨高档优质钢材。我国的冷轧薄板的自给率约为65%，冷轧硅钢片为37.5%，不锈钢板仅为15%。一方面，我国的低纱纺织品大量积压，另一方面，我国每年要花60多亿美元进口高档面料。我国的化纤原料的50%、橡胶的20%、塑料的50%都依赖于进口。也可能有人因此认为：技术含量低的商品、市场生命周期处于衰退期的商品，由于其市场价格也低，正好适应低收入水平的消费者的购买需求，不应将其列为无效供给之列。可是，低收入水平的消费者同样普遍具有求名、求新的购买心理，只是因为目前的购买力水平暂低下而作罢：他们或者在努力地设法提高自己的购买力而加入上一层次的消费者群进行同样等级的消费，或者在等待着市场商品因技术进步而导致的精神损耗的到来而提升自己的消费等级；这种消费心理指导的结果，便是对于技术含量低的商品、市场生命周期处于衰退期的商品的边际需求同样也呈现下降趋势，致使这一部分商品整体上也呈现无效供给趋势。

④由于城乡经济发展二元化的趋势缘故，相对于农村地区的消费者而言，其一是有一部分产品的技术含量太超前，明显超越了消费者目前的知识水平，使众多的消费者失去购买欲望而难以接受。例如家用电脑，从理论上分析，因其与提高居民生活质量紧密相关，其销售价格也在居民的承受能力之内，应当在短期内迅速地普及开来。但就目前我国绝大多数农村消费者而言，对于其硬件和软件知识均远远不够，因而家用电脑进入中国家庭的速度远远低于其产品更新换代的速度。其二是有的产品对消费环境的要求较高，而消费者受到目前消费环境的局限，即使目前具有购买力也无法享受。例如在我国的农村地区，现代商品消费所必须依赖水、电、路、气等的消费设施、消费条件等要么就是短缺，要么就是奇高定价，农村居民难以承受，使得一部分商品特别是电器商品进入农民家庭的速度至少落后城镇居民家庭达10年之久。又如在城镇地区，众多的消费者难以接受、无法享受的结果是这些商品不能形成有效供给。

（2）市场原因

现阶段消费品市场有效供给不足有多方面的原因。如果仅从市场原因来分析，主要有以下几个方面：

①消费品生产的市场定位出现误差。

由于现阶段我国不少的企业在体制与生产机制没有彻底转变，企业的消费品生产或者没有定位，其生产活动的组织仅仅瞄准政府指令，或者盲目地模仿别人——在产品设计上内地模仿沿海，沿海模仿港台，不能表现自己的特色与风格，不能摆脱传统的大而全、小而全的封闭生产模式，所生产的消费品在质量定位、功能定位、体积定位、特色定位、价格定位、造型定位、用途定位以及使用者类型定位方面均与目标市场的需求不相吻合，导致产品投放市场形成无效需求。

②消费品的生产技术含量较低。

与发达国家相比，我国民族企业普遍存在技术与装备水平落后、产品竞争力差的状况。导致这种状况是由于我国民族企业科技创新能力和新产品开发能力十分有限。以湖南省为例，1998 年全省 703 个大中型工业企业创办的科技机构仅有 347 个，许多大中型企业没有设立科研开发机构。1998 年全省技术进步对经济增长的贡献率为 39%，不仅低于发达国家 50% ~70% 的水平，也低于发展中国家 40% 左右的水平。国有企业技术进步动力不足，资金短缺，人才缺乏，技术进步创新体系还未形成。1998 年全省 703 个大中型工业企业中，企业创办的科技机构仅有 347 个，许多大中型企业没有设立科研开发机构。1998 年我省技术进步对经济增长的贡献率为 39%，不仅低于发达国家 50~70% 的水平，也低于发展中国家 40% 左右的水平。由于科技进步滞后，新产品开发严重滞后，严重落后于市场消费者的消费需求，加之入世后对外开放的力度不断加大，有效需求大量"渗漏"到国外，原本可以转化为国内市场、落在国内产品上的有效需求骤然减少。这就势必减少国内产品的有效需求下降和市场实现程度的下降。

③消费品的市场营销能力较低。

长期以来的小商品经济与卖方市场格局，使我国的消费品生产企业等客上门的观念并没有根除，消费品生产企业并没有学会建立起完整的市场调查、目标市场选择、市场定位、产品开发、市场开拓、宣传促销的完整流程。品牌意识淡薄，忽视品牌的宣传与包装，尤其是在打造品牌与构筑网络上欠缺很大。

④对外开放战略实施与我国民族工业成长速度不同步所形成的冲击。

随着加快社会主义市场经济体制建设而带来的对外开放战略实施，一方面，弥补了中国商品市场的有效供给，满足了中国消费者的市场多层次的需求，但在另一方面，也给尚处于弱劣阶段的中国民族工商业带来了强大的冲击，中国的民族工业在走入市场经济轨道中就宛如襁褓中的婴儿，不知如何去面对市场，研究消费者的现实与潜在需求，并根据消费者的现实与潜在需求去组织商品生产，形成市场有效供给。但是，已经开放的市场却在相当大的程度上开拓了中国消费者的消费视野，他们在逐渐接受西方市场经济国家技术与质量相对较为优异的商品同时，也逐渐远离了从总体上看技术与质量相对低一档次的民族工业产品，而当国内企业的产品技术改造、营销与管理不能跟上来时，其提供给市场的商品极有可能形成无效供给。

（3）市场思考

校正有效供给不足是一个系统工程。其根本途径是深化改革，校正企业运行机制，转变政府职能，真正建立起以市场为中心的资源配置体制。具体来说，就是要充分运用入世之后给企业带来的压力与动力，加快现代企业制度的建设，实现企业的制度创新；加快企业的技术进步，以经效率换取效益，进而实现技术创新；强化企业管理的基础工作，杜绝企业营运中的跑、冒、滴、漏现象，进而实现管理创新。

①努力引导企业准确地做好市场定位

市场定位就是企业根据目标市场上同类产品竞争状况，针对顾客对该类产品某些特征或属性的重视程度，为本企业产品塑造强有力的、与众不同的鲜明个性，并将其形象生动地传递给顾客，求得顾客认同。其实质是使本企业与其他企业严格区分开来，使顾客明显感觉和认识到这种差别，从而在顾客心目中占有特殊的位置。努力引导企业准确地做好市场定位就要求企业做好以下几个方面的工作：第一，努力引导企业深入了解目标消费者对市场消费品的最大偏好和愿望以及他们对消费品优劣的评价标准是什么；第二，努力引导企业认真研究、找准本企业在目标市场的潜在竞争优势，进行恰当的市场定位。找准竞争优势可以从企业的资源优势中去找，可以从消费者的诉求中去找。正确的做法是从消费者的诉求中去找，在此基础上结合企业的实际进行定位，做出产品的特色；第三，进行理念包装，并把企业的定位观念准确地传播给潜在的购买者。

②努力提高企业生产的技术含量

要应对我国生产力发展水平多层次性这一现实，加快高新技术项目的引进；加快实用新型技术的引进；在较短的时间内努力提高企业生产的技术含量。在操作中，一是要加快高新科技工业园的建设步伐，形成区域经济的技术进步亮点。在工业园中引导企业形成一定的集中度与规模经济程度。形成较好的筹资能力与承担风险的能力；二是要加大国内企业与外资企业的技术嫁接。加大中外企业合资与合作的力度，以此引进外资企业的先进技术，实现后发优势；三是构筑富于竞争的市场结构来推动企业的技术进步。完全竞争的市场结构比完全垄断的市场结构有更强的发明和创新动力。为此，要强化国家的法律约束和政策指导。包括制定反垄断政策，进一步改革价格制度和价格体系，加强企业自身的经责任和经济利益，进一步完善税收制度及深化其他方面的改革。

③大力推进名牌战略，激活市场需求

名牌作为一种无形资产，是企业资产的重要组成部分。例如：2001年，"红塔山"品牌价值为460亿人民币，连续7年位居我国价值最高品牌之首。名牌战略与品牌战略的区别在：一是目标不同。品牌战略的目标在于提高产品的知名度，而名牌战略的目标则是在于提高产品长时期的市场占有率。虽然高知晓度有可能带来市场占有率的提高，但长期的较高市场占有率绝不是仅有高的知晓度就能达到，更重要的在于产品质量与服务；二是手段不同。实施品牌战略的手段一般多倚重于促销手段，营销实践中常常表现为花巨资悬赏品牌创意，花巨资在媒体上做品牌广告，花巨资建立品牌销售渠道与促销队伍，花巨资为品牌进行艺术与商业包装。而实施名牌战略的手段则要宽泛得多，不令倚重于促销手段，而且更倚重全面质量管理，强化产品销售服务；三是层次不同。品牌战略是商品经济发展的低级阶段的要求，是在产品生产基础上进一步发展和壮大的。而名牌战略则是现代商品经济发展的要求，是在品牌战略基础上的进一步发展和壮大。推进名牌战略特别要抓好品牌质量、品牌服务、品牌包装、品牌宣传这些关键环节。要严格执行ISO9000系列标准，实施全面质量管理；强化品牌的系列服务与宣传工作，以名牌战略激活市场需求。

④努力降低企业的营运经营成本

尤其是要努力降低企业的流通成本。除了加强企业的生产管理、降低单个企业的生产成本以外，当前尤其要加大经济环境的治理，打击"索、拿、卡、要"，打击垄断资本，努力营造完全竞争市场环境，提升经济肌体的活力，在降低成本的基础上增加市场有效供给。

第五节　市场供需平衡

供求平衡是指消除供求之间的不适应、不平衡现象，使供应与需求相互适应，相对一致，消除供求差异，实现供求均衡。

一、供需平衡模式理论

供需平衡模式论，又叫三种平衡模式理论，是周强在《新市场经济论》中提出的一个理论。该理论认为，历史地看，市场经济的供应和需求将经历自然平衡、公平平衡和自由平衡三个平衡阶段，不同平衡模式下，供应与需求的平衡水平是不同的。

供需平衡模式，是指一个国家或地区，由于市场管理水平不同而出现的不同的市场产品供应过剩和需求未充分满足的情况，以及价格因投机而产生的波动情况。

每一种供需平衡模式市场的产品供应与需求都包括两个平衡维度：一个是稳定性，即波动的幅度和频率，包括经济整体的波动和产品价格的波动两个层面；另一个是充分性，即需求获得满足人口占全部人口的比例，以及已满足者的需求所处的层次水平。

一是自然平衡模式。即，按照弱肉强食的社会达尔文主义规则形成的供需平衡模式。在这种平衡模式下，供应与需求严重不平衡，投机严重，价格波动很大。

二是公平平衡模式。即，在社会环境公平和分配公平的基础形成的供应平衡。在这种平衡模式下，供应与需求基本平衡，投机很少，价格波动较小。

三是自由平衡模式。即，在各尽所能，各取所需基础上实现的供应与需求平衡。在这种平衡模式下，供应与需求完全平衡，没有投机，没有价格波动。

自然平衡模式是资本主义初期的平衡模式，公平平衡模式是社会主义社会发展到成熟阶段的平衡模式，自由平衡模式是共产主义社会阶段的平衡模式。

在自然平衡模式与公平平衡模式之间有一种过渡性的平衡模式，发达的资本主义国家和社会主义初级阶段的市场就处于这样一种过渡性的平衡模式状态中。

二、供求平衡的意义

供求平衡的实质是使市场商品供应量及其构成与市场上有货币支付能力的商品需求量及其构成之间保持平衡。在社会主义制度下，组织市场商品供求平衡，保持供求比例协调，是国民经济综合平衡的一项极其重要的内容，也是流通部门安排市场的一项重要工作。因此，组织市场商品供求平衡，使商品供应与商品需求之间保持相互适应的关系，对于发展国民经济，合理组织流通，保障人民生活的安定，都具有十分重要的意义。

1. 供求平衡是保证社会再生产顺利进行的必要条件

在商品供求平衡的状况下，生产者的物质消耗才能得到补偿，消费者的购买需求才能得到满足。而商品供求不平衡的任何一种状况，对于社会再生产的进行都是不利的。在商品供过于求的情况下，库存不合理的增加，会造成社会劳动的浪费，生产资金周转的缓慢甚至处于停滞状态，使生产不能按原有规模进行，甚至迫使生产停顿；在商品供不应求的情况下，则会使一部分购买力不能实现，影响人们实际生活水平的提高，还会削弱消费者对商品质量的监督，不利于社会生产企业改进生产，增加花色品种和提高产品质量。

2. 供求平衡是实现按劳分配原则的重要保证

在社会主义条件下，按劳分配是借助于货币通过商品交换形式实现的，劳动者按照劳动所得获得的货币收入，只有通过市场买到自己所需要的消费品，才能使按劳分配得到最终实现。如果商品供求不平衡，尤其是供不应求，就无法保证城乡居民的货币收入顺利地转化为商品，无法保证社会主义按劳分配原则得到充分的贯彻执行，进而就无法保证人民生活水平的不断提高，这必然会挫伤人民群众的积极性。

3. 供求平衡是稳定物价稳定币值的重要条件

市场商品供求不平衡会引起市场物价的波动，引起城镇居民货币收入出现不正常的再分配。商品供过于求，会造成货币回笼的困难；商品供不应求，会造成货币贬值。因此，有计划地组织市场商品供求平衡，有利于保持市场物价的稳定和币值的稳定。

4. 供求平衡是合理配置社会资源的有效手段

实现供求平衡，有利于合理利用人力、物力、财力和自然资源，避免社会财富的浪费。市场商品供求平衡，意味着国民经济基本比例关系比较协调，社会总劳动时间按照社会需要按比例地分配于各类商品的生产上，整个社会生产以合理的劳动耗费取得好的经济效益。而市场商品供求不平衡的任何一种状况的存在，都会给社会造成浪费和损失。例如，某种商品出现全局性的供过于求，说明投入该商品生产的人力、物力和财力超过了社会需要，造成商品积压，使得超过部分的产品所耗费的人力、物力、财力得不到社会承认，因而造成社会劳动的浪费。当商品供不应求时，也会出现社会人力、物力、财力得不到充分利用或使用不当的情况。例如，由于商品产不足销，供应制约需求，往往造成生产企业不注意提高产品质量，粗制滥造，不注意劳动耗费的节约。同时，商品供不应求，还会削弱群众对商业服务质量的监督，影响企业改善经营管理，提高服务质量。这既损害消费者的利益，又损害社会的利益。

三、供求平衡内容与关系

1. 内容

组织供求平衡就是要根据市场消费需求的变化，及时调整生产结构，在商品供给量与商品购买力之间出现差额（供过于求或者供不应求）时，采取积极有效的措施，组织起符合客观实际的市场商品供求平衡。市场商品供求平衡的内容十分广泛。按地区划分，有全国市场的供求平衡和地区市场的供求平衡。按商品划分，有社会商品供求总额的平衡，有分类商品的供求平衡和商品构成的平衡。其中社会商品供求总额的平衡是供求平衡的主体。总额不平衡，分类和构成也不可能达到平衡，因此，总额的平衡是分类和构成达到平衡的前提。然而在供求总额平衡的情况下，也有可能出现某一类商品或某些主要商品的供求不平衡，这就是分类和构成的不平衡。虽然这些属于局部的不平衡，但也必须进行必要的调整。因为总额的平衡是以分类的平衡和构成的以，在组织市场商品供求平衡时，必须搞好上述几个方面的平衡。

2. 要求

（1）既要求得到市场商品供给总量和商品购买力总额之间的平衡，又要求得到主要商品供求额之间的平衡。

市场商品供给总量和商品购买力总额之间的平衡是前提，主要商品供求额之间的平衡是基础。主要商品虽然品种不多，但消费量很大，如果主要商品供求不平衡，供求总额的平衡就难以实现。

（2）既要在全国范围组织好供求平衡，又要在各地区组织好供求平衡。

实现全国范围的平衡是组织商品供求平衡的总体目标，全国供求平衡了，才能保持全国物价总水平的基本稳定。在组织全国供求平衡的同时，必须统筹兼顾，适当安排地区之间和地区范围内的平衡，特别要照顾重点地区，如工矿林区、农产品出售和调出较多的地区、侨汇集中地区、边境地区、少数民族地区、旅游地区和对外开放城市等。对于城乡间的商品供求关系，要继续坚持"两个优先"的原则，保持供求平衡。

3. 关系

要实现供求平衡，必须处理好下述几方面的关系：

（1）全局和局部的关系。

市场商品供求平衡是国民经济综合平衡的一个组成部分，地区平衡是全国平衡的一个重要组成部分。在处理全局和局部的关系时，应当局部利益服从全局利益。只有全局的平衡得到妥善安排，局部的平衡才能得到较好的解决。当然，强调全局，强调局部服从全局，这绝不是说可以放弃局部，不照顾局部。必须在安排好全局平衡的同时安排好局部平衡。在考虑全局利益的同时兼顾局部利益，把全局利益和局部利益正确地结合起来。

（2）重点和一般的关系。

在组织市场商品供求平衡时，总会有重点问题需要解决。列为重点的，有的是某些地区，有的是某种商品等。当然，重点并不是一成不变的，随着客观条件的变化，重点也会转化，原来的重点转化为一般，原来的一般转化为重点。没有重点就没有政策。所以，要保证重点，照顾重点，优先解决关系到全国平衡、关系到国民经济的发展和改善人民生活的主要商品和主要地区的供求平衡。优先解决重点问题，决不能因此而排斥一般，不照顾一般，如果不适当地保证重点，就会损害一般的利益，重点就会孤立，就得不到保证。所以必须在保证重点的同时照顾一般，在兼顾一般中保证重点。

（3）长远利益和当前利益的关系。

在组织商品供求平衡时，要瞻前顾后，不仅要看到当前的平衡，而且要看到今后的平衡。从全局和整体来看，当前利益应当服从长远利益，必须有一个长远的奋斗目标。但是必须把长远利益和当前利益结合起来，如果不顾当前利益而只考虑长远利益，也会由于当前利益没有得到较好解决而损害长远利益。所以，照顾到当前利益，安排好当前的市场商品供应，也会促进生产的发展，这对解决好以后的商品供求矛盾也是有利的。

总之，在组织商品供求平衡时，必须根据社会主义基本经济规律、国民经济按比例发展规律等经济规律的要求，从有利于促进生产的发展和不断改善人民生活出发，贯彻统筹兼顾、适当安排的方针，使各方面的利益都能获得比较妥善的安排。

4.措施

市场商品的供求平衡，是整个经济结构比例关系是否协调的反映，是国民经济的基本比例关系是否适应的标志。组织市场商品供求平衡需要各方面的努力。

（1）安排并组织实现国民经济主要比例关系的综合平衡。国家通过加强宏观规划与对市场进行有效的宏观调控，搞好国民经济中的主要比例的综合平衡是组织实现市场商品供求平衡的基础。

（2）合理调整产业结构，按需组织社会生产。产业结构是否合理，农轻重的比例关系是否协调，对能否实现供求平衡，至关重要。

首先，要大力促进农业生产的发展。农业是国民经济的基础，它是人类的基本生活资料—食物生产的主要部门，是社会生产的起点。我国市场商品供应状况如何，最终取决于农业生产状况。贯彻执行以农业为基础的方针，发展农业生产，是关系国民经济全局的战略问题。只有把农业搞上去，才能实现国家宏观调控的目标，才能逐步提高人民的物质和文化生活水平，才能使市场繁荣，物价稳定。使农副业更多地为市场提供商品货源，有利于商品供给和商品需求的相互适应。

其次，要大力促进轻纺工业生产的发展。轻纺工业是提供生活资料的生产部门，发展轻纺工业，不仅可以为城乡人民提供日益丰富的食品、纺织品、日用品和文化用品，更好地满足人民的物质和文化生活需要，而且还能为发展农业、重工业积累资金，促进整个国民经济的发展。轻纺工业要压缩长线产品，增加短线产品，在加强调查研究的基础上，根据市场需求的变化，瞻前顾后，调整好内部生产结构，使得各种产品在数量上和结构上与市场需求的数量和结构相适应，达到供求平衡。

（3）合理组织商品流通，科学搞好商品购销。科学组织流通也是缓和市场商品供求矛盾的一个重要方面。

四、价格和数量均衡

1. 均衡价格和均衡数量含义

消费者和生产者根据市场价格决定愿意并且能够购买或者能够提供的商品数量，带着各自的盘算，消费者与生产者一起进入市场，最终决定市场的均衡。

在一种商品或服务的市场上，市场需求和供给相互作用使得市场趋向于均衡。如果价格太高，消费者愿意并且能够购买的数量相对于生产者愿意并且能够出售的数量不足，生产者不能在该价格下销售所有的产出，市场价格就会降低；相反如果价格太低，消费者的需求量相对于生产者的供给量过剩，消费者就不能购买到想要（而且买得起）的数量，市场价格就会提高。当供求力量相抵时，市场价格倾向于保持不变。

2. 需求和供给相互作用决定均衡价格和均衡数量的过程

市场均衡是指市场供给等于市场需求的一种状态。当一种商品的市场处于均衡状态时，市场价格恰好使得该商品的市场需求量等于市场供给量，这一价格被称为该商品的市场均衡价格。换句话说，市场处于均衡的条件是，市场需求量等于市场供给量，此时的价格为均衡价格。对应于均衡价格，供求相等的数量被称为均衡数量。

一种商品的均衡价格是市场上需求和供给两种相反力量共同作用的结果。当市场价格偏离均衡价格时，市场上会出现超额需求或者超额供给的不均衡价格和均衡数量。经济学把供求随价格变动而自动趋向均衡的情形看成是市场机制的自发调节。需要指出，在均衡价格下，一种商品的均衡数量只表明买卖双方意愿的交易量相等，并不是指买卖双方实际交易量相等，后者在任意价格下总是相等的。此外，市场均衡的事先也需要一定的条件，如此，买卖双方可以在不花费成本的条件下，充分获取市场信息，而且交易可以瞬间进行，没有中间商囤积等。

五、价格和数量的变动

1. 需求变动对市场均衡的影响

需求增加引起均衡价格上升，需求减少引起均衡价格下降。需求增加引起均衡产量增加，需求减产引起均衡产量减少。需求的变动引起均衡价格与均衡产量同方向变动。

2. 供给变动对市场均衡的影响

供给增加引起均衡价格下降，供给减少引起均衡价格上升。供给增加引起均衡产量的增加，供给减少引起均衡产量的减少。供给的变动引起均衡价格反方向变动，供给的变动引起均衡产量同方向变动。

3. 供求规律

影响商品供求关系的非价格因素的变动对价格和产量的影响我们称之为供求定理。

在市场机制中，供给量和需求量随着价格变动自发调整，市场趋于均衡。不过，市场均衡是一种相对稳定的状态，如果没有外在因素的变动，市场需求和市场供给就会保持不变，这种均衡状态也将维持下去。如果某些事件导致市场需求或供给发生变动，则意味着原有的市场均衡被打破，新的均衡又会在市场机制的作用下重新形成。相对于原有的均衡，新的均衡价格和均衡数量都会发生变动。

第六节　市场与产业结构调整

一、市场调节

市场调节是由价值规律自发地调节经济的运行。即由供求变化引起价格涨落，调节社会劳动力和生产资料在各个部门的分配，调节生产和流通。符合商品经济的客观要求，能够比较合理地进行资源配置，使企业的生产经营与市场直接联系起来，促进竞争。但市场调节具有盲目性一面，因而在社会主义条件下，有必要加强宏观调控。由市场供求关系的变化引起的价格变动对社会经济活动进行的调节。

1. 作用

（1）调节商品供求

①当某种商品供不应求时，价格则上涨，这时商品的需求减少，供给增加；当某种商品供大于求时，价格下跌，引起需求量的增加和供给减少。

②调节经济资源在社会各部门、各地区和各企业间的分配。

③调节物质利益在不同利益集团之间的分配。

可以促使企业开展竞争，实现优胜劣汰；

可以激励企业和劳动者的生产积极性，使经济具有生机和活力。

（2）调节经济资源在社会各方面间的分配

市场机制通过价格、税率和利率等经济参数诱导经济资源流动，达到资源配置的优化。

（3）调节物质利益在不同利益集团之间的分配

市场调节以利益诱导为基本手段，任何经济参数的变化都会引起物质利益的分配和再分配。

价格以价值为中心上下波动，使社会劳动在各部门之间的分配得到调节，使生产和需要趋向平衡。

市场调节能灵活地反映和调节市场供求关系，引导生产和消费，促使企业按市场需求进行生产和经营。

可以促使企业开展竞争，实现优胜劣汰。

可以激励企业和劳动者的生产积极性，使经济具有生机和活力。

2. 特征

（1）微观性

市场调节在单个商品的供求平衡方面具有灵活便利的特点，但难以自发实现社会总供给与总需求的宏观平衡。

（2）事后性

市场调节以价格为基本信号，但价格的变动，只有在供求出现矛盾时才会发生，因此没有预先调节的功能。

（3）自发性

由于对于更高利润的追逐，导致哪里有更高的利润的市场机会，各种市场资源便会自发的给哪里增加。

（4）盲目性

由于市场中的每个生产经营者对于市场前景的判断并不能从宏观层面做准确地把握，也无法控制经济变化的趋势，因此所有生产经营者的决策都会带有一定的盲目性。

（5）滞后性

在个体的经营者看来合理的决策，在宏观层面上有可能是已经滞后。市场调节是一种事后调节，从价格形成、价格信号传递到商品生产的调整有一定的时间差。

3. 面临问题

我国市场经济的建立与发展，是通过市场的调节作用使资源达到最优配置与组合。对于市场调节的功能，已是家喻户晓。但是，对其弊端的认识还远远不够。比如，生态资源与生态环境大多属于公共物品，它没有进入市场而具有外部效应，即经济人的行为对环境作用产生的效果，并没有通过交易方式（成本—效益）反映出来，在这方面市场失灵了。

4. 缺陷

一般来讲，单纯的市场调节具有以下缺陷：

（1）单纯的市场调节难以实现国民经济的总量平衡，容易造成周期性的经济波动。

市场调节是通过供求和价格的波动来实现的，由于单个生产者对经济总体及有关市场信息的掌握是有限的，对未来看法往往出现偏差，个别企业的计划难以简单地自发综合为全国统一的计划，决策者之间很难相互协调。比如，他可能仅仅了解区域市场的有关商品供求及价格状况，但难以了解全国市场的状况，很可能盲目生产，导致过剩或不足，而当这种矛盾达到一定程度，就会造成经济波动甚至经济危机，导致社会财富的浪费和生产力的倒退。这就要求政府提供计划指导，并通过财政、金融政策进行调节，平抑经济周期，避免经济较大波动。

（2）单纯的市场调节难以解决国民经济长期发展问题。这里有两种情况。首先，市场经济中各个商品生产者基本上是根据价格进行决策，但价格所反映的供求关系往往是短期的，而不能反映国民经济长远发展的要求。如果任凭生产者根据这种价格变化进行决策，很可能不利于国民经济的长远发展。比如，某些产品特别是高科技新产品，潜在需求很大，对未来经济发展具有关键性作用，但它尚未被人们所认识，需求不大，价格不利，所以生产者往往不愿意进行投入，如果政府不进行指导或实行优惠政策，就有可能影响国民经济长远发展的最佳结构。另一种情况是：某些基础性产业、高科技产业等，投资规模大，投资期长，个人和企业无力承担，也要求政府承担或实行倾斜政策，否则也会影响国民经济长远发展的最佳结构。

（3）单纯的市场调节无法解决经济的外部性问题，影响社会的整体效益。经济的外部性是指有些经济活动的社会效果同个体效果之间，社会成本同个体成本之间存在差别。就是说，对个体有利的经济活动，不一定也对社会同样有利，甚至可能造成损害。例如，化工厂生产化工产品，利润颇高，但排出的污水却污染了河流，不仅使在同一条河流取水的食品工厂无法生产，也影响了广大群众的饮水安全。相反的情况是，有些项目可能社会效益很好，对地区经济发展有好处，但在企业内部的经济核算上并不理想。以上两种情况都不能单纯地通过市场调节得到解决，最终必将影响社会资源的有效配置。因此，政府有必要采取非市场方式进行调节和引导。比如，用行政规划限制某些污染行业的发展，或征收排污费用以治理环境、补贴受影响的厂家和居民等。

（4）单纯的市场调节容易导致垄断的产生，难以保证竞争机制的正常作用，从而影响整体经济效益的提高。市场机制的有效作用是以充分竞争为前提的，但竞争并不具有自我持续的特性。完全的自由竞争，其结果必然是垄断的产生。比如在某些规模经济意义显著的行业，规模越大，竞争力越强，最终通过"大鱼吃小鱼"的合并过程，形成几家大企业垄断的局面，而这些垄断企业通过垄断原料、垄断技术、垄断价格等手段操纵市场，使竞争机制失去效力，最终损害整体经济效益的提高。因此，反对垄断，保证公平竞争，是政府行政干预的重要内容和必不可少的职责。在市场体系不发达的国家，竞争的作用还受市场发育程度低、市场秩序不健全的制约，因此，政府还承担着培育和组织市场的重要职责。

（5）社会公共产品难以通过正常的市场价格机制来进行分配。公共产品是向整个社会共同提供的产品，其特点是无法分成若干份额，分别划归为某些个人或企业消费，而拒绝其他个人或企业消费，消费的增加也不会引起社会边际成本的增加，这就是所谓公共产品效用的不可分割性、消费的非排他性和受益的不可阻性。比如气象台通过电视网公布的天气预报，所有收看电视的人都可受益，究竟是5000万人收看还是5亿人收看，并不影响当日预报播出的成本，也无法向收看人单独收费。公共产品的例子还有国防、警务、环境保护、某些公共设施等。还有不少产品被称为"准公共产品"，也具有上述某些特征。这些产品完全依靠市场调节是无法解决的，一般由政府承担，纳入财政职能范围，有的要由政府定价和实行亏损补贴，以保证社会得到足够的公共产品。第六，单纯依靠市场调节，容易产生收入不均和两极分化现象。市场竞争以优胜劣汰、适者生存为原则，同时也承认不公平和机遇的存在。在任凭市场竞争自由发挥作用的经济中，一是由于生产者占有的生产资源的质量和数量不同，一进入市场就决定了竞争的胜负，同时与市场波动相关的风险性因素也会影响竞争的胜负。因此，会造成收入差别扩大和两极分化现象，加剧社会矛盾和冲突，影响社会安全和稳定。因此，政府必须通过各种收入分配政策和社会保障政策，防止收入差距扩大和两极分化，并实行必要的社会保障。总的来说，市场作为社会资源配置的手段，并不是尽善尽美的，由于这些缺陷的存在，决定了单纯的市场调节不足以保证社会资源达到最合理的配置，也不能保证经济社会的协调发展，因此，必须由政府对市场经济进行宏观调控。

5. 市场调节的结果

（1）一些生态资源（如空气、河流、海洋等）不存在产权或产权模糊，影响人们对生态资源保护、管理和投资的积极性，容易引起普遍的短期行为。

（2）一些生态环境资源形成不了市场，或者是市场竞争不足，没有价格或价格偏低，造成了过度利用和浪费。

（3）由于多数生态资源具有类似于公共物品的性质，如清洁的空气、自然水源、野生动物等，其使用和消费不具有排他性，无法由市场自发地提供，由此导致有些厂家无所顾忌地向空气中和河水中排放废气和废水，对生态环境造成极大的污染。于是导致在市场调节作用下，作为公共物品的自然环境，谁都可以污染，污染了也可以不承担相应责任，治理污染又出现"搭便车现象"，有的人甚至甘愿冒着道德风险去寻求个人利益最大化。

市场调节是与为利润而生产相适应的一种经济运行的调节手段，它强有力地推动了社会生产力的发展，促进了社会财富的快速增长。看似无规则的经济行为通过市场调节的作用，总体上将呈现出一个比较合理的结果，使资源达到最优组合。然而，随着市场经济的发展，市场调节的弊端日益凸显出来。市场这只"看不见的手"的失灵，易形成各种各样的生态问题，市场调节了局部利益和眼前利益，却难以顾及全局利益与长远利益。市场调节不仅激励不到和解决不了最紧迫的生态问题，反而随着自身的发展，使这个问题进一步恶化。"市场万能论"并不万能，在调节经济上市场的确起到了无可比拟的作用，但由于市场调节具有短期性、自发性、盲目性、分散性和滞后性等弱点，并不能解决所有问题。

二、产业结构调整

产业结构调整包括产业结构合理化和高级化两个方面。产业结构合理化是指各产业之间相互协调，有较强的产业结构转换能力和良好的适应性，能适应市场需求变化，并带来最佳效益的产业结构，具体表现为产业之间的数量比例关系、经济技术联系和相互作用关系趋向协调平衡的过程；产业结构高级化，又称为产业结构升级。是指产业结构系统从较低级形式向较高级形式的转化过程。产业结构的高级化一般遵循产业结构演变规律，由低级到高级演进。

1. 基本定义

产业结构调整是当今各国发展经济的重要课题，调整和建立合理的产业结构，目的是促进经济和社会的发展，还有人民物质文化生活的改善。

产业结构合理性的主要标志是：能合理利用资源；各产业部门协调；能提供社会需要的产品和服务；能提供劳动者充分就业的机会；能推广应用先进的产业技术；能获得最佳经济效益等。根据以上概念进行思考全国各个地区（东中西三部分）各个行业的产业结构调整的途径。

产业结构，也称国民经济的部门结构。国民经济各产业部门之间以及各产业部门内部的构成。社会生产的产业结构或部门结构是在一般分工和特殊分工的基础上产生和发展起来的。

2. 变化趋势

（1）第一产业的增加值和就业人数在国民生产总值和全部劳动力中的比重，在大多数国家呈不断下降的趋势。直至20世纪70年代，在一些发达国家，如英国和美国，第一产业增加值和劳动力所占比重下降的趋势开始减弱。

（2）第二产业的增加值和就业人数占的国民生产总值和全部劳动力的比重，在20世纪60年代以前，大多数国家都是上升的。但进入60年代以后，美、英等发达国家工业部门增加值和就业人数在国民生产总值和全部劳动力中的比重开始下降，其中传统工业的下降趋势更为明显。

（3）第三产业的增加值和就业人数占国民生产总值和全部劳动力的比重各国都呈上升趋势。60年代以后，发达国家的第三产业发展更为迅速，所占比重都超过了60%。

从三次产业比重的变化趋势中可以看出，世界各国在工业化阶段，工业一直是国民经济发展的主导部门。发达国家在完成工业化之后逐步向"后工业化"阶段过渡，高技术产业和服务业日益成为国民经济发展的主导部门。

3．原则

坚持市场调节和政府引导相结合。充分发挥市场配置资源的决定性作用，加强国家产业政策的合理引导，实现资源优化配置。

以自主创新提升产业技术水平。把增强自主创新能力作为调整产业结构的中心环节，建立以企业为主体、市场为导向、产学研相结合的技术创新体系，大力提高原始创新能力、集成创新能力和引进消化吸收再创新能力，提升产业整体技术水平。

坚持走新型工业化道路。以信息化带动工业化，以工业化促进信息化，走科技含量高、经济效益好、资源消耗低、环境污染少、安全有保障、人力资源优势得到充分发挥的发展道路，努力推进经济增长方式的根本转变。

促进产业协调健康发展。发展先进制造业，提高服务业比重和水平，加强基础设施建设，优化城乡区域产业结构和布局，优化对外贸易和利用外资结构，维护群众合法权益，努力扩大就业，推进经济社会协调发展。

4．结构变化

（1）工业变化

工业化可分为三个阶段：

①以轻工业为中心的发展阶段。像英国等欧洲发达国家的工业化过程是从纺织、粮食加工等轻工业起步的。

②以重化工业为中心的发展阶段。在这个阶段，化工、冶金、金属制品、电力等重、化工业都有了很大发展，但发展最快的是化工、冶金等原材料工业。

③工业高加工度化的发展阶段。在重化工业发展阶段的后期，工业发展对原材料的依赖程度明显下降，机电工业的增长速度明显加快，这时对原材料的加工链条越来越长，零部件等中间产品在工业总产值中所占比重迅速增加，工业生产出现"迂回化"特点。加工度的提高，使产品的技术含量和附加值大大提高，而消耗的原材料并不成比例增长，所以工业发展对技术装备的依赖大大提高，深加工业、加工组装业成为工业内部最重要的产业。

以上三个阶段，反映了传统工业化进程中工业结构变化的一般情况，并不意味着每个国家、每个地区都完全按照这种顺序去发展。例如，新中国建立后，在特定的历史条件下，就是首先集中力量建立起一定的重工业基础，改革开放初期再回过来进行发展轻纺工业的"补课"，而现在则要以信息化带动工业化。

（2）农业变化

随着农业生产力的发展，种植业的比重呈下降趋势，但其生产水平日益提高；畜牧业的比重逐渐提高；林业日益从单纯提供林产品资源转向注重其环境生态功能，保持和提高森林覆盖率越来越受到重视；渔业日益从单纯依靠捕捞转向适度捕捞、注重养殖，其比重稳步上升。

"产业结构调整"渐成热门词语。由于中观层面的产业结构具有特殊重要的意义：向上关联到宏观经济增长方式,向下关联到微观就业与可支配收入增长,在外需不振影响出口的情况下,中国通过产业结构调整,实现增长方式转变,进而推动就业与居民可支配收入增长,一定程度上以内需替代外需,确实可以作为抗衰退、抗周期的政策选项。但对于产业结构调整这个老生常谈的经济术语来讲,含义是否足够实在、丰富,是否真的能够灵验,很值得认真分析。

5.调整方法

（1）供给结构的优化

供给结构是指在一定价格条件下作为生产要素的资本、劳动力、技术、自然资源等在国民经济各产业间可以供应的比例,以及这种供给关系为联结纽带的产业关联关系,供给结构包括资本（资金）结构。作为供应因素的投资结构,劳动力供给结构、技术供给结构以及资源禀赋。自然条件和资源供应结构等。产业结构优化就是要对这些因素进行结构性调整,进行投资结构的调整,教育结构的调整,科技结构的调整等。

（2）需求结构的优化

需求结构是指在一定的收入水平条件下政府、企业,家庭或个人所能承担的对各产业产品或服务的需求比例,以及以这种需求为联结纽带的产业关联关系。它包括政府（公共）需求结构,企业需求结构,家庭需求结构或个人需求结构,以及以上各种需求的比例,它也包括中间（产品）需求结构,最终产品需求结构,以及中间产品需求与最终产品需求的比例;还包括作为需求因素的投资结构,消费结构,以及投资与消费的比例等。产业结构优化也要对这些因素进行结构性调整。

（3）国际贸易结构的优化

国际贸易结构是指国民经济各产业产品或服务的进出口比例,以及以这种进出口关系为联结纽带的产业关联关系。国际贸易结构包括不同产业间的进口结构和出口结构,也包括同一产业间的进出口结构（即进口和出口的比例）。产业结构优化也要对国际贸易结构进行优化。

（4）国际投资结构的优化

国际投资包括本国资本的流出,即本国企业在外国的投资（对外投资）,以及外国资本的流入,即外国企业在本国的投资（外国投资或外来投资）。对外投资会导致本国产业的对外转移,外国投资则促使国外产业的对内转移。

这两方面都会引起国内产业结构的变化,国际投资结构就是指对外投资与外国投资的比例结构,以及对外投资在不同产业之间的比例和外国投资在本国不同产业之间的比例及其各种派生的结构指标。产业结构优化也要对国际投资结构进行优化。

第七节　工业化

工业化通常被定义为工业（特别是其中的制造业）或第二产业产值（或收入）在国民生产总值（或国民收入）中比重不断上升的过程，以及工业就业人数在总就业人数中比重不断上升的过程。

工业发展是工业化的显著特征之一，但工业化并不能狭隘地仅仅理解为工业发展。因为工业化是现代化的核心内容，是传统农业社会向现代工业社会转变的过程。在这一过程中，工业发展绝不是孤立进行的，而总是与农业城市化和服务业发展相辅相成。

一、概述

虽然在马克思和恩格斯的著作中没有出现"工业化"这个术语，但这个概念还是显然存在的。马克思把"现代工业""工厂制度"或"机器体系"跟工场手工业作了区分。现代工业其所以区别于工场手工业，是由于机器起了主要的作用。"只是在工具由人的机体的工具变为机械装置即工具机的工具以后，发动机才取得了独立的、完全摆脱人力限制的形式。于是，……单个的工具机，就降为机器生产的一个简单要素了"。

在跟工场手工业进行对比之下，马克思把机器体系的发展划分为两个阶段。

在第一个阶段里，是"简单协作"，即仅仅是"同种并同时共同发生作用的工作机"在工厂中的"集结"，它们使用着一个单一的动力来源。

在第二个阶段里，是一种"有组织的机器体系"，这时候通过各局部机器之间不断地交接工作，产品便从一个生产阶段传送到另一个生产阶段。当这种有组织的体系臻于完善，并且只需要工人从旁照看就能够进行整个生产过程的时候，它就成为"自动的机器体系"。

人手操纵的工具变为机器工具，这就把工人降为"只是"一种动力的来源，而随着生产的扩大和人的体力的局限性，便需要用一种机械的动力来取代人的肌肉。在工厂的制度下，所有的机器都是由一个单一的"动力"即蒸汽机来发动。

然而，马克思强调指出，蒸汽机在现代工业出现之前就早已存在，但它"并没有引起工业革命。

相反地，正是由于创造了工具机，才使蒸汽机的革命成为必要。改进蒸汽机的一个重要的推动力，是现代工业对新的交通运输工具的需求。远洋和内河轮船、铁路和电报系统，这一切都需要"庞大的机器"来建造，而像蒸汽锤、钻孔机、机械旋床这样的机器，则又需要一种能够完全受人控制的大型机器。

二、背景

工业化指一个国家和地区国民经济中，工业生产活动取得主导地位的发展过程。工业化最初只是一种自发的社会现象，始于 18 世纪 60 年代的英国。这种以大规模机器生产为特征的工业生产活动向原有的生产方式和狭小的地方市场提出挑战，老的生产方式已无法满足日益增长的市场容量的需求。同时，资本积累和科学技术的发展又为工业化的产生奠定了基础。工业化是一个相当长的发展过程。其初期，一些先行的工业化国家为实现人口自由流动和提供充足、廉价的劳动力，迫切要求打破原有的社会劳动组织系统。为此花费约 100 年时间。20 世纪以来，特别是在第二次世界大战后，工业化成为世界各国经济发展的目标。工业生产的空间活动范围在工业化不同发展阶段具有较明显的趋向性。初期时，工业生产活动往往局限在一定的地域范围内（点状分布），随交通条件的改善而呈线或带状向外扩散。最终达到一个国家或地区相对的均衡分布状态。工业化的发展，对人类社会的进步既有积极作用，也有消极影响。伴随大规模工业化而产生的日益严重的大气、海洋和陆地水体等环境污染，大量土地被占用，水土流失和沙漠化加剧等，对社会、自然、生态造成巨大破坏，甚至危及人类自身生存，迫使各国对工业化的发展进行某种限制和改造。

三、特点

现在中国还提出新型工业化的概念。所谓新型工业化，就是坚持以信息化带动工业化，以工业化促进信息化，就是科技含量高、经济效益好、资源消耗低、环境污染少、人力资源优势得到充分发挥的工业化道路。与传统的工业化相比，新型工业化有三个突出的特点：第一，以信息化带动的、能够实现跨越式发展的工业化。以科技进步和创新为动力，注重科技进步和劳动者素质的提高，在激烈的市场竞争中以质优价廉的商品争取更大的市场份额；第二，能够增强可持续发展能力的工业化。要强调生态建设和环境保护，强调处理好经济发展与人口、资源、环境之间的关系，降低资源消耗，减少环境污染，提供强大的技术支撑，从而大大增强中国的可持续发展能力和经济后劲；第三，能够充分发挥人力资源优势的工业化。

四、意义

所谓工业化，主要是指工业在一国经济中的比重不断提高以至取代农业，成为经济主体的过程。简单地说就是传统的农业社会向现代化工业社会转变的过程。这一过程的特征主要是农业劳动力大量转向工业，农村人口大量向城镇转移，城镇人口超过农村人口。工业化是现代化的基础和前提，高度发达的工业社会是现代化的重要标志。中国实现工业化的任务，是第一个五年计划提出来的，从"一五"计划算起，我国为实现工业化已经奋斗了半个世纪，把一个落后的农业大国建设成为拥有独立的、比较完整的、并有一部分达到现代化水平的工业体系和国民经济体系。但是，中国的工业化任务还没有完成，总体上看现在还处于工业化中期阶段。突出表现在：农业现代化和农村城镇化水平较低，农村人口在全社会劳动力和总人口中占50%左右；产业结构层次低，竞争力不强，工业特别是制造业的技术水平还不高，服务业的比重和水平同已经实现工业化的发达国家相比还有相当大的差距。工业化的任务不完成，现代化就难以实现。因此，继续完成工业化，仍然是我国现代化进程中重要而艰巨的历史任务。

五、新中国成立以来工业化发展历史进程及现状

1. 苏联援建，自力更生，基本完成工业化原始资本积累（1949～1972年）

（1）解放初始，几无工业

从1840年鸦片战争到1949年建国，中国没有任何现代化工业。从清末的洋务运动到民国期间，我国建立了一些工厂，比如中国第一条铁路是慈禧年代建立的，中国江南造船厂慈禧年代建造，中国的发电厂，第一家火柴等都是慈禧年代建立的，但其特点机器全是买的外国现成的，技术工人都全请外国工人，自己是技术一点没有，所以，说不上工业化，工业体系更无从谈起。随后经历8年抗日和3年解放战争，又少之又少的工厂基本全毁。到1949年，我国几乎没有任何工业体系和技术，只有一些残破老掉牙的工厂。正因为没有工业，近代一百多年来，中国屡屡受人欺侮、丧权辱国，沦为"东亚病夫"，让封建腐朽政府的大刀长矛去抵御西方列强的飞机、军舰、大炮，确实勉为其难。

新中国成立时重工业基础薄弱程度，可以比较中国与印度、美国间的钢和电产量：1950年印度人均钢产量为4千克，美国为538.3千克，而中国1952年才2.37千克；1950年印度人均发电量10.9千瓦时，美国是2949千瓦时，而中国1952年仅2.76千瓦时。因此，新中国成立之初，中国工业产业处在近乎无的现状。

（2）以合作化，保工业化

关于工业化的重要性，毛泽东在40年代就反复强调，我们在推翻三座大山之后的最主要任务是要搞工业化，由落后的农业国变成先进的工业国，建立独立完整的工业体系。

1955年，毛泽东曾说，我们可能经过三个五年计划建成社会主义社会，但要建成一个强大的高度社会主义工业化的国家，就需要几十年的艰苦努力，比如说，要有50年时间，即20世纪的整个下半段时期。毛泽东非常清楚地阐述了国家的工业化一定需要农业的合作化来支撑来保证，因为它提供商品粮和原料，它为工业化提供市场，为国家工业化提供原始积累。

1953～1957年实施了"一五"计划，按照"一化三改"（"一化"是社会主义工业化，"三改"是农业、手工业、资本主义工商业的社会主义改造）的过渡时期总路线，对农业、手工业、私营工商业进行社会主义改造，以支持和保证国家工业化建设。1953年开始，

农村开始进行农业合作化，合作化开始之初是以农民自愿为原则，渐进推进。到1955年，由于工业化的需要，合作化运动加快推进，合作化进程大大提前，在农业领域建立了社会主义制度。资本主义工商业的社会主义改造在1953年年底以前着重发展以加工订货为主的初级与中级国家资本主义形式，从1954年起，开始转入重点发展公私合营这种高级形式的国家资本主义。1955年开始，随着农业合作化的加速，工商业的社会主义改造也随之加速，到1956年除了部分少数民族地区外，全国的资本主义工商业基本实现了公司合营，完成了社会主义改造，从体制上保证了重工业的快速发展。

（3）苏联援建，艰难起步

直到解放以后，在毛泽东的正确领导下，通过打赢抗美援朝战争，争取到了民族独立和长期的和平发展环境，争取到了苏联的有偿援助，建设实施156个大型工业项目，优先发展重工业。50年代工业化起步阶段，苏联总共向中国提供了高达66亿卢布的援助，相当于16.5亿美元（超过了二战后美国对德国进行"马歇尔计划"所提供的援助总金额14.5亿美元）。另外，在苏联的带领下，东欧各国向中国提供的技术设备援助共计30.8亿卢布（7.7亿美元），中国从社会主义国家阵营中总共获得了大致24亿美元的工业化外来资本，中国开始了历史上前所未有的工业化进程，在能源、冶金、机械、化学和国防工业领域，陆续展开了"156项"（实际完成150项）重点工程。原来预计用15年来逐步完成的私有经济向国有经济转化的进程，在外部资本大量进入的情况下，被大大压缩到了5年。当然，这笔资金并非免费的午餐，中国必须以农业产品和工业初级原材料来进行交换。

（4）超高积累，以农支工

毛泽东实施了一线富有前瞻性的工业化路线政策和制度体系。1953年，毛泽东提出"两翼"战略——在城市搞国家资本主义工商业和在农村开展"统购统销""合作化"。因为土改之后产生了完全均平的小农经济，使农业失去了过去以自耕农作为规模生产主体和以地主作为规模流通主体的经济结构，导致工农两大部类无法交换、工业几乎无法进行资本原始积累。如果不搞国家工业化，广大农村和城市的消费市场必将被国外产品垄断（如印度）；如果搞农村私有化，国有工业化就难以为继。

自1958年，全国实行人民公社化运动，使人民公社这种农业集体化制度安排，与社会主义的工业化道路形成一个有机整体，关键体现在以农业集体化的高积累，全力支持国家工业化。通过实行全国性的人民公社农业集体化经营，农业无条件地支持工业建设。通过平均每年接近30%的农业高积累，强力转移，作为国家工业工业化的原始资本，这是一条痛苦的漫漫长路。

如在三年自然灾害加苏联逼债时期，高积累甚至达到了令人惊骇的程度，1957年时积累24.9%，1958年为33.9%，1959年达到43.8%，1960年仍高达39.6%，如此之高的积累比例，使广大农民不得不大幅减少口粮，以保证工业发展。20世纪50年代的集体化，实质是为城市重工业产品提供了市场，用高价格的城市产品、低价格的农产品价格剪刀差的方式支持了国家工业化，向城市输送工业化的原始资本。

毛泽东时代的民生清贫，都是为了完成国家工业化。中国人民大学老一辈农经教授严瑞真 1978 年研究显示，新中国成立以来前 20 年的农业集体化，通过"剪刀差"从农业提取了 7000～8000 亿元人民币的积累，而 1978 年前，中国全部国有工业固定资产是 9000 亿人民币。中国人民大学农业与农村发展学院教授孔祥智研究显示，60 年来，城市从"三农"获得总积累竟达 17.3 万亿元人民币。

（5）自力更生，建立体系

50 年代，中国曾享受了苏联工业化技术扩散的红利，在使中国工业技术虽然有了个别起步，但离当时的世界水平仍然存在巨大差距。1958 年苏联最高领导人赫鲁晓夫专程来中国提出要在大连建立海军基地的要求，遭到毛泽东的断然拒绝后，于 1959 年 10 月 1 日在国庆典礼大会上，赫鲁晓夫告知毛泽东停止帮助中国研制原子弹，接着全面终止了对华的各项援助，不久便向中国讨债逼债。

屋漏偏逢连夜雨，58～60 年连续 3 年遭遇自然灾害。毛泽东愤怒地说过，中国人民紧紧腰带，也要把债务还给他们！当时的中国人民为了民族解放和国家主权独，被美国"经济流放"，加上苏联交恶，在受美苏两个霸权体系的同时封锁的国际环境下，唯一依靠就是自力更生，以全国农业的高积累全力支持工业化，没有多余的资本发展太多的轻工业。

正因为有了农业的强力支持，1950～1977 年中国工业的发展速度 11.2%仅次于日本 12.4%，远高于美国、苏联、德国、英国等世界强国。虽然重工业、轻工业和农业结构的严重失调、积累与消费之间的巨大落差，但经过了 20 年的艰苦奋斗，到 70 年代初，中国初步完成了国家工业化的原始资本积累。

20 年中，先后兴建了一系列工业项目，形成了以鞍山钢铁公司为中心的东北工为基地，沿海地区原有的工业基地得以了加强，华北和西北也建立了一批新的工业基地，建立了种类齐全、完整的、独立的工业体系和发达的科技体系，成功地发射了"两弹一星"。从此，我国开始改变工业落后面貌，向社会主义工业化迈进，为此后几十年来的经济建设发展打下了良好的工业化的基础，毛泽东因此成为中国事实上的工业化之父。

2. 打破封锁，首开国门，引领工业对外开放发展（1972～1978 年）

（1）打破西方经济封锁

到了 70 年代，经过两个十年的自力更生、艰苦奋斗，已基本上形成了中国自主的工业体系了，接下去要做的就是要调整产业结构了。毛泽东通过打赢援越抗美，使美国再也无力与中苏两面对抗，不得不示好中国。1971 年 10 月中国恢复了联合国常任理事国地位，美国总统尼克松于 1972 年主动访华，一时英国、加拿大、日本、澳大利亚、意大利、新西兰、德国等 40 余国，纷纷和中国建立了外交关系，彻底打破了西方的经济技术封锁，彻底摆脱了在国际上孤立和外交外境，毛泽东首开了新中国对外（西方）开放的大门。

（2）引进实施"四三方案"

毛泽东、周恩来提出了"四三方案"，1972 年开始从西方国家引进了 43 亿美元的外资。在引领中国对外开放 4 年之后的 1976 年，正当国家开始从重工业转轻工业的时候，就在中国即将从积累时代转向消费时代时，周恩来、朱德、毛泽东相继离开了我们，没有看到人民生活获得极大改善那一天的到来。

（3）再引实施"八二方案"

毛泽东之后的第二代领导陈云、邓小平、华国锋等，在70年代后期延续着毛泽东、周恩来的引进外资的势头，提出数量更大的82亿美元，叫"八二方案"。这样，在整个70年代构成了一个120多亿美元的外资进入。

（4）三十年造就工业大国

50、60、70年代，在中国的大地上，工业化不再是从前遥远的梦想，而是正在起飞的现实！新中国成立后的前30年，国家进行了大规模的工业化原始积累，仅在"一五"期间取得的经济成就，就超过了旧中国一百年。

1953~1957年第一个五年计划期间增长最快，当时工业增长率平均每年高达18%。

1966~1976年的"文革"期间工业生产仍继续以平均每年超过10%的速度增长。

中国在短短的30年内走完了西方发达国家上百年才能走完的工业化道路，成为世界主要工业大国之一。

70年代的中国，是当时世界上唯一既无外债又无内债且物价稳定的国家，当时国家有相当的财政储备，国民经济比例搭配基本合理、门类齐全、工业布局较为均衡、GDP增长一直高居世界之首，综合国力居于世界前茅。

1949~1978年，不但国内生产总值达到年均增长7.3%，而且建立了独立完整的工业体系和国民经济体系，物价稳定，人民生活无忧。到1980年，中国的工业规模已经超过世界老牌工业强国英法两国，直逼在西方强国中坐第三把交椅的西德，80年代中期，中国的工业总产值跃居世界第三位。

3. 全面开放，多元协调，乡镇企业暴发式发展（1978年至2000年）

（1）经济发展路线之争

早在1958年，毛泽东就提出了高瞻远瞩的工业化战略，实行国家工业化和公社工业化两条腿走路，把农村的希望寄托在公社（农村）工业化上。但是，在当时的经济条件下，同步推进国家工业化和农村工业化不现实，只能先推进国家工业化，广大农村只能先行通过农业集体化，支持国家工业化。当年直到现在仍有相当多领导人对毛泽东实施的这个战略也没能想通，以致产生了在社会主义主导下，用资本主义方法改造中国，过早地实行"三自一包""四大自由"农业大包干等路线主张，以致产生了经济发展路线之争的党内斗争，浪费了大量人力、物力和精力。实践证明，毛泽东比其他人"早看了50年"。

到了1980年之后，政府财政收入80%以上已主要来源于城市工业了，农村大包干的私有化经营改革机会已经成熟。于是以1978年党的十一届三中全会为标志，国家开始改革完善经济体制，1978~1992年中国摆脱计划经济体制实行"转轨"，政府从最不经济的农业领域退出，农村恢复到"大包干"体制，这就是1980年以后发生的农村家庭联产承包责任制改革，取得农村经济体制上阶段性创新，客观上为国家工业化向广大农村辐射，有效推进农村工业化，创造了得重要条件。

（2）调整工业化发展结构

1978年十一届三中全会后国家开始了一系列经济改革，进一步推进对外开放。有了前20年所打下的国家工业化的良好基础，开始进行工业化战略内的结构调整，从优先发展重化工业转向优先发展轻工业，采取改善人民生活第一、工业全面发展、对外开放和多种经济成分共同发展的工业化战略。逐步完善产业结构，经历了以农产品为原料的轻工业增长为主导的时期，和以非农产品为原料的轻工业增长为主导的时期，体现了轻工业发展的结构高级化趋势。

从1978年开始，轻工业产值占全部工业产值比例连续上升，重工业的投资被压缩了，经济资源开始向农业和轻工业大幅倾斜，积累比例掉到了30%以下。到1984年，重工业、轻工业、农业的比例逐渐协调过来，中国经济出现了改革开放以来的最佳状态。1981年轻工业产值占全部工业产值比例首次超过了50%，1982～1999年轻工业的总产值占全部工业产值比例仅略低于重工业，两者比例大体相当，都在50%上下。

为了促进轻工业的发展，自1998年起对轻工业实行了"六个优先"政策，即原材料、燃料、电力供应优先，挖潜、革新、改造的措施优先，基本建设投资优先，银行贷款优先，外汇和引进技术优先，交通运输优先，这次结构变动的趋势是工业化进入中期阶段以后工业结构的自然演变。

在进入20世纪90年代以后，我国进入了再次重化工化和高加工度化时期。注重发展轻工业的同时，由于消费结构升级、城市化的进程加快、交通和基础设施投资加大，也带动了重工业的发展。1993年中国的工业化进程就开始再次出现了重化工业势头，为了解决能源、交通、原材料等领域的制约瓶颈，中国的重化工业开始大发展；1997年开始，我国经济运行发生了根本性的转折，在经济"软着陆"和"亚洲金融危机"等背景下，我国开始实施积极的财政政策，进行大规模的产业结构调整，经济彻底告别了"短缺"。也就在这个阶段，中国告别了"短缺经济"，在人们满足了食品、服装、电器等需求后，开始追求汽车、住房等耐用消费品的需求，需求结构的变化带动了工业结构调整和升级，重工业化和高加工度化，成为中国工业发展的必然趋势。

这也表明，改革开放以来经过20余年的快速工业化进程，中国进入了国家工业化的第二阶段——中期阶段。从此，重工业、轻工业出现相互促进、结构协调、同步发展格局。

（3）激发工业化"多源"动力

城市推进的放权让利式改革，改进了国有企业内部的激励机制，极大地解放了国有企业的生产力；私营和个体经济的发展，也成为加快我国工业化进程的一个重要力量；外资的大量进入和我国对外贸易迅速扩张，为我国工业发展提供了新的资金来源、技术渠道和市场空间。在多种经济成分推动下，以消费结构的升级推动产业结构向高度化方向发展的工业化发展思路逐步清晰起来，工业化的总体进程也由工业化初级阶段向工业化中期过渡。

（4）形成农村工业化浪潮

到了 80 年代，城市经济基本完成了国家工业化原始积累，进入产业资本扩张阶段，农村经济休养生息，乡镇企业进入产业资本原始积累阶段。农业经营权私有化改革极大地激发了农村和农民的活力，竟然迎来了意想不到的收获——乡镇企业"异军突起"，由此带来了新中国成立以来农村的第一次工业化浪潮。

对这一结果，1987 年的邓小平说"完全没有预料到"，而乡镇企业的发展，事实上就是毛泽东在 20 年前的 1958 年就设计好了的"公社工业化"应有之意。改革开放后虽然人民公社解散了，但农村工业化大潮却难以阻挡，乡镇企业大发展仍然是毛泽东工业化战略的自然延续，是城市工业化向广大农村的辐射和延伸。

从 1980 年开始直到 90 年代中期，中国乡镇企业在全国农村的遍地开花，如雨后春笋般的大发展，成为中国改革开放后助推中国经济起飞的第一级动力。农村工业化，瞄准的是计划经济时期暂时存在的"短缺经济"现象，乡镇企业就应运而生，利用城市工业淘汰的二手设备，国有企业退休但仍富有"余热"的技术人员，瞄准巨大的消费市场空白，迅速开动生产机器，以低廉的价格、品质欠佳的产品快速占领了消费品的部分市场份额，在市场需求旺盛的建材、冶金、酿酒、服装、纺织、化工等行业全面开花。

1980 ~ 1996 年的大约 16 年中，农村工业化创造了惊人规模的 1.3 亿个工作机会，占到农业就业的 1/3，农业富余劳动力的一半，实现出口 6008 亿元，总产值高达 1.8 万亿元！在 1980 ~ 1988 年间，全国轻工业产品市场供给能力增加的份额中，乡镇企业的贡献占 32%，1988 年主要消费品产量中，乡镇企业提供的电风扇占全国的 45.5%，丝织品占 68.7%，尼绒占 52.1%。

到 1997 年，乡镇企业缴纳税金占全国财政总收入的 17.7%，占全国地方财政收入的 35.8%。凡是农村工业化发达的地区，也是地方财政收入较好的地方。除了对财政收入的贡献外，乡镇企业也承担起以工补农、以工建农的重任，从资金上支持当地农业的发展。

1978 年至 1997 年乡镇企业以工建农、补农累计 736.6 亿元，农村工业化对农业的反哺作用巨大。在农村工业化的高速发展阶段，农民收入中约 1/3 来源于乡镇企业。在这个阶段中，农民收入几乎每 5 年翻一番，对国内生产总值的贡献度最高曾超过 50%，一度成为支撑中国经济的半壁江山。

可以说，从 20 世纪 80 年代初直到 90 年代中，农村工业化是中国经济增长的核心推动力量，农村的富裕和新增购买力，为城市经济注入了强大的活力。以家用电器和日用消费品为中心，爆发了一场持续 10 余年的消费革命。农村工业化的成功，远远超出了计划经济者的预期。

80 年代初的农村改革政策，无意间形成了两个收益：一是农民收入提高，导致了粮食增产，当农民以此与城市交换时，既解决了轻工业的原料供应，又刺激了消费产品的需求；二是农村初步形成了资本积累，从而掀起了一场预料之外的农村工业化大潮，在此后十余年中方兴未艾，1.3 亿人口加入了提升劳动生产率的大军，大量财富创造又反过来刺激城市经济的繁荣。

1997～1998年的亚洲金融危机，使中国经济增长遭遇了暂时的逆风。而此时，农村工业化一级火箭的助推作用也已经逐渐耗尽了燃料。当短缺经济成为过去，当国际竞争开始在中国进行强大的渗透时，农村工业化的弱点日渐暴露，企业在规模、技术、资金、人才、信息、渠道、体制等方面的困难，变得越来越缺少回旋余地。"游击战"的经验已经过去，无边界的资本、技术、信息的"立体战"时代开始来临。

（5）城市工业化剧烈嬗变

就在农村工业化风起云涌之时，城市的工业化也在发生痛苦而剧烈的嬗变，国有企业的改革正在日趋深入。经过1989～1991年短暂的经济调整阶段后，1992年邓小平的南巡，再度点燃了中国经济改革的激情，这一次，市场经济全面取代了计划经济，成为中国的基本国策。现代企业制度的推进，加速了城市工业化的步伐，资本市场的崛起，开始为中国经济起飞提供"金融燃料"。

4. 着眼外向，融入全球，制造业快速壮大发展（2000年至今）

（1）融入经济全球化

1999年开始，中国加入世界贸易组织（WTO），步入中国经济全球化，直到1999年，中国改革开放的头20年里，工业化基本上被局限在国内市场的狭窄空间里。说国内市场狭窄的主要原因是生产率的低下，无法创造出足够的财富来形成庞大的国内市场交换。加入WTO之后，中国一下子进入了一个几乎无边无际的世界市场空间。正如战后的日本，狭窄的国内市场无法进一步提升工业的生产效率，而一旦面向广阔的国际市场，日本企业的生产规模开始迅猛扩张，而生产成本则直线下降，劳动生产率的提升达到令人瞠目结舌的程度。中国加入WTO，是真正对社会生产率带来第二次重大革命。

（2）"中国制造"大发展

入世之后，中国也开始经历类似的生产率的突变。依托出口拉动、投资拉动、消费拉动三驾马车，中国成为全球制造大国。2000年以来，世界500强公司的大部分都进入了中国，这是一次难得的技术扩散机遇。中国利用跨国公司来培养技术人才，有点像杜鹃鸟借窝下蛋的模式。无论跨国公司来到中国有着自己怎样的打算，它们必然要大量雇用中国员工，这相当于中国利用跨国公司的技术资本投入，为国内的科技人员提供"手把手"吸收西方技术的机会。当他们流出时，这些技术扩散将大面积地渗透到中国的企业中。仅此一点对中国未来的长远效益，就远远超过跨国公司在中国所获得的短期利润。

全球化为中国培养了人才，这些人才扩散所形成的技术扩散，只能逐步地渗透到国内经济体系之内，假以时日才能最终创造出真正的原创性技术突破。经济的全球化还为中国带来了先进的公司治理架构和商业模式。复制和模仿商业模式同样带来了中国经济面貌的巨大改观。2000年以来的"中国制造"革命，借了外国投资的东风，在环渤海、长三角和珠三角地区形成了世界级的制造中心，在100多个生产制造领域占有了世界第一的宝座，"中国制造"的贴牌堆满了全世界的货架。全球化的第三级火箭，将中国经济推到了新的

"宇宙速度"。

（3）出口拉动猛增长

随着出口拉动制造业的发展，外向型出口经济出现爆炸性增长，为中国创造了巨大的新增财富。持续多年的外商巨额投资与惊人的贸易顺差一起，将中国的外汇储备从2000年的1656亿美元，一举推高到2011年令人炫目的31811（3万）亿美元，到2014年达最高峰38430万（接近4万）亿美元，2015年回落到33304万亿美元。中国发展模式的巨大成功，在2008年金融海啸之前，形成了新中国成立以来前所未有的繁荣景象。

第八节　经济全球化

一、经济全球化

经济全球化是指世界经济活动超越国界，通过对外贸易、资本流动、技术转移、提供服务、相互依存、相互联系而形成的全球范围的有机经济整体的过程。是商品、技术、信息、服务、货币、人员、资金、管理经验等生产要素跨国跨地区的流动（简单地说也就是世界经济日益成为紧密联系的一个整体）。经济全球化是当代世界经济的重要特征之一，也是世界经济发展的重要趋势。

1. 简介

"经济全球化"这个词最早是由T·莱维于1985年提出的、至今没有一个公认的定义。国际货币基金组织（IMF)认为："经济全球化是指跨国商品与服务贸易及资本流动规模和形式的增加，以及技术的广泛迅速传播使世界各国经济的相互依赖性增强"。

而经济合作与发展组织（OECD)认为，"经济全球化可以被看作一种过程，在这个过程中，经济、市场、技术与通信形式都越来越具有全球特征，民族性和地方性在减少"。为此，可从三方面理解经济全球化：一是世界各国经济联系的加强和相互依赖程度日益提高；二是各国国内经济规则不断趋于一致；三是国际经济协调机制强化，即各种多边或区域组织对世界经济的协调和约束作用越来越强。总的来讲，经济全球化是指以市场经济为基础，以先进科技和生产力为手段，以发达国家为主导，以最大利润和经济效益为目标，通过分工、贸易、投资、跨国公司和要素流动等，实现各国市场分工与协作，相互融合的过程。

经济全球化，有利于资源和生产要素在全球的合理配置，有利于资本和产品在全球性流动，有利于科技在全球性的扩张，有利于促进不发达地区经济的发展，是人类发展进步的表现，是世界经济发展的必然结果。但它对每个国家来说，都是一柄双刃剑，既是机遇，也是挑战。特别是对经济实力薄弱和科学技术比较落后的发展中国家，面对全球性的激烈竞争，所遇到的风险、挑战将更加严峻。经济全球化中急需解决的问题是建立公平合理的新的经济秩序，以保证竞争的公平性和有效性。经济全球化是指贸易、投资、金融、生产等活动的全球化，即生存要素在全球范围内的最佳配置。从根源上说是生产力和国际分工的高度发展，要求进一步跨越民族和国家疆界的产物。进入21世纪以来，经济全球化与跨国公司的深入发展，既给世界贸易带来了重大的推动力，同时也给各国经贸带来了诸多不确定因素，使其出现许多新的特点和新的矛盾。

2. 形成因素

（1）根本因素是生产力的发展的结果。

（2）高科技的发展，特别是信息技术发展，为经济全球化奠定了物质技术基础。

（3）越来越多的国家发展市场经济，是经济全球化的体制保障。

（4）国际贸易和投资自由化，是经济全球化的直接动因。

（5）企业经营国际化，尤其是跨国公司在全球范围的迅速扩张，起了推动作用。

3. 概念的提出

"经济全球化"这个词，据说最早是由特·莱维于1985年提出的，但至今没有一个公认的定义。

有人从生产力运动的发展的角度分析，认为经济全球化是一个历史过程。一方面，在世界范围内，各国、各地区的经济相互交织、相互影响、相互融合成统一整体，即形成"全球统一市场"；另一方面，在世界范围内建立了规范经济行为的全球规则，并以此为基础建立了经济运行的全球机制。在这个过程中，市场经济一统天下，生产要素在全球范围内自由流动和优化配置。因此，经济全球化是指生产要素跨越国界，在全球范围内自由流动，各国、各地区相互融合成整体的历史过程。

也有人从生产关系的角度分析，认为"经济全球化"实际上是以美国为代表的发达国家和跨国公司利用科技进步，借自由化之名，行控制世界经济之实，使发达国家越来越富，发展中国家越来越穷的历史过程。

20世纪90年代以来，以信息技术革命为中心的高新技术迅猛发展，不仅冲破了国界，而且缩小了各国和各地的距离，使世界经济越来越融为整体。但经济全球化是一把"双刃剑"。它推动了全球生产力大发展，加速了世界经济增长，为少数发展中国家追赶发达国家提供了一个难得的历史机遇。与此同时，也加剧了国际竞争，增多了国际投机，增加了国际风险，并对国家主权和发展中国家的民族工业造成了严重冲击。更为严重的是，在经济全球化中，由于实力不同，发达国家和跨国公司将得利最多，而发展中国家所得甚少。因此，发展中国家与发达国家的差距将进一步拉大，一些最不发达国家将被排除在经济全球化之外，越来越被"边缘化"，甚至成为发达国家和跨国公司的"新技术殖民地"。

经济全球化已显示出强大的生命力，并对世界各国经济、政治、军事、社会、文化等所有方面，甚至包括思维方式等，都造成了巨大的冲击。这是一场深刻的革命，任何国家也无法回避,唯一的办法是如何去适应它,积极参与经济全球化,在历史大潮中接受检验。

4. 表现

（1）贸易自由化

随着全球货物贸易、服务贸易,技术贸易的加速发展,经济全球化促进了世界多边贸易体制的形成,从而加快了国际贸易的增长速度,促进了全球贸易自由化的发展,也使得加入到 WTO 组织的成员以统一的国际准则来规范自己的行为。

（2）生产国际化

生产力作为人类社会发展的根本动力,极大地推动着世界市场的扩大。以互联网为标志的科技革命,从时间和空间上缩小了各国之间的距离,促使世界贸易结构发生巨大变化,促使生产要素跨国流动,它不仅对生产超越国界提出了内在要求,也为全球化生产准备了条件,是推动经济全球化的根本动力。

（3）资本全球化

世界性的金融机构网络,大量的金融业务跨国界进行,跨国贷款、跨国证券发行和跨国并购体系已经形成。世界各主要金融市场在时间上相互接续、价格上相互联动,几秒钟内就能实现上千万亿美元的交易,尤其是外汇市场已经成为世界上最具流动性和全天候的市场。

（4）科技全球化

它是指各国科技资源在全球范围内的优化配置,这是经济全球化最新拓展和进展迅速的领域,表现为,先进技术和研发能力的大规模跨国界转移,跨国界联合研发广泛存在。以信息技术产业为典型代表,各国的技术标准越来越趋向一致,跨国公司巨头通过垄断技术标准的使用,控制了行业的发展,获取了大量的超额利润。经济全球化的四个主要载体都与跨国公司密切相关,或者说跨国公司就是经济全球化及其载体的推动者与担当者。

二、经济全球化发展

1. 发展的因素

导致经济全球化迅猛发展因素主要有:

（1）科学技术的进步和生产力的发展。科学技术的进步和生产力的发展,为经济全球化提供了坚实的基础,特别是 20 世纪 70 年代以来的信息技术革命,不仅加快了信息传递的速度,也大大降低了信息传送的成本,打破了种种地域乃至国家的限制,把整个世界空前地联系在一起,推动了经济全球化的迅速发展。

（2）跨国公司的发展。跨国公司为经济全球化提供了适宜的企业组织形式。跨国公司在全球范围内利用各地的优势组织生产,大大促进了各种生产要素在全球的流动和国际分工,并由此极大地推动了经济全球化进程。

（3）各国经济体制的变革。20 世纪 90 年代以来,传统的计划经济国家纷纷放弃计划经济体制，转而向市场经济过渡。发达资本主义国家为了摆脱经济滞胀而减弱了国家对经济的控制，更加强市场机制的自发调节作用。在国际范围内，随着世界贸易组织的成立，其成员对本国或本地区市场的控制大大放松，贸易自由化和投资自由化的进程不断加快。所有这些都为国际资本的流动、国际贸易的扩大、国际生产的大规模进行提供了适宜的体质环境和政策条件，促进了经济全球化的发展。

2. 后果

经济全球化的过程是生产社会化程度不断提高的过程。在经济全球化进程中，社会分工得以在更大的范围内进行，资金、技术等生产要素可以在国际社会流动和优化配置，由此可以带来巨大的分工利益，推动世界生产力的发展。由于发达资本主义国家在经济全球化进程中占据优势地位，在制定贸易和竞争规则方面具有更大的发言权，控制一些国际组织，所以发达国家是经济全球化的主要受益者。经济全球化对发展中国家也具有积极的影响：经济全球化是资源在全球范围内加速流动，发展中国家可以利用这一机会引进先进技术和管理经验，以实现产业结构的高级化，增强经济的竞争力，缩短与发达国家的差距；发展中国家可以通过吸引外资，扩大就业，使劳动力资源的优势得以充分发挥；发展中国家也可以利用不断扩大的国际市场解决产品销售问题，以对外贸易带动本国经济的发展；发展中国家还可以借助投资自由化和比较优势组建大型跨国公司，积极参与经济全球化进程，以便从经济全球化中获取更大的利益。

但目前的经济全球化推进效果不佳，少数发展中国家遭遇经济危机，政府破产，社会动荡，经济全球化的推进受挫。

3. 发展趋势

经济全球化是第二次世界大战以来，特别是 20 世纪 90 年代以来，世界经济发展的重要趋势。经济全球化是指在新科技革命和社会生产力发展到更高水平的推动下，社会在生产的各个环节（生产、分配、交换、消费）和各种资本形态（货币资本、生产资本、商品资本）的运动超出国界，在全球范围内进行的过程。经济全球化的实质是资本的全球化，是生产社会化和经济关系国际化发展的客观趋势。经济全球化是在科学技术和社会生产力发展到更高水平、各国经济相互依存、相互渗透的程度大为增强、阻碍生产要素在全球自由流通的各种壁垒不断削弱，经济运行的国际规则逐步形成并不断完善的条件下产生的。经济全球化是一个历史的过程，其萌芽可以追溯到到 16~18 世纪。工业革命以后，资本主义商品经济和现代工业、交通运输业迅速发展，世界市场加速扩大，世界各国间的贸易往来大大超过历代水平。20 世纪 90 年代以来，经济全球化得到了迅速的发展，现已发展成为以科技革命和信息技术发展为先导，涵盖了生产、贸易、金融和投资各个领域，囊括了世界经济和与世界经济相联系的各个方面及全部过程。其主要表现为：国际分工从过去以垂直分工为主发展到以水平分工为主的一个新阶段；世界贸易增长迅猛和多边贸易体制开始形成；国际资本流动达到空前规模，金融国际化的进程加快；跨国公司对世界经济的影响日增；国际经济协调的作用日益加强；国际组织、区域组织对经济发展的干预作用日益增强。

经济全球化的形成和发展有其客观必然性。这是因为：

（1）新科技革命和生产的高度社会化为经济全球化提供了物质条件。

（2）国际贸易的高度发展为经济全球化提供了现实基础。

（3）国际金融的迅速发展成为经济全球化的重要推动力。

（4）国际相互投资的发展加速了经济全球化的进程。

三、影响

1. 不同资本主义国家

由于世界各国在自然资源、生产力和科技水平、政治经济制度和民族文化等方面存在着巨大的差异，以及资本主义经济政治发展不平衡规律的作用，经济全球化对不同的资本主义国家会产生不同的影响。

西方发达国家是经济全球化的主导，能够在经济全球化过程中占有更多的优势，获得更多的利益。

（1）发达国家掌握了世界上最先进的生产力和高新科学技术，在全球分工体系中处于优势地位。发达国家掌握了经济全球化赖以发展的信息技术的基础，世界研究与开发的投资、科技力量和科技成果也主要集中在发达国家。发达国家正是利用其雄厚的资金、技术、信息和人才优势，集中精力发展高技术含量、高信息含量的高新技术产业，而将传统工业和一般技术成熟的产业向发展中国家转移。

（2）发达国家的跨国公司是经济全球化的重要推动器，是实现全球生产要素流动和资源优化配置的主要载体。主宰全球经济局面的仍然是世界上最大的跨国公司，在全球最大的100家跨国公司中，来自发展中国家的只有5家。发达国家通过跨国公司全球性的联合、兼并和扩张，进一步发展其高度发达和高度集约型的经济，使其产品竞争力始终高居世界领先地位。

2. 对中国经济的影响

经济全球化作为不可阻挡的历史浪潮，到底能给人们带来什么呢？衡量经济全球化的利弊与得失，最关键的问题是要研究经济全球化给中国提供了哪些机遇，带来了哪些风险和挑战。

（1）经济全球化对中国经济发展既是新的发展机遇，也是严峻的挑战。前者主要表现在以下几个方面：

①有利于吸引和利用外资，引进世界先进管理理论和经验并实现管理的创新。由于经济全球化实现了人才、资本、信息、知识和物质在全球范围内的流动，中国能够引进、吸收世界上的先进管理理论和经验，并根据中国的国情进行管理创新。对于西方发达国家来

说，中国的发展为它们提供了巨大的市场。目前，我国已成为世界上最大的外资直接投资国之一，基本上属于一个资本净流入国。

②有利于扩大对外贸易。经过20多年的努力，对外经济贸易已成为我国国民经济的重要增长点。近年来我国国民生产总值增长额中，靠对外贸易拉动的部分约占两个百分点，也就是说，每年约1/4左右的经济增长是靠对外贸易实现的。

③有利于加速中国工业化进程，提升产业结构。经济全球化使中国能更快地纳入到世界经济体系之中，充分利用发达国家进行产业结构调整的机会，将其技术相对先进的劳动密集型产业或生产环节转移过来，加速中国工业化进程。

④有利于深入地参与国际分工，发挥本国现实和潜在的比较优势，拓展海外市场。经济全球化为中国企业提供了在更广泛的领域内积极参与国际竞争的机会，可以通过发挥比较优势实现资源配置效率的提高，提高企业的竞争力。同时，促进各国科技人才、跨国公司、国家之间以及民间的全球性科技活动日趋活跃。

（2）伴随着机遇，经济全球化也必然带来一些挑战。其根本原因是，国际垄断组织经常在损害别国利益的条件下实现自身利益的最大化。在我看来，挑战主要有以下几个方面：

①外商直接投资的控股与技术垄断，对我国企业安全、升级甚至国家总体经济安全构成威胁。

②尽管外债规模总体尚未达到警戒水平，但其增长速度及结构问题所带来的潜在风险不容忽视。

③在我国外贸依存度和资本依存度相对较高的情况下，外贸结构和外资结构不尽合理，繁育世界经济波动影响的能力不强。

④发达国家的经济周期、汇率、利率的变动会更多地传导给我们，使我们的经济出现不利波动。西方国家的大量游资也可能不时冲击我们的金融市场，甚至引发金融危机。

3.跨国公司产生的影响

跨国公司是当今世界经济中除国家以外最活跃的国际行为主体，是当今世界经济活动的主要组织者。跨国公司作为生产和资本国际化的产物，它的迅速发展不仅使其在世界经济中的地位和作用不断加强，反过来也进一步促进了生产和资本的国际化，推动了国际分工的深化和经济全球化在生产、投资、贸易、金融、技术开发等方面的发展，推动了经济全球化的进程和世界经济的发展。

（1）跨国公司的发展促进了生产的全球化。

（2）跨国公司的发展促进了资本的全球化。

（3）跨国公司的发展促进了贸易的全球化。

（4）跨国公司的发展促进了技术的全球化。

第三章 社会主义市场经济理论发展

第一节 马克思主义经典作家的社会主义商品经济思想

自社会主义从理论变为现实以后，人们对社会主义的商品经济、市场的作用问题的探讨从未停止过。马克思、恩格斯的思想理论中也曾经对未来社会的商品经济和市场的命运阐述过自己的观点。但如仅仅从马克思和恩格斯的科学社会主义理论里"去市场"的想法，来判定他们反对社会主义市场经济，那就是犯了形而上学的错误。因为他们所说的"去市场"是有理论前提和条件的。同样的，列宁在此问题上的认识亦非一帆风顺，也是经历了曲折的探索。

一、马克思恩格斯的社会主义商品经济思想

马克思和恩格斯虽没有直接使用资源配置概念，但实际上他们都很重视资源合理配置。马克思在论述中所提到的个别资本循环、周转理论、社会资本再生产理论等从本质上都是揭示资源合理配置问题的。他们也未曾使用市场经济和计划经济概念，但他们对商品经济以及价值规律等问题的研究，就是对商品经济条件下资源配置、市场调节等问题的回答。

1. 共产主义社会不存在商品经济

马克思、恩格斯所设想的未来社会是一个类似于鲁宾逊个体的自由人联合体。在联合体里，生产资料公有，没有交换，不存在商品经济，价值规律和商品货币关系都将失去作用。在那时"生产过程并不交换自己的产品，耗费在产品生产上的劳动，在这里也不表现为这些产品的价值，不表现为它们所具有的某种物的属性，因为这时和资本主义相反，个人的劳动不再经过迂回曲折的道路，而是直接作为总劳动的组成部分存在着。"由此，"一旦社会占有了生产资料，商品生产就将被消除，而产品对生产者的统治将随之消除。社会生产内部的无政府状态，将为有计划的自觉的组织所代替"。由此可见，他们所设想的未来社会，是在公有制基础之上的，而这个公有制并不是社会只占有部分生产资料，而是全部的生产资料都被社会成员共有，也就是说生产者个体劳动已经直接社会化，因而货币资本会完全消失，生产将由一个社会中心来组织进行。

不难看出，马克思、恩格斯关于共产主义社会"去市场"的论断，并不是单纯的继承了空想社会主义者的思想，而是通过对资本主义运行规律的研究得出的。"去市场"暗含着一定条件，他们坚持认为在自由人联合体经济实现之前，还存在着一个过渡时期。在过渡时期的初期，需要经历一个商品经济充分发展的阶段。

2. 自由联合体经济实现前可以利用商品经济

马克思在阐明无产阶级的改造是一个渐进的过程时，主张自由联合体经济实现前可以利用商品经济，商品经济仍将存在于一定范围、领域之中。这一思想亦可从其论述中得以印证。马克思把人类社会划分为三种依次演变的形态。一是"人的依赖关系"。二是"以物的依赖性为基础的人的独立性"。三是"建立在个人全面发展和他们共同的社会生产力成为他们共同的财富这一基础上的自由个性"。这三种形态分别可以看作是自然经济、商品经济、自由联合体经济。马克思还进一步指出："第二阶段为第三阶段创造条件。"也就是说自由联合体经济的发展需要商品经济为其创造条件，自由联合体经济实现之前，我们需继续利用资本主义制度中的积极成分，让其为社会主义创造物质准备。市场经济中竞争机制既可以推动市场的优胜劣汰，又能促进企业的技术创新，进而使得整个社会生产力得以全面发展。恩格斯也论证了过渡时期需要使用价格机制来解决生产的问题。他指出："在解决生产问题上，对效用和劳动支出的衡量，正是政治经济学的价值观念在共产主义社会中所能余留的全部东西"。

从马克思和恩格斯的论述中，可得出他们并非绝对反对商品经济，其实是限制了商品、价值一个范围。他们也从未把资源配置方式看作是与社会根本制度相关联的范畴。他们认为在物质基础匮乏的过渡时期，可以利用商品经济中有利于促进社会主义发展内容来发展经济。

二、列宁的社会主义商品经济思想

列宁对商品经济的认识历程并不是直线式的前进，而是经过了由否定到支持的变化过程。由于没有现成的实践做参照，一开始，他谨遵马克思、恩格斯的想法，甚至将其思想僵化"把战时出现的实物经济当作了废除商品经济的机遇"。后来他立足实践，做出了及时的调整，实行了新经济政策，在促进苏联国内经济发展的同时，也丰富了马克思主义商品经济思想。

1. 早期否定商品经济与社会主义相容

列宁早在1905年就提出："社会主义要消灭货币、资本，消灭商品经济。"1908年，他指出只要交换还存在，就不是社会主义。在十月革命前夕，他将社会主义经济用"国家辛迪加"（国家垄断组织）来形容，认为在社会主义社会里，全体公民都是国家的工人，整个社会是一个劳动、报酬平等的工厂。十月革命胜利后，在列宁的领导下实行了战时共产主义政策。其特点表现为全部经济活动的决策权力都集中于国家。列宁认为一方面这是战争的需要，另一方面又是过渡到社会主义的要求。因此，列宁指出："必须向囤积余粮的农民资产阶级和其他资产阶级展开无情的恐怖斗争"。他认为"恢复商品经济，就是恢复资本主义。"我们不能否认当时情况下，这种政策能够迅速集中必要的人力、物力、财力来与敌人进行对抗。但其与苏俄当时的生产力发展水平不相符合，结果导致国民经济处于崩溃边缘。列宁由此认识到"直接过渡"的方法不可行，社会主义不能短时间内就抛弃商品经济。

2. 过渡时期必须保持商品生产的论断

经历了战时共产主义的挫折后，列宁面对"直接过渡"所造成经济的破坏，做出了放弃"直接过渡"的决定。他在反思的同时指出"我们应该利用资本主义，作为小生产和社会主义之间的环节，作为提高生产力的手段、途径。"1921年俄共（布）十六大宣布实行粮食税，并具体指出，恢复商品交换，允许小企业和手工业发展，发展适应社会主义需要的商业等等，由此开始实行新经济政策。同年，列宁在《关于新经济政策问题的决议草案》中表明，过渡时期，商品交换是无产阶级和农民建立稳固经济联盟的基础，商品交换是新经济政策的主要杠杆。1923年列宁在《论合作制》一文中指出："我们已找到了使私人利益服从于共同利益的尺度"。合作社就是社会主义企业，通过商品经济把国家、集体和个人的利益紧密相连。显然，列宁的商品经济思想是随其现实实践不断完善的，列宁已经认识到商品经济对生产力发展的重要性，他已不排斥市场机制，相反他认为要在计划的指导下，充分利用市场积极作用，甚至将其作为建成社会主义社会的必要条件。

综上所述，马克思、恩格斯立足对资本主义经济发展规律的探究，进一步提出未来社会经济发展设想，接下来列宁通过社会主义实践，将他们的经济思想进一步推进和发展。经过列宁及其后来俄国领导人的理论发展，从而使得商品生产、交换成了客观必然性的现实存在。诚然，实践可以很好地证明，采取此种发展路径是符合实际需要的，也丝毫没有违反马克思主义，而且更有利于社会主义发展。这也充分证明，马克思主义理论具有与时俱进性和穿越时空的魅力。

第二节　社会主义市场经济理论的形成和发展

总体上来讲，社会主义市场经济理论的形成和发展是一条探索式渐进之路。此前，我国效仿苏联，实行了计划经济体制。当然，计划经济的贡献是不容否定的，也正是由于其具有不可克服的局限性，历史才会呼唤经济理论和实践上的创新。改革开放之初，我国只找出一个基本的经济改革方向，并没有明确要实现一个怎样的总体目标。鉴于国际背景及国内生产力发展的需要，我们开始走向开放，逐步引入市场机制，"摸着石头过河"，明确了"市场化"取向。在计划与市场的抉择中，经历了"去市场""要市场"，最终使得

"社会主义市场经济"目标的确立。如此一连串的演变，体现的不只是在经济领域的变化，更是人们思想领域进步发展的反映。时至今日，我国改革的力度依然在不断加大，开放的程度更是在不断增强。要使生产力长远发展，离不开我们努力完善的市场经济体制。

一、改革开放之前社会主义商品经济理论的探索

对改革开放之前的探索梳理，主要遵循两条线索，其一是，中国领导人的商品经济思想，其二是，中国经济学界的商品经济思想。他们立足国际国内大背景，进行积极探索和激烈争论，最终形成的一系列商品经济观点，这为之后改革开放的经济建设奠定了基础。

1. 社会主义商品经济理论的探索背景

早在 20 世纪初期，西方的一些经济学家就针对资本主义矛盾问题开始探究社会主义经济的可行性，并在西方经济学界引起了一场大论战。论战主要针对社会主义制度下，怎样进行资源合理配置，以及社会主义能否解决资本主义经济存在的问题等方面。在论战中兰格论证了市场与社会主义结合的可能性，随后他发表《论社会主义经济理论》，标志兰格模式的形成。虽然，兰格模式是立足资本主义现实只是想要利用社会主义制度来弥补资本主义的缺陷，但其倡导将市场与社会主义相兼容的思想，仍然为社会主义国家的经济体制改革提供了思路和指导。

二战后，教条主义充斥在国际共产主义运动中，苏联高度集中的计划经济体制被众多社会主义国家搬到自己的实践中去。对他们而言，"苏联"就是社会主义的代名词。然而，这些国家的经济在短期的经济增长后出现停滞现象，甚至经济进入严重困难时期。除此之外，政治矛盾也不断积聚，乃至酿成动乱。基于此，许多国家开始认识到不改革原有体制，社会主义建设就不可能得以顺利进行。于是，20 世纪 50 年代初期，南斯拉夫首先开始与苏联霸权主义的对抗。而苏联内部，斯大林时期积累的问题愈演愈烈，最终苏共二十大对斯大林模式进行揭露。在此之后，东欧的其他一些国家也出现了一系列的改革尝试，包括匈牙利、波兰、捷克斯洛伐克等，他们都尝试着唤醒市场机制，试图打破教条主义的束缚，探索适合本国国情的新道路。虽然这些改革最终都以失败告终，但是这种试图在宏观计划经济下引入市场的尝试，揭开了国际社会主义改革运动的序幕。

就国内背景来讲，建国初期，在革命夺取政权后，落后的农业经济占据主要地位，再加上西方国家的经济封锁、政治孤立等。中国共产党人面对亟待解决的政治、经济问题、新中国发展问题便顺理成章地效仿苏联，实行高度集中的计划经济体制。然而，建国初期，经济发展水平低、经济结构简单，虽说这种体制有利于汇聚各方面的力量，在较短时间内，形成一定的经济规模，有一定的积极作用。但是，随着经济不断发展，其弊端不断暴露。主要表现为：所有制结构单一，计划体制管得过死，排斥商品经济，忽视市场和价值规律的作用，平均主义盛行等。这种体制所固有的弊端逐渐形成羁绊，在制约生产力发展的同时，还引发了一系列新的社会矛盾和问题。那么，由此计划机制弊端已非常明显，伴随着

斯大林的错误被揭露，更激励了我国探索社会主义经济发展之路的决心和勇气，也开始了思考如何立足国情进行社会主义建设。

2. 中国共产党领导人的社会主义商品经济思想

建国初期，特别是1953年"一五"计划实施开始，国家领导人就开始积极探寻经济发展之路，但由于缺乏经验而走了不少弯路。1958年下半年开始，毛泽东开始总结经验教训，并结合调查研究，提出了一系列关于商品经济的思想。主要体现在：一是关于商品经济性质的问题，他批判了视商品生产为资本主义以及要将其废除的偏见。他指出"有些人怕商品，无非是怕资本主义，不了解排除了资本家可以大大发展商品生产""商品生产不是孤立的，看它和什么联系，同资本主义还是同社会主义。"显然，毛泽东认为商品生产与资本主义二者要区分开来，商品生产可以为社会主义所用。由此，他还驳斥了陈伯达等人主张废除商品生产的错误想法，指出"当前必须利用商品生产，来推动解决5亿多农民的生存问题，更何况早在封建社会、奴隶社会就有商品生产，我们现在为什么不能有"。他还强调价值规律，使其得到充分利用和尊重。"大跃进"和人民公社化运动的教训使毛泽东看到了价值法则及等价交换在经济运行中的重要性，他认为"价值法则依然是客观存在的经济法则，我们对于社会产品只能实行等价交换，不能实行无偿占有。"他还指出"平均主义、过分集中都是对价值规律和等价交换思想的否定，这当然是错误的，但凡这样就会引起生产队中社员的不满情绪"。此外他还把价值法则称作为"学校"，认为它可以教会干部和人民利用它来建设社会主义。此外，毛泽东不仅探索了商品生产的性质和价值规律的作用，他还提出一些具体措施来推动商品生产的发展。他认为，不能把商品生产的活动仅限于个人消费。他还提出要扩大企业自主权，在《论十大关系》中，就有关于这方面问题的论述。他指出，把什么东西都集中到中央，不给工厂权力，是不妥的。在1956年5月又明确指出："工厂应该有自主权"。后来他进一步提出"两参一改三结合"制度，在强调在企业内部人人地位平等的同时，调动了工人的积极性，提高了生产效率。毛泽东的这些思想，既是对当时社会主义商品生产的新认识，也是对马克思主义商品经济思想的新的探索发展，还是接下来市场经济建设的参考。

陈云作为倡导市场经济的开路者，他认真学习和运用马克思主义经济思想，针对当时现实国情，提出各项观点及改革措施主要有：关于"三个主体、三个补充"理论。在经济结构方面。陈云认为，集体经济、国有经济都需长期存在，并且一起组成社会主义经济的主体，这不只是对于农业方面，对于工商业经营方面亦然。同时国有经济还离不开一定数量的个体经济作为补充。在计划生产方面。陈云冲破传统经济观念禁锢，创造性地提出了"计划经济为主，市场调节为辅"的思想。在统一市场方面，陈云指出国家市场（计划市场）是主体，自由市场（非计划市场）是补充。他将计划与市场相统一，理清了社会主义市场与资本主义市场的区别，社会主义商品生产是公有制基础上的有计划的商品生产，不在国家领导下的自由市场，也不能满足人民群众的需求。此外，还提出了要开放一定范围内的自由市场，他指出"今后，除对粮食、油料、棉花继续实行统购外，对于重要工业原料和重要出口物资，也必须采取统购的办法，对上述两类之外的其他商品……农业社和农民完成交售任务后的剩余部分，都应当开放自由市场，刺激生产。"之后，他还提出了具体措施，将农副产品分成三类，缩小合作社商业统一收购的种类；进一步实行价格政策调整，完成统购产品任务后，农民可以略高国家销价买卖粮食。并指出，集镇上的市场管理委员会，不要像以前那样管得那么死。这使得市场的作用一定范围得到发挥。这也是他改革开放后提出"鸟与笼"的形象比喻的思想来源。此外还有计划与市场的结合要有统有分的论断，针对经济中出现的冒进趋向及盲目追求高速度所造成的严重后果。1959年陈云指出"应按经济规律办事，辅之以行政权力""如何把全国一盘棋与地方积极性结合起来，做到两全其美，这是一个没有解决的问题。"就此他提出采取中央与地方包干、按比例分成的办法。他还提出"先集中，后分散"原则。先收回下放到地方的经济管理权限，迅速集中有限生产资源来解决经济严重失衡困境。显然陈云已认识到要处理好计划与市场问题，关键是要协调好中央、地方与国家、企业之间的关系。基于此，陈云适时提出"有统有分"。也就是建立在统一计划指导下分权的管理体制，坚持国家的统一计划，同时实现计划要依靠地方、企业，因此又要放给地方、企业一定权力，由此他们可以因地制宜将计划贯彻好。这样看来，陈云依据当时的具体实际和要求，已经开始为描绘社会主义经济体制的蓝图做准备。

3. 我国经济学家对社会主义商品经济的理论探索

新中国成立以来，国内理论界就商品经济问题开始积极探索。其中，1957~1959年，这三年间我国学者对社会主义制度下的商品、交换等问题的讨论最为激烈。特别是1959年《经济研究》向国内学者广泛征求关于商品生产、价值规律等问题的意见，学者们立足社会现实，在互相探讨的过程中论述了许多具有科学性与前瞻性的观点，为此后中国经济理论的形成奠定了思想基础。从总体看来，改革开放以前，我国经济学者们关于社会主义商品经济的探索主要体现在：社会主义下商品生产的存在原因、性质、前途；商品交换的范围；价值规律等方面。

关于存在商品生产的原因问题，理论界的讨论甚是激烈，主要形成了两种相互对立的观点。1956年之前，学者们普遍接受苏联的观点，认为是基于全民所有制和集体所有制并存而需要保留商品经济。其中，蒋学模1955年认为过渡时期，存在"全民""集体"两种公有制形式，必须保存商品生产和交换。但之后，随着经济建设发展和理论研究加深，学者们转而认为，单单是依据两种所有制并存不足以说明商品生产的必要性，因此他们提出了更为具体和深刻的观点。其中，骆耕漠对蒋学模的说法提出反对，并于1956年指出，商品生产仍需保留是因为生产力发展得不够充分。具体来讲，是为了三个实际需要：一是"按劳取酬"的需要，这样才能使得社会利益和个人利益相结合，督促生产率要提高，如过早采用按需分配，会引起社会倒退。二是"经济核算"的需要，国家对企业要盈亏、究责任、有赏罚，否则各种劳动、原料消耗、资金周转效率等等就难以得到核算和监督，这就需要保留生产资料的商品"外壳"，对其制定价格。三是"集体农庄"的经济要求，农业生产力不够发达，不能马上改为全民所有制经济，必须继续保留商品交换。1957年顾准在研读骆耕漠的观点基础上，进一步明确：社会主义存在商品生产应归因于经济核算制度，而不是两种所有制并存所导致。与此同时，1957年萧功禹研读骆耕漠的文章后，指出把商品生产的存在归因于经济核算和按劳分配的观点是颠倒了因果关系，他依然坚持认为，社会主义商品经济的存在是两种所有制成分并存所决定。

商品生产的性质问题。首先，这里所谓的性质问题即是社会主义的商品生产是否为资本主义残余下的旧形式，是否会产生资本主义。骆耕漠1958年指出商品生产从产生到消亡均与私有制相关联，他把社会主义阶段存有的商品关系归根于私有制的残余，认为到共产主义时期它才会彻底灭亡。1959年吴敬琏也认为商品生产具有私有意义，且与私有制的残余有关系。对此，孙冶方则有不同意见，1959年他认为对于商品生产要用历史观点来看待，不能直接肯定或否定，需辩证对待。同年，姜铎在文章中指出，社会主义商品生产对于资本主义的商品生产是具有本质区别的，并从目的、阶级关系等方面进行区别对比。樊弘也坚持认为它们二者存在本质差别。朱剑农强调我国存在的是摆脱了一切私有制因素商品生产，是一种新的形式。

就商品交换范围问题来讲，争论的焦点体现在国有企业间进行的经济往来是否是商品交换。有学者认为经济核算的产品就是商品。1959年于光远指出，应肯定国有企业间的生产资料交换属于商品关系。因为在交换的过程中遵循的是等价交换原则，作价的基础是价值，因此交换的产品便是商品。关梦觉也赞同于光远的观点，他认为虽然所有权没有转移，但使用价值转移了这也属于商品交换。有的学者对上述观点提出反对意见，1959年骆耕漠在文章中批驳了于光远和关梦觉得观点，他指出，公的交换中不存在商品关系，加入私之后的交换产品才是商品。全民所有制之下，企业间进行的产品调拨，是生产内部的周转，所有权没有转移，因此，这并不属于商品交换。之后，有人把他的思想称为"商品消亡论"。此外，还有学者提出中立的意见，1959年田光指出，国有经济内部进行周转等生产资料与不同所有者之间交换的商品有质的差别，但也不能完全否认它的商品性质。关于商品生产的前途问题，有学者认为只要两种所有制共存就会有商品生产。其中，卫兴华1959年指出，商品生产、流通的存在取决于两种所有制的共存。同年，朱剑农也指出，在不完整的全民所有制（不只存在一种所有制）条件下，不可能全面进行产品分配，也就不存在全面消除商品生产的可能。同样地，刘诗白持的也是这种观点。而另一种观点是坚持商品生产消存的基础是按劳分配。王守海1959年指出，若干年后，当按劳分配被按需分配所取代商品生产才会消亡。任维忠也认为到论按需分配阶段"商店"虽仍存在，但已不是实际上的商店了，人们按需取得的东西也已不再是商品了。此外，由于学者们对商品关系的前途看法不一致，导致了学者们还争论了到底是利用还是限制商品关系。其中，王思华1959年指出对于我国经济建设来讲，发展商品生产不是可有可无的，而是必须坚持的重大原则问题，并且完全正确。而 1964 年汪旭庄、章时鸣对骆耕漠的"商品消亡论"进行批判并指出，国家有必要对商品和价值规律的消极方面进行限制，否则可能造成生产无政府状态，导致阶级分化。

关于价值规律的问题，当时理论界的主流思想是，由于实行计划经济，国家对经济行为的调节通过制定计划来完成，因此，价值规律只是充当着辅助作用。1955 年，朱剑农分析指出，我国过渡时期的价值规律将逐步受到限制，只是产生一定的影响。1957 年吴海若指出，应承认价值规律对平衡和发展生产资料、消费品生产的辅助作用。同年，薛暮桥指出，社会主义经济受计划支配，价值规律的辅助功能将随国家计划管理范围的扩大而受到更大限制。而顾准却有不同的看法，他于 1957 年指出，一个正确的经济计划，是非价值规律不可的。进而声明过于强调计划，从而忽视甚至否定价值规律作用，非但对社会经济发展不利，甚至起阻碍作用。孙冶方认为，社会主义制度可以使得价值规律成为我们所掌控的规律。他还指出否定其作用就是否定计算社会平均必要劳动量的重要性，规律的作用重大，非但不能排斥它，反而应该更加重视。

总之，我国经济学界对社会主义商品经济理论的探索，是推动经济理论发展、进步的重要力量，这些学者用深厚的理论功底，客观的学术态度对我国市场经济的相关问题进行了研究、探讨和争论，形成了一系列极具价值的思想观点，进一步推动我国经济建设实践取得巨大成就及理论研究取得重大进展。

二、改革开放以来社会主义市场经济理论的形成和发展

通过前面的梳理与论述不难发现，虽然我国的经济理论的探索摆脱了苏联模式的束缚和困扰，但由于理论研究环境的限制，特别是"文革"的巨大冲击，致使学术界对于这方面的进一步研究在一段时间内被迫停止。直到十一届三中全会，经济理论研究的春天才正式来临。主要表现为，把被搅乱的理论问题重新提上日程，并且恢复、阐明其正确内涵，从理论上论证经济规律的客观性、价值规律对经济发展的作用等。对此后我国社会主义市场经济理论形成与发展，具体概括为四个阶段。

1. 社会主义市场经济理论的起步探索（1978～1983）

这一起步探索阶段指的是计划经济为主，市场调节为辅的阶段。

十一届三中全会作为一个历史转折点，标志着我国的社会主义现代化建设事业迈入了一个新阶段，会议提出将工作重点转移到经济发展和现代化建设上来，并进一步指出要改变经济管理体制现状，应将管理职权大胆下放，在计划之下，扩大地方、工农业企业的经营管理自主权，同时强调办事要遵循经济规律，重视价值规律。这次会议之后，中国经济体制开始从计划逐渐转向市场。

1979 年 11 月，邓小平在会见吉布尼和林达光等人时，首次阐述到"社会主义也可以搞市场经济"，他首先否定了市场经济只能和资本主义结合的论断，并指明虽然是计划经

济为主，但也可以结合市场经济。同样地，积极学习资本主义好的方面，绝不代表就是实行资本主义。由此可见，这一时期虽然邓小平依然强调计划的主体性，但已经认识到了市场经济的有利作用，这不仅为推进改革提供了根据，也是理论深度探索的体现。

1981 年 6 月，十一届六中全会指出"在公有制基础上实行计划经济，同时发挥市场调节的辅助作用。"也就是说要立足公有制，同时既运用计划手段又需辅以市场手段，以此来调节经济运行，市场的作用又一次得到认可。虽然这时仍坚持的是计划的总框架，但人们已经认识价值规律对于经济发展的利害关系，也逐渐地开始了商品经济的发展轨道，这时中国经济开始在计划体制外形成局部的市场调节。

1982 年 9 月，十二大明确了"计划经济为主、市场调节为辅"原则。要求在有计划的生产、流通的同时还允许部分产品可经市场调节，而不用作计划。强调要正确地对计划和市场各自的调节范围进行划分。这样一来，根据具体需要，在一定范围内，运用价值规律自发调节，虽然这一部分是计划的补充，但又必不可少。由此可见，市场开始作为一项重要的补充手段来实现资源配置，这不仅是体制改革的重要性步骤，也是理论发展的重要一环。

总而言之，这一阶段的商品经济仍然是被束缚于计划经济体制内，仍旧是计划经济之下的商品经济。也就是说，即使那时候已开始重视市场、价值规律的作用和地位，但依旧是把这些因素作为辅助，没能够脱离计划经济。

2. 社会主义市场经济理论的初步形成（1984～1991）

这一阶段是计划与市场内在统一，同时要求加大市场调节力度的阶段。

1984 年 9 月，国务院在《关于经济体制改革中三个问题的意见》中提出了具有建设性的观点，该意见与十二届三中全会在经济体制改革方面的决定有着密切关系。该意见指出：第一，当下正在实行的并非是市场经济，而是计划经济；第二，市场调节仅限于在某些服务、修理、小商品、农副产品行业；第三，扩大指导性计划，逐步缩小指令性计划；第四，无论是指导性、指令性计划，都必须考虑价值规律的作用。这些意见为之后有计划的商品经济的提出起到了铺垫作用。

同年 10 月，十二届二中全会立足当时实际形势，论述了我国实现经济体制改革、搞活经济、对外开放的一系列方针政策，并特别强调以城市为重点，加快经济体制改革的前进步伐。该决定是经济体制改革史上的具有创造性的一章，首次阐述了"有计划的商品经济"理论。还指出了要正确对待社会主义计划经济，进一步强调要运用价值规律，并指明商品经济的不可逾越性。同时，该决定还指出了经济体制改革的核心内容是增强企业活力，为国有企业改革确定了思路。虽然当时对市场的看法还是过于简单，还是没能突破以计划手段为主的传统理论，也没有完全脱离计划捆绑，但它仍是社会主义经济理论的一次重大突破，推动了今后的市场化改革的发展和理论进步。邓小平评价该决定是立足了当时国情，且结合了马克思主义基本原理的政治经济学。

1985 年 10 月，邓小平指出社会主义和市场经济二者之间没有根本性的矛盾。并指出用市场来发展生产力，并不是违反了社会主义原则，因为我们把公有制放在主体地位上，并且始终坚持共同富裕而避免两极分化，实践告诉我们，只搞计划是对生产力的严重束缚。

1987年2月，在与中央同志谈话时，邓小平对十三大报告在内容的阐述上提出了要求。他指出，计划和市场都是方法，对发展生产力有作用，那么就可以利用它。无论是哪种方法，只要他为社会主义所用，那么它就是社会主义的，而十三大报告应把这些问题说明白，应是一篇好著作。十三大基于这些观点，在经济理论上有了质的飞跃。指出"社会主义有计划商品经济体制，应是计划与市场内在统一的体制。"总的来讲，这次报告中虽没直接用到"市场经济"，但市场取向已经一目了然，也不再强调宏观调控的主要地位，这使得市场地位得到了提高。

3. 社会主义市场经济理论的确立（1992～1993年）

这一阶段是确立社会主义市场经济体制目标和框架的阶段。

1992年初，邓小平视察南方时，指出"计划多一点还是市场多一点，不是社会主义与资本主义的本质区别""计划和市场都是经济手段。"这一论断，从根本上回答了长久以来一直争论的问题，突破了用市场和计划区分社会制度的传统思想牢笼。

同年，十四大明确提出"经济体制改革的目标是建立社会主义市场经济体制"。进而具体阐释了市场对资源配置起"基础性"作用，还进一步指出经济活动需要适应于供求关系。此外，还运用市场能较灵敏反映经济信号的特点，来使产需及时相互协调，同时指出要加强和改善国家对经济的宏观调控。此次报告，不单单是确定了中国经济体制改革的目标，还从理论上进一步论述了这一体制是同社会主义基本制度结合在一起的，明确了建立和完善这一体制，是一个长期过程和艰巨工程。这些论述，是改革开放以来，我国积极探索计划与市场关系问题的科学成果和重大创新。十一届三中全会以来关于市场问题的探索都在这些理论中得到了升华。

次年11月，十四届三中全会进一步全面规划出社会主义经济体制的基本框架以及相关具体部署。在这次大会的决定中，首先指出必须立足当前的新形势、新任务，来制定相关决策，坚持全面协调推进和重点突破。其次是呼吁建立市场机制。再次，提出要营造符合公平竞争的外部环境及相关法制体系。此外，还提出"转换国有企业经营机制，建立现代企业制度"思想。

4. 社会主义市场经济理论的发展完善（1994～至今）

这一阶段是社会主义市场经济理论逐渐发展完善的阶段。

1994年12月，江泽民在天津考察时，针对一些人提出的市场经济还需不需要坚持社会主义制度的问题回答道，"社会主义"这几个字不能没有，不是画蛇添足，反而是画龙点睛。这一论述，进一步强调了社会主义市场经济体制与社会主义的基本制度不能分离，这是我国经济理论的创造性体现。

1997年9月，十五大阐述了，要立足中国基本制度发展经济，坚持公有制为主体，多种所有制经济共同发展的基本经济制度。较十四大来说，十五大的突破主要体现在基本经济制度和所有制结构层面上。将非公有制经济纳入到社会主义基本经济制度内，使得公有制实现形式多样化。

2002年11月，十六大报告指出了21世纪头20年将完善社会主义市场经济体制作为主要任务之一。在此基础上，2003年十六届三中全会继续贯彻十六大提出的重要举措，做出对社会主义市场经济体制改革一系列内容的全方位概括，在分析体制改革的紧迫性基础上，首先提出了"五个统筹""五个坚持"。其次，明确指出股份制是我国公有制经济的主要实现形式，还提出了建立现代产权制度等。可见，这是对新时期经济体制改革作了全方位部署，是既结合中国社会经济建设实践而又与时俱进的体现。

2007年10月，党的十七大报告，依据经济发展实际，把转变经济"增长"方式改为"发展"。提出"两个坚持""三个转变"思想，还在市场的基础性作用之前加上了"从制度上"的规定，进而提出建设服务型政府的新要求。2010年，十七届五中全会阐明了"重视改革顶层设计和总体规划""要研究制定收入分配改革方案，努力扭转收入差距扩大趋势。"

2013年11月，十八届三中全会将处理好政府和市场的关系作为经济体制改革的重心，并且将要市场的"基础性"作用改为"决定性"，这是对市场认识的又一次飞跃和理论上的重大突破。在强调市场决定作用的同时，还指出政府的作用要更好地发挥，并且还就其职责做出了具体界定。就是说，这里的决定作用并不代表全部作用，这只"看不见的手"也不能做变成"长出来的手"。这次会议涉及了15个领域，包含着55项具体任务，全方位开启了改革的新征程，丰富和发展了社会主义市场经济理论。

2017年10月，十九大报告指出我国经济由高速增长阶段转向高质量发展阶段，并将建设现代化经济体系，作为当前的迫切要求和战略目标。进一步指出，需要加快完善社会主义市场经济体制，既要全面实施市场准入负面清单制度，清理废除妨碍统一市场和公平竞争的各种规定和做法，又要创新和发展宏观调控，发挥国家发展规划的战略导向中的作用。

综上所述，市场和政府作为经济活动中的主要关系，二者关系的正确处理将直接影响经济体制改革道路和进程的发展。当前这个"决定性作用"不能改变。可见，社会主义市场经济理论是"从摸着石头过河"开始，一步一步结合着渐进的改革实践而成长起来的，是改革实践有机结合理论创新的历程，这既是与时俱进，更是顺势而为。

第三节 社会主义市场经济理论

社会主义市场经济理论是改革开放和中国特色社会主义实践的能动反映。它是一个兼具复杂性、科学性和系统性的理论，是基于我国社会主义初级阶段的国情和实践，以马克思主义经济理论为指导，既涵盖了社会主义市场经济最具基础性的理论部分，又包括了反映中国特色社会主义经济运行机制及规律部分的科学核心内容。

一、社会主义市场经济基础理论

社会主义市场经济基础理论探讨的是社会主义市场经济的最具基础性的部分。主要阐述商品经济、市场经济内涵、关系，社会主义市场经济的内涵、特征。这一部分内容是研究和认识社会主义市场经济的基础。

1. 商品经济与市场经济

商品经济指的是以交换为目的的一种经济活动形式，它与自然经济、产品经济相对应，包括商品生产、交换两方面内容。市场经济指的是资源配置方式，与计划经济相对应，是指以市场为资源配置方式的一种经济形式，也就是说，在市场经济中，需要通过市场这个中介来进行各种经济活动。

市场经济是商品经济进一步发展的产物。"分工使劳动产品转化为商品"，商品经济产生与发展的基础是社会分工。在原始社会末，随着生产、分工的产生而出现了商品交换活动。然而，当时占主导地位的仍然是自然经济，直到封建社会末，商品经济随社会分工的细化、商品生产和交换的广泛化而进入到较高程度的发展阶段。进入资本主义时期，社会分工进一步细化，生产力得到了较快的发展，商品生产与交换的目的从获取不同的使用价值转变为获取最大限度的利润。

商品的生产、交换关系普遍化以及货币功能的强化，促进了市场体系的形成，市场成了资源配置的手段，并通过供求、价格、竞争等机制将资源更好的配置到高效益、高绩效的部门或行业中。这时，资本、技术、信息等生产要素也作为商品在市场上得以流动配置。

由此可见，这两种经济形式是不同层次的两个范畴，它们的区别除了内涵以外还包括两方面。其一，存在前提不同。促使商品经济产生的首要条件是社会分工，决定性条件是生产资料归属于不同所有者，而市场经济是在此基础之上，再附加上市场体系形成与完善、市场功能的扩大等条件；其二，市场交易关系不同。"商品经济只存在一种市场交易关系，即劳动成果市场交换关系，而市场经济除此之外，还多出一个生产要素市场体系"。就是说，在市场经济条件下，除了商品交易关系和交易主体外，还包括要素交易关系和交易主体，构成了市场经济运行体系。

从历史的发展来看，商品经济很早便产生了，但在资本主义生产方式确立以前，市场并没有在社会规模上对资源配置发挥决定性作用，商品经济不占主体地位，经济活动方式以自然经济为主体。奴隶社会、封建社会虽然有商品经济，但是占主体地位的是自给自足的自然经济，资源的配置只是在某一些领域，例如手工业生产领域通过市场来实现配置。到了资本主义社会，商品经济成为占主体地位的经济活动方式，市场便在社会规模上对资源配置发挥作用，资本主义社会的经济运行机制变成了市场经济。所以，市场经济是商品经济进一步发展的产物，是发达的商品经济。商品经济主要是从经济活动方式来讲的，市场经济主要是从资源配置方式和经济运行机制来讲的，市场经济条件的形成、发展离不开商品经济基础。

2. 社会主义市场经济及其特征

社会主义市场经济从内涵上分析具有两个规定性，即市场经济的一般性和社会主义制度的特性。社会主义市场经济使得市场与计划得到辩证综合，它作为一种现代市场经济，是对传统计划经济以及西方自由放任经济的扬弃。就其特征而言，它与其他社会形态下的市场经济，尤其是资本主义市场经济相比较而言，存在着如下带有中国特色的特征：

以公有制为主体、多种所有制并存的所有制格局。一方面，这是基于现阶段我国的生产力状况。从整个国民经济发展来看，不同的地区、部门之间，以及部门内部之间生产力发展存在多层次的差异。另一方面，这又与社会主义市场经济体制下，构建多元利益的市场竞争主体的需求相适应。在公有制基础之下，各所有制经济实行多种形式的联合经营。

以按劳分配为主体，多种分配方式并存的分配结构。这是与第一个特征相适应的，分配方式由生产方式决定。"消费资料的任何一种分配，都不过是生产条件本身分配的结果；生产条件的分配，则表现生产方式本身的性质。"只有坚持按劳分配为主体的分配原则，劳动者多劳多得，少劳少得，不劳不得，才能够调动劳动者的积极性、主动性、创造性。

在国家宏观调控基础上让市场对资源配置起决定性作用。强调市场在资源配置中起决定性作用，但不能抛弃国家的宏观调控。市场机制虽能提高效率、合理配置资源，但也有自身无法克服的缺陷，例如，盲目、滞后的市场调节所带来的供需失衡，甚至导致经济危机等。因此，不能单靠市场机制，必须要有国家的宏观调控。其实，宏观调控并不专属于社会主义市场经济，"资本主义现代市场经济也是实行计划与市场一体化的宏观调节。"但资本主义不可克服的内在矛盾，使其宏观调控的合理性和有效性受到巨大限制。而社会主义市场经济的宏观调控，更具有广泛性、强制性、系统性，既包括宏观发展规划，又包括微观生产指标。

二、社会主义市场经济核心理论

社会主义市场经济体制的框架、经济运行的相关制度保障，再加之以相关的运行机制，这三个方面构成社会主义市场经济的核心理论。主要涵盖了一些基本要素的系统性构建以及经济的运行机理。

1. 社会主义市场经济体制的框架构成

与计划机制相比，市场的竞争机制动力更为持久，它可以将市场主体追求自身利益最大化的内在动机成功转换为市场不断自我积累、自我改造、自我发展的强大动力，优胜劣汰，既保证资源能够始终掌握在那些可以最有效地运用它们的市场主体的手中，同时剥夺那些不能合理使用资源的市场主体的占有权。普遍的市场竞争迫使市场主体必须有效率地利用资源，寻找生产要素的最优组合。通过对资源进行合理的配置，市场经济最终能够提升经济的整体效率。尽管市场是一种高效的资源配置方式，但它也会"失灵"，市场失灵之处，需要政府的干预进行补足与修正。因此，现代市场经济的发展就内含着建立与其相适应的健全的宏观调控体系以及制度。

微观基础的现代企业制度。十四届三中全会提出"建立产权清晰、权责明确、政企分开、管理科学的现代企业制度"。其中，前三项所体现的是产权经济学的基本要求，有利于明确责任。管理科学是有效率企业的必要条件，便于科学管理、考核，以及实施有效的激励。1993年通过了《中华人民共和国公司法》。随后根据该法律制定了"三会一层"为公司治理结构。产权相互制衡可以避免董事会的独断专行，但同时也要相互协调"三会一层"，坚持产权相互制衡，又分工协调的理念。十五大继而提出将建立现代企业制度作为国有企业的改革方向，并将股份制作为一种企业组织形式。十六大提出深化国有企业改革，大力推进企业的体制、技术和管理创新。十七大指出深化国有企业公司制股份制改革，健全现代企业制度，优化国有经济的布局、结构。十八大在继续强调深化国有企业改革的同时，提出要完善各类国有资产的管理体制。2016年10月习近平在全国国有企业党建工作会议上指出，建立中国特色现代国有企业制度是国有企业改革的方向，必须一以贯之。十九大进一步指出，发展混合所有制经济，培育具有全球竞争力的世界一流企业。由此，企业制度在自身不断完善的同时，与社会化大生产的需要相适应，反映着社会主义市场经济发展的要求，是推动中国经济发展的必不可少因素。

中介环节的市场体系。统一、开放、竞争、有序的市场体系是社会主义市场经济正常运行的基础。没有完善的市场体系就难以顺利发展社会主义市场经济。我国自十四大提出加快市场体系培育以来，市场体系的建设开始迅速发展。继而在十四届三中全会上又提出建立统一、开放、竞争、有序的大市场目标。十五大提出要加快国民经济市场化进程，继续发展各类市场。十六大指出健全现代市场体系，推进资本市场的改革开放和稳定发展。十七大进一步强调加快形成现代市场体系，发展各类生产要素市场。十八大提出健全现代市场体系，加强宏观调控目标和政策手段机制化建设。2016年6月，国务院印发的《关于在市场体系建设中建立公平竞争审查制度的意见》，进一步推动了我国市场体系形成。如今，我国的统一、完善、竞争的市场体系已经建立。

宏观层次的政府调控体系。其本质上是市场经济有序发展的必然要求，是政府依据经济规律，对经济运行实施总量和结构上的调节控制，其运行主体是政府。我国政府宏观调控的实践是随改革开放出现的。十三届三中全会报告正式使用了"宏观调控"。十四三中全会提出要建立社会主义市场经济的宏观调控体系。十五大指出宏观调控体系的框架初步建立，并指出要进一步健全宏观调控体系。十六大对宏观调控目标进行明确。十七大报告进一步指出发挥国家发展计划、规划、产业政策在宏观调控中的导向作用。十八届三中全会强调科学的宏观调控要结合有效的政府治理。十九大对宏观调控体系提出了创新、完善和有度的要求，强调了国家发展规划的战略导向作用，这为新形势下健全宏观调控体系指明了方向和重点。我国宏观调控针对的是经济运行中的问题、难点，进而对这些问题和难点加以引导、调控。主要涵盖：制定中长期发展规划，为经济发展提供指引；调节经济总量，保持经济平衡；激励市场主体行为，为微观经济活动创造良好环境；制定实施宏观经济策略，促进经济结构优化；加大基础产业、设施建设，推进科技教育文化与经济协调发展；建立健全社会保障制度，调节分配关系；深化国企改革，促进国有资产保值增值；培育市场体系，规范市场行为；控制人口增长，保护自然资源和生态环境等。

2. 社会主义市场经济发展的制度保障

这里所谓的制度保障，首先包括社会主义基本经济制度。改革开放以来，在立足我国国情的基础上，所有制的改革取得了一次又一次的重大突破。十四届三中全会第一次将"以公有制为主体，多种经济成分共同发展"作为方针提出。十五大第一次明确将这一方针作为"我国社会主义初级阶段的一项基本经济制度。"十六大提出了"两个毫不动摇"。十七大在重申"两个毫不动摇"基础上，提出"两个平等"：平等保护物权；各所有制经济平等竞争。十八大继而提出，各所有制经济依法平等使用生产要素、公平参与市场竞争、同等受到法律保护。十八届三中全会第一次明确定位混合所有制经济是基本经济制度的重要实现形式。十九大进一步指出以完善产权制度和要素市场化配置为重点，在改革国有资本授权经营体制的同时，防止国有资产流失。社会主义市场经济之下，各经济主体围绕经济利益展开竞争，而市场投资主体的多元化，可以促进竞争环境的公平性。同时，必须强调的是，公有制的主体地位不容忽视。"以公有制为主体，是社会主义初级阶段基本经济制度的核心"这一主体地位并不是人们的主观臆造，而是必然选择。只有这样，我国市场经济的社会主义制度属性才能得以确保，人与人之间经济上的平等性才能得以实现，社会主义和市场经济二者的合力才得以形成，更好的促进生产力的发展。

符合社会主义原则和市场经济要求的收入分配制度。改革收入分配体制是社会主义初级阶段所有制结构的客观需要，更是关系国家和人民切身利益，以及经济社会发展的稳定的举措。十四大报告中在收入分配方面提出以按劳分配为主，其他分配方式为补充。十四届三中全会，对此有了重大突破，将其他分配方式的"补充"作用改为"并存"，并进一步允许资本等生产要素参与分配。十五大在之前的基础上提出允许和鼓励资本、技术等生产要素参与收益分配，使之更趋合理化。十六大将劳动资本技术和管理等纳入生产要素范畴按贡献参与分配。十七大进一步指出要重视再分配的作用。十八大在此基础上要求千方百计增加居民收入，提高劳动报酬在初次分配中的比重，并首次引入共享理念。十九大进一步提出完善按要素分配的体制机制，促进收入分配更合理，更有序。这些在探索过程中所取得的突破，是在改革实践中完成的。其中，坚持按劳分配的主体地位才能够保障市场经济中人们经济利益上的平等性，才可以形成和谐的社会主义利益关系。

完善的社会保障制度。我国在新中国成立初就尝试建立社会保障制度，但直到改革开放前，社会保障制度还处在萎缩、停滞阶段，之后随着改革开放的不断推进，它被提上日程。在十四届三中全会上，首次提出要建立"多层次""社会统筹和个人账户相结合"的社会保障制度，并指出社会保障体系所涵盖的内容。十六大将社会保障体系纳入全面建设小康社会的奋斗目标之中。十七大报告首次提出，健全廉租住房制度，要求加快解决城市低收入家庭的住房问题。十八大指出要全面建成覆盖城乡居民的社会保障体系。十九大对建立多层次的社会保障体系提出了，"兜底线、织密网和建机制"的新要求。由以上梳理可以看出，我国社会保障制度有了巨大的发展、进步，但要做到"应保尽保"，仍需继续前行，仍是一项艰巨任务。社会保障是社会主义市场经济的稳定器和防火墙。因为市场在进行资源配置的同时，会产生负效应，造成收入分配差距等问题，因此，需要相应地建立、完善社会保障制度、体系，以此来纠正市场失灵。推进社会保障制度改革，建立完善社会保障机制，必须立足社会主义市场经济，并且反映其内在要求。

3. 社会主义市场经济发展的运行机制

社会主义市场经济的有序运行，需要各个机制之间互相协调，共同发挥作用。首先，不同主体行为目标需要具有一致性。这里所谓的一致性是指宏观调控应一致于微观调节，宏观调控是涉及经济总量、总变化的概念，微观调节则是关系企业个量及变化的范畴。这二者虽有区别，但是社会主义市场经济使得这二者紧密相连，彼此成为不可或缺的内容。上述关系，呈现于经济运行中即指社会目标与企业目标的协调统一。具体体现为企业目标需依据社会总目标而确立，而社会总目标须经企业微观目标来落实，如此双方相互影响与制约使得经济合理有效运作。在社会主义市场经济发展过程中，各微观主体行为目标由于成本、效率、利益的考虑必然呈现出多元化，如企业目标体现在经济运行中要实现经济利益最大化、资本利用效率的提高、生产规模的扩张、产品结构的优化等。不同主体行为目标如果不能协调，甚至出现目标错位，必然导致经济运行秩序混乱。因此需政府通过各种途径和方式，促使不同主体的不同目标在市场机制作用和宏观调控作用下和总目标大体一致。

有序的运行机制还包括统一性、开放性、竞争性的市场。所谓统一性，体现于统一的市场以及各微观主体受控于共同的政策与法规之下。开放性则是指兼顾对内以及对外两个开放，要求实现国际与国内两个市场的有效对接。竞争性代表的是充分且公平的竞争环境，因为市场经济本身则是竞争的经济，竞争性市场的形成，需进一步防止垄断的出现，并须合理运用价格体系。上述三方面性质相互联系，共同保障市场的有效运行。此外，市场经济的统一性，要求相关的市场法制为其运行保驾护航。市场经济的竞争性，要求依法承认市场主体的资格，允许市场主体自主活动，依法限制垄断，维护正常的竞争秩序。市场经济的开放性，要求必须通过法律规则来规范国际、国内市场秩序，这就需要建立相应的约束机制。

涉及约束机制，必然会与激励机制联系在一起。激励与约束被认为是各种规则所共有的本质，激励机制具有能使市场主体追求自身效益最大化的性质。而约束机制则通过风险的产生促使主体追求效益的同时确保手段与方式的合法与合理性。这两个机制相互结合，双管齐下，使经济发展中行为主体在行为选择上更趋向科学与正规。二者犹如铁路双轨，从两个方面把控经济这辆"火车"的前进趋势。要保证经济不脱轨，就必须促进激励与约束实现并行。一方面政府需积极营造良好竞争环境，激发微观主体活力，另一方面还需利用相关法律制度来加以约束。当前，市场法律制度的类型主要有四种，分别是：一是，规范市场主体活动的市场法制。主要包括调整企业法人活动，自然人经济活动和企业破产等方面；二是，实施宏观经济调控的市场法制。主要包括国家预算制度、税收征管制度和金融监管制度；三是，规范市场经济秩序的市场法制，包括规范市场活动程序，保护消费者合法权益等；四是，深化市场法制监督的市场法制。主要包括行政监督，司法监督，审计监督，劳动监督等方面。

最后，市场运行需与政府宏观调控相结合。市场的调节和宏观调控均为资源配置手段。在当前，寻求资源得以合理配置，经济的持续良好运行，首先要运用好市场调节这一手段，在其调节不完善或无能为力时就需要政府通过宏观调控实现进一步调节。前者主要指依据价格供求等杠杆，进行市场自发调节；后者主要指政府的政策、计划等。这二者相互结合，共同联动，对经济进行合理调控。中国进行经济体制改革，并不是要否定企业作为市场主体的地位，也不是要否定微观主体追求自身利益目标的合理性，而是要通过市场和政府调控的有效结合，促使各个主体能够各就各位，各司其职，既实现合理分工，又使得他们相互制约，使经济健康良性发展。

第四节　朱镕基宏观调控思想

在朱镕基主管中国经济工作期间，形成了特色鲜明的朱镕基经济思想。因其直接负责中国经济宏观调控方面的工作，制定和实施了符合中国国情实际的宏观调控措施，积累了大量有价值的理论原则和实践经验，展示了朱镕基的经验与智慧，展现出一个真正马克思主义者的理论品质。作为朱镕基经济思想重要内容的朱镕基宏观调控思想也随之形成，其基本架构包括以改组宏观调控部门，改革行政审批制度和坚持政企分开，深化行政管理体制改革为前提基础；以财税宏观调控思想、金融宏观调控思想和投融资宏观调控思想为主要内容；以财税体制改革、金融体制改革和投融资体制改革为配套改革实施办法。

一、前提基础

历史唯物主义的基本原理告诉我们，生产关系要与生产力的发展相适应，上层建筑要与经济基础的发展相适应。搞好市场经济，就是要让市场机制在经济活动中发挥决定性作用，就需要创造一个公开、公平、公正的竞争环境。实现向社会主义市场经济体制转型的前提条件，是必须实行政企分开、政事分开、政社分开，这是切实转变政府职能和工作作风的关键。1992年朱镕基在主持国务院会议时，发现部分主管部门不大同意《全民所有制工业企业转换经营机制条例》初稿，不肯放权，主要原因是没有精简国务院机构，也没有修改相关职能。2000年11月7日，朱镕基指出："所谓'转变政府职能'，就是政府的角色要到位，不要错位。"政府要当裁判员，就别当运动员。"政府的职能应该主要是创造一个法治环境，让企业去公平竞争。"2002年8月21日，朱镕基在接受采访时说："政府机构改革不仅仅是精简机构，更重要的是适应发展社会主义市场经济的要求，大力推动政府职能转变和行政体制改革"。

1. 改组宏观调控部门，改革行政审批制度

朱镕基在七届全国人大五次会议上海市代表团讨论会上指出："政府的职能非转变不行，政府部门只管宏观。"政府该管的是市场和质量，要把市场管住、管好，而不是去指挥企业的生产经营，也不是去命令银行给企业贷款。8个机械工业部也没有把机械工业管好的事实证明，靠工业部门管理企业的方法是管不好的。要彻底改变工业部门与国有企业的行政隶属关系，政府不再干预企业的日常生产经营活动。把综合经济部门改组为宏观调控部门是政府机构改革的主要任务，因此必须把工业部门撤掉，改成国家经贸委管理的国家局，主要工作就是搞规划、搞行业政策、搞项目布点，防止重复建设等。

在社会主义市场经济条件下，监管市场运行、维护市场秩序是政府管理经济的重要职能。改进和加强政府的市场监管执法职能，是建立和完善社会主义市场经济体制的必然要求。因此，1998年3月，朱镕基提出要进行政府机构改革，制定机构改革的"三定"方案，即：定职能、定编制、定人。要求把国务院的40个部门减少到29个，内设机构减少200多个，转交给地方政府和企业的职能有200多项，还要减少300个部长和副部长，500多个司局级干部，国务院工作人员减少17000人。面对这种情况，部长们都不愿撤销自己的部门，最后只有胡启立同意撤销电子工业部。在地方政府机构改革方面，主要措施有：精简机构，省级政府工作部门由平均设置53个精简为30~40个；精减人员编制，省级政府机关人员编制逐步、分期精简一半左右；减少领导职数。2001年组建国家质量监督检验检疫总局等三个市场监管部门，提升为正部级机构，这是进一步转变政府职能的又一重大措施。通过这些改革，加强了市场监管执法部门的力量，机关建设和工作作风出现了新的气象，减少了部门之间相互引诱和掣肘的现象。

转变政府职能，必须按照精简、高效的原则改进工作方法和工作作风，改革行政审批

制度。改革行政审批制度主要是创造条件向核准制和登记制过渡，尽可能减少政府机关对经济事务的行政性审批。审批权限必须以国家和地方的法律法规或政府的文件规章为依据。对必须保留的审批项目，坚持"谁审批，谁负责"的原则，要做到政企分开、政事分开、政社分开，审批权相对集中在国家或省级政府，建立审批权监督制约机制，防止权力滥用。截至 2003 年 3 月，1195 个行政审批事项已经被国务院取消，各级地方政府也按照建设廉洁、勤政、务实、高效政府的要求，取消了一批行政审批事项。开展集中行政处罚权试点工作是行政执法体制改革的必要前提，因此必须做好执法监督工作和行政复议工作，不断提高依法行政水平。只有不断加强政府自身建设，增强政府工作透明度，让人民群众和新闻媒体监督政府工作，才能更好地适应新时代中国特色社会主义的要求，建设人民群众真心拥护和满意的政府。

2. 坚持政企分开，深化行政管理体制改革

进一步转变政府职能，调整政府机构设置，坚持政企分开，按照精简、统一、效能的原则，理顺部门职能分工，减少行政审批，提高政府管理水平。机构改革要走出"精简—膨胀—再精简—再膨胀"的怪圈，努力形成规范、协调、透明、高效的行政管理体制。为达成此目标，行政管理体制改革要做到：一要切实转变观念，彻底摆脱计划经济体制下形成的思想观念和工作方式，实现依法治市；二要坚持依法行政，严格执行"收支两条线"的规定；三是充分运用现代信息技术，提高监管水平，更有效地加强市场监管执法。在实行市场经济的条件下，凡是市场机制能够解决的问题，政府不再干预；凡是民间社会组织能够解决的问题，政府不再包办。

中国共产党十五大提出，积极推进政府机构改革，加快建立与社会主义市场经济体制相适应的行政管理体制。1998 年新一届政府成立后，国务院进行了大刀阔斧的改革，将部分专业经济管理部门改组为国家局。这是从计划经济体制走向社会主义市场经济体制，实行政企分开的重大步骤。国家局作为一个过渡性的机构，过渡期确定为三年。经过三年的运转，按照"强化综合、淡化专业"的原则，撤销国家冶金工业局等 9 个委管国家局，将其行政职能并入国家经贸委。为了有效防止专业部门对企业日常生产经营的干预和有效加强宏观调控，不仅没有设立相应的专业司局，还撤销了一些专业司局，着重充实和加强综合性司局。这次内设机构调整是 1998 年国务院机构改革的继续和深化，是推进政府机构改革，形成精简、统一、高效行政管理体制的又一重大举措。这有利于实现政企分开、转变政府职能，有利于建立和完善社会主义市场经济体制，有利于提高政府工作效率，增强宏观调控能力。

二、主要内容

朱镕基宏观调控思想，从整体来说涉及朱镕基经济思想的诸多方面，从主要内容来说，是围绕建立社会主义市场经济体制进行宏观调控而展开的。1993 年 6 月 9 日，朱镕基在

主持研究加强和改善宏观调控措施的国务院总理办公会议时强调：加强宏观调控，"主要采取经济手段、经济办法、经济政策，尽可能少采取行政的办法。"1993年6月24日，在《中共中央、国务院关于当前经济情况和加强宏观调控的意见》（中央6号文件）中规定了16条措施，主要包括实行适度从紧的财政政策和货币政策，整顿金融秩序和流通环节，控制投资规模，加强价格监督等，其中13条是经济手段。1993年7月2日，八届全国人大常委会任命朱镕基兼任中国人民银行行长，以加强对金融工作的领导。清华大学经济管理学院院长钱颖一称自己当时对此文"主要采取经济手段、经济办法、经济政策，尽可能少采取行政的办法"深为认同，当时国际经济学界对此高度评价，被认为是中国在1992年确定建立社会主义市场经济体制后的最好实践。另外，第一条"要把住基础货币闸门"被认为是抓住了抑制通货膨胀的要害。这两条都不同于过去计划经济时期的传统做法，在当时都是很大的创新。1995年6月5日，朱镕基指出："搞宏观调控，要用经济方法抓经济，不用或者少用行政的方法，否则会越帮越忙，越抓越乱。"朱镕基在十届全国人大做政府工作报告时提出，继续深化与社会主义市场经济发展相适应的金融、财税、投融资体制改革。稳步实施金融体制改革，继续推进财税、投融资体制改革。因此，朱镕基宏观调控思想的主要内容是财税宏观调控思想、金融宏观调控思想和投融资宏观调控思想。

1. 财税宏观调控思想

财税宏观调控是加强国民经济调控的关键，处于中心位置。以分税制为核心的财税体制改革奠定了我国社会主义市场经济体制的运行基础。分税制改革的核心是事权与支出责任，以构建政府间事权、财权、财力三要素相互协调稳定为内在改革逻辑，彻底理顺规范中央与地方之间的利益分配关系。企业不分大小、不论行政级别，只要做到依法纳税就可以公平竞争，由此解决了在中国打造市场经济微观基础的一个关键性难题，让企业在一条起跑线上公平竞争。朱镕基是财税宏观调控体系改革的直接领导者，关键时刻实施果断措施全力推进，充分调动中央和地方的积极性。朱镕基通过同意地方实行的"投入产出总承包"继续承包到1995年，确定以1993年为基数年，采取适当让步、灵活渐进的办法，照顾地方的利益，顺利推进了分税制改革。朱镕基在1993年9月带领国务院14个单位60多位同志到广东、海南进行调研，形成了《关于实行分税制问题致江泽民、李鹏同志并中央政治局常委的信》，为了兼顾中央和地方的利益格局，建议同意基数年改为1993年。在中国共产党十四届三中全会上顺利通过《中共中央关于建立社会主义市场经济体制若干问题的决定》，使分税制改革得以在全国顺利实行。

财税体制改革调动了中央和地方两个积极性，形成了财政收入稳定增长的机制。1994年以来进行的财税体制改革建立了财政收入稳定增长的机制，规范了中央和地方的分配关系，理顺了国家、企业和个人之间的分配关系，是新中国成立以来力度最大、成效显著、影响深远的改革。朱镕基准确概括了财税体制改革成功的两个重要标志，一是建立财政收入稳定增长的机制；二是规范理顺中央与地方之间和国家、企业与个人之间的分配关系。

从新财税体制开始实施的 1994 年算起，1999 年财政收入达到 1500 亿元，年均增长 1000 亿元以上。此后到 2003 年，年均增长在 2500 亿 ~ 3000 亿元之间。2004 年一年的财政收入增量达到近 5000 亿元，已经多于 1994 年全年的财政收入。1994 年至 2001 年，全国财政收入年均增收 1505 亿元，增加了 2.14 倍。中央财政收入占全国财政收入的比重和财政收入占国内生产总值的比重，分别由 1994 年的 28% 和 11.2% 提高到 2002 年的 55% 和 18% 左右。1998 年以来，通过加强财政法制建设，积极推进"收支两条线"管理、国库集中收付制度和政府采购制度等方面的改革，初步建立起社会主义市场经济的公共财政体制框架。这次财税体制改革对整个财政工作具有重大影响，财政收入大幅度增长，为经济社会发展提供了强大的财力支撑，奠定了我国财政稳固、平衡和经济持续、健康、稳定发展的基础。

财税宏观调控改革规范了中央与地方之间的分配关系，理顺了国家与企业之间的分配关系，建立了财税宏观调控体系的基本框架，形成了财政收入的稳定增长机制，建立了现代企业制度，因此是制度性的奠基，历史性的变革。这次改革的显著不同之处，就在于它突破了以往"放权让利"思路的束缚，走上了机制转换、制度创新之路。从重构适应社会主义市场经济体制的财政体制及其运行机制入手，既对原有利益格局进行了适当取舍，又对财税宏观调控体系进行了转换，而这正是 1994 年财税体制改革的重心所在。在这次财税宏观调控体系改革后，财税宏观调控基本实现了由被动调控转变为主动调控，由事后调控转变为事前调控，由单一的直接调控手段转变为间接为主和直接为辅的多种调控手段，基本上建成社会主义市场经济财税宏观调控体系。

2. 金融宏观调控思想

金融宏观调控是加强国民经济调控的主要着力点。金融宏观调控的成功对于增强政府的宏观调控能力，防范金融风险，促进经济增长具有十分重要的意义。加强金融宏观调控是为了防止经济过热进行的结构调整，而不是实行全面紧缩，也没有必要实行全面紧缩，因为前进过程中发生的问题通过加快和深化改革就可以解决。朱镕基进行金融宏观调控主要是运用利率、公开市场操作和存款准备金。一个成熟的、完善的社会主义市场经济必须利用好利率杠杆，存款准备金的作用也非常重要。公开市场操作主要是通过外汇交易、国债交易来调控经济。在国家的产业政策指导下，根据优化产业结构的原则，通过调整资金的投向来加强对基础设施和基础产业的投入力度，优先保证农业、重点企业和重点建设的资金需要。为此，朱镕基提出约法三章："一是立即停止和认真清理一切违章拆借，已违章拆出的资金要限期收回。二是任何金融机构不得擅自或变相提高存贷款利率。三是立即停止向银行自己兴办的各种经济实体注入信贷资金，银行要与自己兴办的各种经济实体彻底脱钩"。要求银行系统的领导干部要严格执行"约法三章"。1994 年共查处违规比较严重的行长 12 个，既有支行行长、分行行长，也有信托投资公司总经理。

加强和改进金融监管，是保证金融健康运行和建立现代金融管理制度的关键。真正富有"朱镕基品格"的一幕是在朱镕基兼任中国人民银行行长后，在全国金融工作会议上朱铭基指出，经济结构不够完善和投资规模过大是国民经济运行中各种问题产生的根本原因，集中表现为资金紧张。正常的金融秩序是中央银行实现货币政策目标的前提，必须把金融混乱的局面扭转过来，以严肃金融纪律为切入点，整顿金融秩序。因此，金融系统要把主要精力放在加强和改进监督管理上，围绕加强金融监管制度建设和推进机制创新来进行。主要内容有：一是建立健全金融机构内部控制制度，狠抓内部管理；二是从资产质量、减亏及盈利能力、流动性和资本充足率等四个方面进行考核，实行严格的经营管理考核制度和责任追究制度；三是完善和加强金融系统的外部监管，充分发挥监督作用。

维护人民币币值稳定是金融宏观调控的一项重要内容。1994年以后，我国在经济运行过程中先后遇到通货膨胀和通货紧缩的挑战，分别实施了适度从紧的货币政策和稳健的货币政策，积累了建设中国特色社会主义市场经济在宏观经济调控方面的丰富经验。适度从紧的货币政策是中国人民银行在1994年到1998年一直实行的金融调控措施，主要内容：一是控制基础货币和贷款规模，加强现金管理；二是提高利率，把1年期存款利率从1995年7月1日开始提高到10.98，定期储蓄存款实行保值的对象扩展为3年期、5年期、8年期；三是完善有价证券发行和规范市场管理，继续整顿金融秩序，纠正违章拆借资金；四是继续推进金融体制改革。实施适度从紧的货币政策取得明显成效，通货膨胀率到1995年下降为11.1%，1996年以后更是下降到4%～5%以内。1998年12月中央经济工作会议，提出实施积极的财政政策，但没有提出实施积极的货币政策，因为怕影响金融体制的改革。1999年3月，朱镕基提出实施稳健的货币政策，主要内容是保持人民币币值稳定，适当增加货币供应量，把握好金融调控力度。国有商业银行要配合积极的财政政策，保证有效益的生产企业对流动资金贷款的需要，尤其要增加对中小企业的贷款，大力发展消费信贷，进一步发挥货币政策的作用。1999年，我国在亚洲金融危机的后续影响下，出现了较为严重的通货紧缩势头，GDP增长速度降到7.1%，CP工总水平比1998年下降1.4%。1999年11月15日，朱镕基在中央经济工作会议上提出继续实行积极的财政政策，但没有提积极的货币政策。因为积极的货币政策就意味着大发钞票，实际上也就是停止金融改革。从1998年开始实施的稳健的货币政策，持续实施到2007年。中国人民银行根据当时宏观经济的实际情况，制定和实施正确的货币政策，有力地拉动了经济增长，为经济和社会发展提供了强大的支持。

3. 投融资宏观调控思想

投融资宏观调控是加强国民经济调控的总抓手。我国在目前的情况下，政府投融资具有超前导向作用，对企业、民间投融资具有启动作用，是拉动全社会投融资需求的主要动力。投融资主要分为政府投融资和企业、民间投融资，具有鲜明的中国特色，集中体现了社会主义制度集中力量办大事的优越性。同时，中国从政府到企业，从中央到地方，投融资都有经验、有热情、有积极性。政府投融资大幅度增加，使各项基础设施建设投入加强，既拉动了国内需求增长，又为未来的产业结构调整升级和经济发展打下了较好的物质基础，具有规模大、力度大的特点，是调整经济结构、带动经济增长的主要方面。投融资的增加必然拉动消费的增长。1998 年的积极财政政策是在外贸出口、消费需求下降的情况下提出的，通过增加投资的办法来弥补出口和消费对经济增长贡献率下降所带来的需求缺口，保证实现当年的经济增长目标。

在朱镕基看来，经济过热的直接诱因是投资过度，遏制经济过快增长的主要方法是控制基本建设投资的过快增长，采取的办法是紧缩银根，主要是控制房地产行业过热和基础设施建设规模，中央银行按照国家宏观调控政策，通过银行系统对投融资来有效地进行管理。基础设施建设既然是政策性的，就要通过金融债券、财政投融资手段、成立国家长期开发信用银行来解决。在投融资宏观调控体系改革后，政府对固定资产投资的调控主要运用经济手段，从资金源头调节投资总量和投资结构，而不再单纯依靠计划指标控制全社会投资总量。

针对固定资产投资增长过快的形势，加快投融资体制改革并带动金融、财税体制改革，对建立和完善社会主义市场经济体制作用巨大。与投融资体制改革相适应，要进行金融体制改革。朱镕基强调指出，"银行体制改革的重点，是建立中央银行的宏观调控体制和转变专业银行的经营机制"。要建立一套适合社会主义市场经济体制的利率形成机制，强化中央银行的权威，银行要实行资产负债比例管理。与投融资体制改革相适应，还要进行财税体制改革，"要在进一步深化财政改革，强化税收征管的基础上，逐步做到只用发行国债的办法来弥补财政赤字，停止财政向银行透支借款的做法。"在理顺中央和地方的财政关系后，要形成一种较强的约束机制，明确中央和地方的财权和事权。

三、配套改革办法

1993 年 4 月 1 日，朱镕基在中共中央召开的经济情况通报会上指出："当前加快改革，特别是加快投资、金融、财政体制的改革，应该成为我们经济工作的重点。""普遍认为从加快投资体制改革入手，带动金融、财政体制的改革，对于建立和完善社会主义市场经济体制关系重大。"1993 年 12 月，国务院下发《批准国家税务总局工商税制改革实施方案的通知》《关于实行分税制财政管理体制的决定》《关于金融体制改革的决定》等文件，从 1994 年开始重点改革财税、金融、投融资等宏观经济管理体制，初步建立社会主义市场经济宏观调控体系。宏观调控体系主要包括财税、金融和投融资体制改革，其中财税、金融为间接调控手段，投融资为直接调控手段。其实质在于通过各种政策工具，营造一个有利的市场环境，最终实现宏观调控的目标。朱镕基指出："从 1994 年开始，我们果断而不失时机地对财政、税收、金融、外贸等体制，进行了根本性的改革。实行了以增值税为基础的税制改革和中央、地方分开的'分税制'，保证了财政收入连年大幅度增加，赤字逐年减少。"实践证明，我国实行的宏观调控政策是完全正确的，成功地解决了国内经济问题和抵御了亚洲金融危机的冲击，对国民经济的健康发展已经并将继续发挥重要的作用。

1. 财税体制改革

中国共产党十一届三中全会以后，国家对地方和企业实行放权、让利、搞活，以适应经济体制转型的需要，实施了企业承包制和财政包干制。企业承包制关系到国家与企业的分配。正面作用是促进了企业快速壮大发展，提升了企业的自主经营活力。负面作用主要有：一是对企业转换经营机制不利；二是对企业公平竞争不利；三是不利于调动国家、企业和个人三方的积极性。根本原因是国家既行使社会经济管理职能，又行使国有资产管理职能。财政包干制关系到中央与地方的分配。正面作用是在改革开放初期增大了地方权力和地方财力，在激励地方发展经济的热情方面发挥了积极作用。负面作用主要有：一是形成了地区间的市场分割，阻碍了全国统一大市场的形成；二是财税体制建设不规范、不稳定；三是造成"两个比重"（即财政收入占 GDP 的比重数字和中央财政收入占全国财政收入的比重）不断下降：前者由 1978 年的 31.1%，减少到 1980 年的 25.5%，1985 年的 22.2%，1990 年的 15.7% 和 1993 年的 12.3%。后者则先升后降，1978 年为 15.5%，1980 年为 24.5%，1985 年为 38.4%，1990 年下降为 33.8%，1993 年进一步下降至 22%。与此同时，擅自减免税、截留挪用财政收入、花钱大手大脚、搞财政资金体外循环、非财政部门介入财政分配等问题比较普遍。同时，财政支出因实施放权、让利举措而出现了急剧增加的势头。国家在 1993 年的财政状况已入不敷出，已经发生了三次中央财政向地方财政借钱的无奈之举。

1993 年 6 月 3 日，中共中央办公厅召集会议，部署财税、金融、投资等专题的调研工作。中央决定朱镕基负责几项重大改革方案的领导工作。7 月 23 日，在全国财政、税务工作会议上，朱镕基强调指出，财税体制改革在一个省搞试点是搞不下去的，要改革就全国推行。1993 年 11 月，中国共产党十四届三中全会通过了《中共中央关于建立社会主义市场经济体制若干问题的决定》，建立社会主义市场经济体制是转型改革的目标，强调市场在资源配置中的基础性作用。对于财税体制改革要整顿财税秩序，严肃财经纪律，强化税收征管和加快财税改革，实行分税制和分别征收。1994 年 1 月 1 日，作为具有重大历史意义的社会主义市场经济体制改革中最重要的组成部分，财税体制改革在全国全面推行，不搞试点。

1994 年财税体制改革的主要内容是中央和地方分税制改革、政府与企业之间的分配关系改革和以增值税为核心的税制改革。一是中央和地方分税制改革，主要内容是：按税种划分中央与地方的财政收入，中央收哪几种税，地方收哪几种税，尽量减少共享税。组建两套税务征收机构，一个是国家税务局，收中央税；一个是地方税务局，收地方税。共享税由国家税务局征收，收完以后再按比例退给地方。提高"两个比重"是分税制改革的目标。二是政府与企业之间的分配关系改革，重点是政府与国有企业之间的分配关系。要淡化承包责任制和利税分流的矛盾，不要使这二者对立起来。1993 年 7 月 1 日开始执行的《企

业会计准则》和《企业财务通则》、13 个行业的会计制度与 10 个行业的财务制度（简称
两则两制），奠定了理顺规范政府与企业利润分配关系的财务会计制度基础。企业所得税
改革将企业所得税税率降低至 33% 的水平，并减少企业税后上缴利润额，使得企业总负
担水平不变或略有下降。通过允许企业加速折旧，把研发费用、奖金计入成本等措施来减
少企业技改资金紧缺的问题。三是以增值税为核心的税制改革。税制改革的牵动面很大，
有利益冲突。税制改革中的一个很重要的问题就是增值税的改革，改革以前的产品税、增
值税、批发和零售环节的营业税统一改为增值税，税率为 17%。税制改革后的流转税由
增值税、消费税和营业税三部分组成。从 2000 年开始，先在安徽进行农村税费改革试点，
后在全国推开。2002 年进一步完善了分税制，按照"存量不动、增量分成"的原则，实
行了所得税收入中央和地方分享的改革。分税制改革通过按税种切块上收财权、将大宗主
体税种向中央集中，在利益分配上向中央倾斜，通过"系数挂钩调增量"的制度设计保证
中央拿大头、地方拿小头。中央财政收入占全国财政收入的比重由分税制改革前的 22%
（1993 年）提升到 2008 年的 53%，1994 至 2009 年间全国财政收入增长了 14.7 倍，基本
达到了分税制改革的设计目标，提升了中央政府按照市场经济原则进行引导调节、宏观调
控的能力。

2. 金融体制改革

金融体制改革就是要把人民银行办成真正的中央银行，把各个商业银行办成真正的商
业银行。1993 年 12 月，国务院做出《关于金融体制改革的决定》，改革的目标是加强中
央银行的职能，加快形成统一有效的金融宏观调控体系。主要内容是：一是加强中央银行
职能和基础建设，实行灵活的利率政策调节资金供求；二是建立中央银行监管下的以国家
政策性银行和国有商业银行为主体、多种金融机构并存的金融组织体系，实行资产负债比
例管理；三是建立统一、开放、高效、有序的金融市场体系，发展同业拆借市场和短期票
据市场。2002 年召开的全国金融工作会议，加快了金融体制改革步伐，具备条件的国有
独资商业银行可以组建国家控股的股份制商业银行，条件成熟的商业银行可以上市，银行
体制改革取得了重大突破。到 2006 年，先后上市的银行是中国建设银行、中国银行和中
国工商银行。

朱镕基对金融体制进行过两次大的改革。第一次是 1993 年决定强化中国人民银行作
为中央银行的职能，实现银行政策性业务和商业性业务的分离，组建政策性银行和商业银
行。第一次金融体制改革的背景是 1992 年邓小平南方谈话后经济过热，原因是滥发钞票，
根源是中国人民银行与专业银行的性质不分。1993 年 6 月 9 日，朱镕基提出了加强宏观
调控的 13 条措施，并指示国家计委补充 3 条，形成了《中共中央、国务院关于当前经济
情况和加强宏观调控的意见》（即"十六条"），其中 9 条是金融措施。传统计划经济下
的银行体制存在内部管理松懈，经营机制落后等问题，朱镕基大力推进金融体制改革，在
1993 年 12 月 3 日的全国经济工作会议上提出了金融体制改革的主要内容："一是把人民

银行总行变成真正的中央银行。二是把现在专业银行中的政策性业务分离出去，把专业银行办成商业银行；同时，另行建立政策性银行。三是建立全国统一开放、有序竞争、严格管理的金融市场"。为了促进国民经济持续、健康、稳定发展，更好地发挥金融宏观调控和优化资源配置的作用，1994 年起实施的金融宏观调控体系改革的主要内容有：一是从解决金融问题入手，实行适度从紧的货币政策，整顿金融秩序，提出"约法三章"。二是实行政策性银行和商业银行分开，进行外汇管理体制改革，实现经常项目下人民币可兑换。三是运用利率杠杆进行宏观调控。四是相继出台《中国人民银行法》《商业银行法》，加强对金融机构包括证券市场的监管。五是处理了一批大案要案，如北京沈太福、无锡邓斌非法集资案等，严厉打击了金融犯罪。

第二次金融体制改革在 1997 年亚洲金融危机爆发后进行。朱镕基直接主导了这次改革，下发《中共中央、国务院关于深化金融改革，整顿金融秩序，防范金融风险的通知》，推动银行体制改革，这次改革对我国市场经济健康发展起到了决定性的作用。主要内容是：中国人民银行和国有商业银行实行跨区域设置分支机构，减少管理层次和分支机构。这是我国银行管理体制的根本性改革和创新，是把银行真正办成银行的重大措施。金融机构是金融宏观调控体系的细胞，完善金融市场，改进金融宏观调控，提高资金使用效益的基本前提条件是建立和完善多层次、多类型的金融机构体系，建立以国有银行为主体，区域性商业银行、中心城市和县商业银行、城市和农村信用合作社，非银行金融机构和外资金融机构并存，分工合作、功能互补的金融机构体系。深化中央银行的改革，一要改善调控方式，从直接调控向间接调控转变，从运用贷款规模向运用利率、公开市场和存款准备金转变；二要加强监管，依法监督管理所有金融机构，维护金融秩序的正常运转。在金融组织体系逐步健全后，金融宏观调控水平有了明显提高，实现了由直接调控向间接调控的根本性转变，从以控制贷款规模为主转变为运用利率等货币政策工具为主。在维护社会稳定和促进经济发展方面，金融宏观调控的关键作用得到了充分发挥，经受住了亚洲金融危机的考验。

3. 投融资体制改革

投融资体制改革的重点是培育并强化投融资主体的自我约束机制和投融资风险责任约束机制。单纯控制投融资规模是控制不住的，必须与投融资体制改革结合起来，建立一个约束机制、风险机制和资金配套机制，否则，投资规模总是要失控。国家计委从 1992 年以来先后发布《关于建设项目实行业主负责制的暂行规定》《关于进一步深化投资体制改革的实施方案》《关于实行建设项目法人责任制的暂行规定》等文件，主要内容是：实行投资项目资本金制度；建立项目法人责任制；明确固定资产投资的基本主体是企业法人，明确投资主体的分工和投资责任。随着投融资体制改革的逐步深化和投融资渠道的进一步拓宽，逐步实现了投融资方式多样化，并相应建立了项目法人责任制、招标投标制、合同制、工程监理制等配套制度。同时，加快培育与投融资体制改革配套的市场服务体系，逐步建立健全项目设计服务体系，大力推行工程监理制。

新中国成立以来的历史证明，基本建设规模一失控，直接导致货币超发，最后就是通货膨胀。1993 年 4 月 1 日，朱镕基在经济情况通报会上强调："当前各种矛盾集中表现为金融形势紧张，究其根源是投资规模过大，问题在于经济结构没有改善，隐患是可能引发严重的通货膨胀。"1993 年，固定资产投资增长 61.8%，1994 年是 30.4%，1995 年是 17.5%。

货币发行也大为减少，1993 年发了 1530 亿元，1994 发了 1424 亿元，1995 年只有 596 亿元。通货膨胀的根源就是基本建设的增长超过了国力的可能，只有发钞票。1996 年，经过三年宏观调控，控制了固定资产投资的过快增长，这从根本上抑制了通货膨胀。这次宏观调控的成功，朱镕基就是抓住了基建规模失控这个根源，把基本建设规模压下来，就控制住了固定资产投资的过快增长。

随着社会主义市场经济体制改革的推进，地方和企业的投融资决策权日益扩大，投融资主体多元化、资金来源多渠道的格局开始逐步形成。增加投资的渠道主要通过增发国债筹集资金，主要用于农田水利、铁路等基础设施建设和经济适用住房建设、农村电网改造等。朱镕基在十届全国人大一次会议上做政府工作报告时说，5 年全社会固定资产投资累计完成 17.2 万亿元，其中发行长期建设国债 6600 亿元，相应带动银行贷款和其他社会资金投资基础设施建设，总投资规模达 3.28 万亿元，办成了不少多年想办而没有力量办的大事。

第五节　习近平农村市场化思想

2017 年两会期间，习近平在参加四川代表团审议时指出，我国农业农村发展已进入新的历史阶段，农业的主要矛盾由总量不足转变为结构性矛盾、矛盾的主要方面在供给侧，必须深入推进农业供给侧结构性改革。在这里习近平着重强调了农业供给方面的结构性改革，但是在实际社会经济发展过程中整个农村的消费结构、需求结构也需要不断地进行调整来适应社会主义市场经济的发展要求。分散式的经营发展模式阻碍了整个农村的市场化发展进程，习近平在他的《中国农村市场化研究》中明确地提出："要走组织化的农村市场化发展路子"。2016 年习近平在安徽凤阳县小岗村主持召开农村改革座谈会并发表重要讲话，指出新形势下深化农村改革，主线仍然是处理好农民和土地的关系，必须坚持和完善农村基本经营制度，坚持农村土地集体所有，坚持现阶段的家庭经营的根基性、基础性的牢固地位，坚持稳定现阶段的我国农村集体土地的承包关系，要抓紧落实土地承包经营权登记制度，真正让农民吃上"定心丸"。

2014 年 5 月 26 日，在十八届中央政治局第十五次集体学习时，习近平指出："在市场作用和政府作用的问题上，'看不见的手'和'看得见的手'我们都要用好，加快努力形成市场作用和政府作用的有机统一、相互补充、相互协调、相互促进的格局，推动经济社会持续健康发展。"

一、优化农产品供需市场结构

当前，我国农业发展面临着一系列的难题，尤其是农业产业结构性的问题比较突出：库存产品积压严重，高质量产品紧缺，有效供给不足；农业生产成本高，农产品的市场竞争力小。农业部部长韩长赋也指出我国农业经济在运行上总量平衡，但是农业的结构性矛盾问题则比较的突出，农民不能盲目地生产、要认准市场需求，摒除单纯追求增加农业产量的粗放式的生产经营方式，要多生产绿色有机食品满足消费者的消费需求。2015年中央农村工作会议强调要着力加强我国农业的供给侧结构性改革，要让农业通过自身的结构调整生产出无论是在数量还是在质量都能够满足消费者的消费需求的产品。

1. 调整农产品供给结构

改革开放以来，在国家大的发展环境一致向好的背景下我国农村和农业的发展也发生了翻天覆地的变化，农产品也由原先的供不应求向供大于求的方向转变。但是随着市场经济的发展完善和人们生活品质的提高，我国农产品市场中存在的问题逐渐凸显：首先，大量低质农产品充斥着市场，生产方式上还在延续着重产量、轻质量以及重生产、轻市场的传统方式，产品结构单一，市场竞争力弱；其次是市场对高质量的农产品出现了供不应求的现象，不得不依赖进口解决，这对我国农产品市场造成了严重的冲击。这也从侧面说明了我国的农产品市场尚且没有出现严重的总体过剩现象，而是一种结构性的过剩、失衡。

因此，在农业生产出现结构性失衡的情况下，为了保障我国农村市场化的进程、农产品市场竞争力的提升我们必须对农产品生产供给结构进行调整。首先，在科学技术的强大指引下我们要不断地转变农业生产方式，为农产品的结构调整提供技术保障与支持。随着生活水平和消费水平的提高，农业的食物观已然发生了翻天覆地的变化，这就要求我们要不断地对食物资源进行全方位、多途径的利用与开发，当然这背后肯定离不开科学技术对农业的全力支持与推动。这对农业经营主体提出了现实性的要求：在先进的农业科技的基础上运用高效便捷的农业生态循环模式，积极开展引进新品种、集约化育苗、展示绿色防控技术等活动，不断促进农业生产方式向集约式的转变，逐步增加农产品的科学技术含量。

其次是对现阶段的农业种养结构的调整，不断优化农产品的供给内容，实现农产品供给内容的不断转型与升级。为了实现农产品的供给结构的有效调整，作为农业经营主体的农产品生产者要遵从相关部门的引导，对农产品市场进行及时的分析、跟踪以及预测，然后按照现有的市场需求进行种养结构的有效调整，逐步提升现有的农产品的质量，培育新型优质品种，改变单一的种养结构。这一措施与现阶段中央提出的供给侧结构性改革是积极呼应的，可以很好地满足群众对高端农产品的需求，不断调整供给平衡，逐步改变主产粮食供给结构，消除过剩问题，实现供给结构的升级。

最后是对农产品现有的仓储结构的不断调整，积极压缩现有的库存，为农产品供给结构的调整提供仓容准备。在农产品的生产过程中，大宗的农产品存在着相对过剩的问题，这是我们在农产品供给结构调整过程中需要重视的问题。面对相对过剩的大宗农产品，农业经营主体可以利用深加工和加工副产物的方式实现积压库存量的减少。此外，逐步对农产品的加工产业链条进行延长，然后增加农产品的附加值，这对解决大宗农产品的相对过剩具有重要的作用。

2. 扩大农产品有效需求

农产品有效需求不足是由多方面原因引起的。一般说来，一种商品的需求量取决于消费者偏好、消费者收入水平、消费者人数、收入分配方式、该商品价格以及可替代商品价格六个因素；而作为基本消费品，决定农产品需求的基本因素主要包括三个：人口或消费者规模、人均实际可支配收入水平和农产品价格、质量等。那么对于扩大农产品的有效需求而言学术界也存在不同的观点。有的学者认为增加农民收入，提高农民群体的消费水平是扩大农产品需求的根本措施；有的学者则认为城镇化使农民向市民转化，从而有利于通过农产品商品性消费群体的扩大来拓展农产品的市场需求，城镇化将使农产品的国际竞争力提高，有利于农产品出口，拓展我国农产品的国外市场需求。

3. 推动农产品流通现代化

马克思指出生产、分配、交换（流通）、消费是社会再生产不可或缺的环节，其中作为社会再生产重要一环的交换（流通）与其他三个环节相互影响、相互作用。其中，生产决定着流通，但是流通对生产存在着强有力的影响和制约，流通是生产、分配和交换之间的媒介要素。邓小平同志曾经表示："任何一个国家要发展起来，孤立起来，闭关自守是不可能的。"在邓小平同志看来要突破计划经济的束缚，积极鼓励发展市场经济，大力开展流通体制的改革，从而为社会主义建设服务。但是，从我国现阶段的农产品流通体系发展状况来看，仍然存在着诸多的问题。

（1）流通的主体的规模小、组织化发展程度低。在现阶段我国农产品市场流通体系下，农产品流通龙头企业非常少且规模小，农民的组织化程度低。据有关资料显示，农产品流通体系主体95%是个体户，小企业的数量很少，大企业更是少之又少，这就直接导致一体化和联盟化的农产品流通体系的缺失，农产品卖难现象凸显，农村的市场化发展进程受阻。

（2）农产品的流通环节较多、产销衔接不充分。我国现有的农产品流通体系呈现出关系不稳定、结构不对称的特点。农产品在流通过程中出现的流通环节多、产销衔接不畅以及高成本的流通，逐渐造成我国农产品出现"卖难买难"的问题。低效率的农产品流通很难适应市场经济发展的要求，"卖难买难"问题越是突出，农业生产者就很难调动积极性主动进行农业产业结构的改革、主动尝试新的农产品种植类型。因此，流通体系的改革对农产品的流通有着重要的作用，也与农业产业结构的调整息息相关。

因此，我们要不断完善现有的农产品流通体系，培育壮大流通主体、拓宽农产品流通渠道、创新农产品交易方式、规范流通管理和加大政策扶持等。

①培育、建设和发展农产品流通主体，促进第三方物流的快速崛起。在对农产品流通主体建设的过程中，加强资源的整合，逐步实现一体化的流通主体的建设与发展；农产品流通市场要逐步进行开放，吸引更多的有竞争力的企业参与到农产品流通市场的经济交流中，并促进第三方物流的培育、发展。政府要为第三方物流的发展提供政策法律的支持与保障，为其营造有利的发展环境。

②改革创新农产品流通模式，实现"农超对接"，不断加快农产品的"直销"。农产品流通模式的选择对其流通体系的发展有着特殊的意义，尤其是对我国这样一个农业大国来说。"农超对接"模式是被很多国家普遍接受的一种农产品流通模式，通过超市与农业生产者之间签订的购销契约实现农产品的销售的一种流通模式。这种模式有着诸多的优势：减少流通中的环节、渠道，减少损耗，降低流通成本，让农业生产者拥有持续稳定的农产品销售路径。在我们国家要将这一模式不断地进行推广和普及，不断提高农业生产的专业化、组织化程度，提高农业生产的现代化水平和管理水平。

二、坚持走农业发展的组织化道路

组织包含着十分广泛的内容。马歇尔把组织看作是除劳动、土地、资本之外的第四生产要素，金德尔伯格和赫理克则认为组织和土地、劳动、生产之间不存在互相替代的关系，组织这一生产要素把其他生产要素凝聚在一起。那么个人为什么需要组织，也就是说个人劳动组合成生产团队的原因是什么，个人作为企业或者是组织的一员的原因是什么？科斯认为："企业的本质特征是对价格机制的取代"，即企业为了获得更多的经济效率，节约交易成本。这就是说组织的存在是因为组织收益高于组织成本。合作与组织弥补了个人身体条件的局限性，拓展了劳动的空间与时间；提高了劳动效益，深化了劳动分工；合作与组织也能够生产与满足社会公共需要的公共产品。因此，作为分散经营的小农生产为了应对市场经济的大潮，必须走组织化、合作化的道路，从而增强农村经济抵制市场风险的能力，实现农村经济与社会"大市场"的全面对接。

1. 规范土地承包经营权的流转

在土地承包经营权的流转方面，中共中央有着明确的政策界限。

（1）允许流转。家庭承包责任制在广大的农村地区实施以后，中共中央一方面强调农村集体土地承包经营权的稳定，另一方面为了适应农村社会发展的需要也允许土地的适度规模经营，从而实现农业生产效率的提高。《中共中央关于一九八四年农村工作的通知》就明确提出："鼓励土地逐步向种田能手集中。"《中共中央、国务院关于一九八六年农村工作的部署》再次明确："随着农民向非农产业转移，鼓励耕地向种田能手集中，发展适度规模的种植业专业户。"

（2）规范流转。《农村土地承包法》规定，土地承包经营权在流转的过程中要把握的原则有：自愿、平等协商、有偿；对于土地的用途和所有权的性质不得随意地进行改变；

在具有相同的条件下，同一集体经济组织下的成员享有优先权。在现阶段的经济社会发展条件下，稳定现有的土地承包经营权、土地的适度规模经营并不是矛盾的。土地承包经营权的健康流转离不开各项工作的有序进行，要积极鼓励专业性的流转服务平台的建立，为土地流转的供求双方提供安全可靠的土地市场信息、合同签订、登记等服务；要制定严格的法律法规规范农村土地流转市场，将市场的稳健运行规范于现有的规章制度内，实现农村土地市场的健康发展。

2. 构建新型农业经营主体

（1）发展专业的农民合作社。在农业生产发展过程中，农业的弱质性决定了农户必须组织起来，这样不仅可以降低农业经营生产的成本、获得更多的市场谈判权与主动性、进入市场的阻碍性减少。在土地承包经营权不变的现实基础上，合作社的发展可以促进和实现农业经营与生产的适度规模化，让合作社的成员分享到更多的经营收益。合作社获得成功的发展不仅要遵循自愿原则，而且要积极的鼓励和引导农户进行农业生产。所以，在实际的生产发展过程中要支持农民的专业合作社以及农业生产的诸多种类的协会组织，不断发展完善农业合作社的管理体制、积极加强部门之间的相互协同与合作，逐步提高农民专业合作社的服务力量以及规范性。

（2）积极扶持农业专业大户发展。种养大户在农业生产过程中有着重要的作用：提高农业生产的劳动生产率、改善粮食生产的技术条件、逐步增强粮食市场的供应与销售能力，所以要运用奖励补助等多种措施提高其经营能力与素质。

（3）适当培育家庭农场。家庭农场在经济社会发展中有着其自身特有的优势。从近几年的发展状况来看，家庭农场的发展成就是有目共睹的。在我国这样的现实状况之下，我们要结合自身的现实状况，通过实行各项发展政策不断促进家庭农场的较快发展。同时，对那些有着一定的发展条件的地区，政府要给予一定的政策、资金与技术的支持发展适合本地区发展的家庭农场发展模式。

3. 营造农业组织化发展的制度环境

农业这一产业的弱质特性决定了它的发展必须要有一定的制度环境作为保障，只有这样才能促进各种农业经济组织不断适应农业现代化的发展要求。从目前的制度环境来看，营造良好的环境氛围需要以下几点：一是立法，将不同的经济组织通过法律法规纳入国家发展的正常轨道，实现对不同经济组织形式的基本定位，规范其健康有序发展；二是加强与重塑现阶段的农村金融组织机构，日益优化农村的投融资环境，确保对农业发展的投融资高效、持久性的进行。同时，为了解决农业生产者流转土地与资金农业投入后的后顾之忧，政府要积极构建新型的社会保障与福利体系。农业经济组织发展的主要目的是引导农业生产者进入市场、维护农民的利益、实现一体化的涉农产业体系的发展，而这一系列目的的实现都需要制度的保障。

三、深化生产要素市场改革

1. 推进劳动力市场的建设与扩展

农村劳动力市场的发育与建设关系整个社会主义市场经济的发展进程，这就决定了我们要站在社会主义市场经济的高度去认识和设计农村劳动力市场的发育与建设问题。

（1）农村劳动力市场的建设要将效率、流动性、安全性充分进行考量与兼顾。从我国目前已有的就业制度我们可以发现最大限度的追求安全性、排斥与忽略流动性与效率是已有的就业制度的弊端所在。为了获得更多的生活收入大量的农村劳动力进城寻求就业，而国家出于保护城市安全、维护城市秩序的目的，利用"堵"的办法阻止剩余农村劳动力进城务工。但这样只会使得劳动力流动出现管理失控的现象，导致农村农业生产率低、隐形失业率严重，整个城市的城市化水平进程缓慢。我们也应该充分认识到农村劳动力进入城市，给城市居民生活提供了极大的方便，对城市劳动力产生了一定的就业压力，对提高整个城市的劳动效率具有重要的促进作用。所以，农村劳动力市场建设的战略选择上尽可能以效率为主，不断加强劳动力市场建设的稳定性的管理，合理疏导促进农村劳动力的有序流动。

（2）劳动力市场深化改革的制度选择

①改革二元户籍制度及与之相关的配套制度，改变城乡分割的现实状况，为农村劳动力市场主体地位的确立创造条件。

②完善农村劳动力市场的保障与服务机构，发展农村劳动力市场的合法中介组织。在职业介绍与培训、失业救济等方面这些服务机构可以发挥一定的作用，扩大现有的就业空间，将农村劳动力转移就业的风险降到最低。政府要加强服务机构的管理工作，规范其行为，提高其效率。

③加强对农村劳动力市场的调控。我国农村劳动力市场在发展过程中突出地表现出供求矛盾，这就要求政府要适时的调控市场需求，扩大市场对劳动力供给的容量，积极拓宽就业渠道与空间。

④加快农村劳动力市场发育与建设方面立法的出台。农村劳动力市场的健康有序发展要以法律为边界，做到市场的发展有法可依，让违反市场发展规则的行为受到应有的惩罚，从而维护好农村劳动力的合法权益。

⑤建立和完善农村劳动力的社会保障体系，注意农村劳动力保障制度与城市保障制度相衔接，逐步在各企业的职工中实行统一保险制度，这对于促进农村劳动力的合理有序流动具有积极有效的促进作用。

2. 加快土地市场的健全与完善

土地是农村所有资源中的第一资源，是农业生产最重要的生产资料，是农民最主要的家庭资产，用威廉·配第的话说，"土地是财富之母"。农村土地的市场化是社会主义市场经济体制改革与发展的客观要求，是农村土地制度深化改革的必然趋势，是增加农民资产性收入的重要渠道。中国既然实行社会主义市场经济体制，要充分发挥市场对土地资源配置的决定性作用，就必然要实行土地市场化。

（1）改革农村土地的确权制度，明确农村土地产权，使农户成为农村土地市场主体。党的十七届三中全会指出允许发展多种形式的适度规模经营，允许农民以出租、互换、股份合作等形式流转土地承包经营权；"十二五"规划建议明确"在依法自愿有偿和加强服务基础上完善土地承包经营权流转市场"。而农地流转的前提和基础是确权，即进一步明确农民、农村集体经济组织对承包地、宅基地、林权、农村房屋等的物权关系、产权主体地位，启动以农村产权制度改革为核心的农村土地市场化改革，为农民承包地、宅基地等划界、登记和颁布产权证书，使其成为土地流转或土地征用的基本凭证，保障农户的合法土地权益。同时，加快建立农村土地产权交易机构，使农民成为农村土地市场主体，平等参与生产要素的自由流动，为农地流转及其收益打下相应的产权基石出。

（2）从广大农民的切身利益出发，严格制止显现出的非市场化的农地价格的一切干预行为。在农村土地的市场化进程中，某种土地市场化运行制度是否能够产生理想的效率，是否可以实现土地的适度规模经营，最终的评判标准是农民的积极性是否被充分发挥调动起来、是否以尊重农民切身利益为运行机制。所以，稳定的家庭承包经营是农地市场化的前提，也是农户拥有稳定的心理预期的基础，坚持把土地承包权长期给农户，才能促进农户成为土地使用权流转的主体。

（3）积极构建农村社会保障机制，为农地的市场化发展营造有益的社会环境。广大农村地区严重缺位的社会保障，致使农村土地成为农民最后的生存防线，这对农地的市场化发展产生了严重的阻碍作用。所以，农民的后顾无忧是土地流转与市场化的基础，完善的保障体系让农民更有安全感。

3. 加速资本市场的培育与发展

发展农村的社会主义市场经济、建设社会主义的新农村离不开长期稳定的资本支撑。因此，为了使得农村获得长久的资本支持、长久的发展，首先，政府要加大支持力度。从建国初期开始，农村为城市的发展提供了巨大的帮助，农村地区的发展受到了严重的制约。为了改变这种状况，尤其是在工业和城市获得快速发展的今天，政府要从资本、政策上加大对农村的扶持力度，为其注入新鲜的活力，让农村改变贫穷落后的局面，最终实现城市与农村、工业与农业的长期稳定协调发展。其次，农村资本中介市场的不断发展与完善，建立与农村资本市场相关的系统化的信息服务体系。目前，在农村地区，对农民的资产进行评估、抵押等的中介服务机构、制度存在着严重缺乏的现象，以及农村资本市场信息交流机制的不完善，这些都致使农村金融市场无法为广大的村民提供有效的服务。农村资本市场的建立是一项事关农村各项事业平稳较快发展的重要步骤，势必要统筹规划。对风险较大的部门或行业，政府要积极构建补偿机制，扶持此类部门、机构或行业对农业、农村、农民的支持；同时在农村地区要建立产权交易所以及针对农村地区的投资公司，逐步完善农村资产评估业的发展体系以及信息服务系统，为农村、投资者提供相对真实有效的产权交易信息。再者，建立完善的农村资本市场，以国家资本为主导，民间的社会资本与外国资本相继并存。其中民间资本以其独特的优势使其在农村建设中发挥了积极有效的作用，因此，在农村资本市场的培育和发展过程中要充分引导和利用民间资本，为农村发展提供更多的资本支持；此外，国家要加大引进外资的力度，提高我国农村的整体国际竞争力，通过合资、合作等融资形式积极引进外资，繁荣农村经济。

四、处理好政府与市场的关系

1. 转变政府职能，加强宏观调控

农村经济市场化要求转变政府职能，逐步改变过去政府直接干预经济生产经营的状况，要把现阶段的政府的主要职能转到宏观调控、提供公共产品以及社会服务等方面上来，积极塑造益于社会主义市场经济发展的宏观环境，积极引导广大生产企业、农户走向更广阔的市场。其中，处理好政府、市场、企业、农户之间的关系显得尤为重要，要建立"政府调控市场，市场引导企业和农户"的机制，从而避免政府对正常市场经济活动的直接干预。同时，要遵照"小政府、大市场、大社会"的原则，实现政府的减政放权、精简机构，转变政府的工作作风，提高为民办事的效率，从而真正的建立起适应社会主义市场经济发展的行政管理体制，保障农村市场化的顺利发展、进行。

2. 强化农村市场自身建设

对于农村市场的自身建设具体来说可以包括两个方面：硬件建设以及软件建设。其中硬件建设主要是基础设施的建设，是农村市场建设的物质基础。为了加强硬件建设，我们要利用政府制定的相关政策措施，将社会各方面的力量动员起来，逐步形成多层次、多渠道、多主体的投资体制，对简陋的农村集贸市场进行积极改造，彻底改变以路为集、沿街为市的落后面貌。而软件的建设主要集中体现在以下几个方面：首先是规范市场的管理。建立统一规范的法律法规以及市场正常运行的规则体系；对市场的管理体制要明确理顺，将参与市场的主体：管理者、投资者、进场交易者严格区分开来，提高管理机构的整体服务水平，严肃管理队伍执法，依法加强对市场主体、市场客体、市场行为的全方位监督、管理、约束，使市场规范、有序运行，进而逐步形成开放有序、公平竞争、合法交易的良性市场环境。其次是对市场的配套服务体系的建设与完善，包括市场中介服务、信息咨询服务等，这对于一个市场的发展而言，显得尤其重要。最后需要强调的是要按照市场经济发展的规律建设市场，要根据当地经济发展和商品生产的实际需要，不能盲目建市，贪大求洋，只图数量，不顾效益，最后造成土地和其他资源的巨大浪费。

3. 提高政府与市场互动效率

农村市场化建设的最终追求是确立市场在资源配置中的决定性作用，实现"三农"与

市场有效链接，将农村发展引向市场化发展的轨道。但在农村市场化的建设过程中，既需要我们解决关键性的难题，也要能够统驭全局，全面的处理各种矛盾。在这其中，政府与市场的各自的角色定位显得尤为重要，发挥两者的能动作用、合理调配好两者之间的功能对我国农村的市场化建设与发展意义重大。

在古典经济学派认为，政府仅仅扮演着"守夜人"的最小干预角色，而市场则蕴含着让整个经济市场秩序和社会发展环境持续良好运行的巨大能量。但是人类社会历史的发展实践表明，政府和市场并不会单一性的存在，两者都是国家发展的特定组织形式，无善恶之分，并且市场的建设与发展都需要政府为其保驾护航。市场也是一种公共物品，政府对其干预的关键是干预的力道和手段。习近平认为"看不见的手"这一金科玉律在农村市场化建设的过程中需要被尊重，但在我国现实的发展状况下，"看得见的手"就是政府在农村市场化建设中所扮演的角色也要被善用，这在习近平看来是推进农村市场化健康发展的必然要求。"看不见的手"必须与"看得见的手"两相配合、相辅相成、缺一不可，这里面既有对市场调节与政府宏观调控这两种资源配置方式特性的包容性看待，也是对农业产业特性以及中国农业发展阶段的务实判断。

第六节　市场经济下对我国城市管理的要求及面临的问题

一、我国城市管理中存在的问题与对策

1.我国城市管理中存在的问题

伴随着城市建设步伐的不断加快，我国城市管理日益受到高度重视，与加快推进城市化的形势相比，依然存在许多不容忽视的问题。

（1）城市管理模式落后

我国政府在城市管理的权力运行方向是自上而下的，运用政府的政治权威对社会公共事务实行单一向度的管理，还没有意识到政府的管理应该是一个上下互动的管理过程。政府所拥有的管理机制仅仅依靠政府的权威，而不是合作网络的权威，政府的权力向度不是多元的、相互的，而是单一的和自上而下的。这种模式下的城市管理主体党政不分、政府管理职能宽泛化、模糊化、政府市场服务意识淡漠化、缺乏提供优质服务的能力、管理方式行政化。

（2）城市管理观念存在不适应的地方

在我国城市管理工作中，虽然开始从"重建轻管"向"建管并举"转变，但"三分建、七分管"的指导思想还落实不到位，重建设轻管理，重经济效益轻社会效益，重城市建设轻环境保护，重眼前利益轻长远利益，重利益主导轻环境主导等思想还没有真正扭转过来，

在不同程度上存在管理因利益松手，规划向开发让路，环境为建设放行的问题。

（3）城市管理行政执法不文明

我国城市管理行政执法局所负责的工作基本是原有城市其他管理部门不愿干的活，并把主要的职责定位于街头无证商贩，同时强制措施（即立法）跟不上，致使工作陷入停歇状态，没有扩张力、没有推动力、没有更新城市容貌的激情，而无证的街头商贩是每个城市最难管理的一个角落，这个角落里有老弱病残，有下岗职工，有农村来的打工一族，基本是弱势群体，让老百姓同情，因而是工作力度加大就会遭来质训与谩骂，其他的工作方法（如劝告、思想工作）又解决不了问题。

（4）市民的文明素质亟待提高

城市化和城市现代化要求市民必须具备好的社会公德意识、卫生意识、环境意识，由于社会人口流动加快，城市人口动态性强，构成日益复杂，这部分人群多以个人经济利益为追逐的根本出发点。一旦加强城市管理与个人的私利出现矛盾时，城市文明往往便被抛在一边，各种旧有观念和不良习惯也就自觉不自觉地带进了城市空间，由于受到经费、体制等因素的影响，城市文明的宣传教育机制难以形成。因此，我国城市管理应"以人为本"的方向虽然明确，但真正实施起来往往举步维艰。目前，市民的整体素质得到了提高，但与城市的发展水平相比，部分市民群众的城市意识、环境意识、卫生意识还不够强，维护环境、爱护城市的主人翁意识还有待提高。少数市民缺乏法律意识，对执法队伍的检查采取逃避态度甚至抵制举动，在日常行为中还存在随地吐痰、乱扔乱倒等现象，甚至有一些人肆意偷盗、破坏公共设施，在很大程度上加大了我国城市管理的难度。

2. 完善我国城市管理中的对策与建议

城市的发展离不开城市管理水平的提高。21世纪将是我国经济和社会发展的重要机遇期。如何在面临巨大挑战与难得机遇时提升我国城市管理水平？这已经成为我国城市管理者亟待解决的问题。针对我国城市管理中存在的问题及其原因分析，建议从以下几个方面来提升我国城市管理的水平。

（1）转变城市管理模式

现在我国城市管理模式是典型的行政主导型的管理模式。由于城市内部原因如城市发展和外部原因如城市竞争之间竞争的加剧，这种传统的城市管理模式已经完全不能适应现代城市经济与社会发展的需要。综合国内外各种现行的城市管理模式，经营型城市管理模式比较适合我国的国情发展。经营城市是市场经济条件下政府管理城市的一种新理念，其核心是将城市当作最重要的国有资产，用企业家经营企业的理念进行运作，以实现城市建设的自我积累和自我发展。我国大连市按照"不求最大，但求最好"的城市发展思路，创造性地走出了一条"经营城市，增强城市综合竞争力和发展后劲"的成功之路。同样地，选择经营型城市管理模式，必然要求我国城市管理者树立经营城市的现代理念：经营型城市管理模式不仅仅要求我国城市管理者转变现有的城市管理理念，还需要改变现有城市管理中政府管理职能宽泛化、模糊化的弊病，提高市场服务意识，提升优质服务能力。新型模式下的政府管理方式必然要抛弃原来以行政审批为主的办公形式，缩减审批程序，减少暗箱操作，杜绝腐败的源头。

（2）加强城市管理的公众参与建设

科学的参与制度是以人为本思想和民主管理思想的本质要求和体现。广泛的公众参与有利于城市政府在决策过程中听取不同城市利益相关人的多种利益需求，政策透明公开，有利于监督；有广泛的公众支持基础，有利于执行。同时，参与制度也是一种防治腐败和经济节约的城市管理方法。建立科学的城市管理参与制度，要根据城市的实际情况和公众参与意愿的要求，坚持以人为本的思想。

（3）创建服务型城市管理执法队伍

我国城市管理中的行政执法工作是一项纷繁复杂、涉及多项学科的既艰苦又细致的工作，特别是在实施相对集中行政处罚权以来，任务更加艰巨，对建设好城市和管理好城市需要一个什么样的城市管理行政执法队伍显得愈加重要。

①从严治局，提升队伍政治素质

加强思想政治工作，增强队伍的凝聚力，形成人人思进的氛围。开展好思想政治工作，坚持不懈地对城管执法人员进行执政为民教育、党的宗旨教育、职业道德教育、党风廉政教育、法制教育、艰苦奋斗教育和爱岗敬业教育，解决好"为谁掌权，为谁执法，为谁服务"这一根本问题，增强执法人员做好执法工作的责任心和使命感，使广大执法人员树立正确的人生观、价值观，提高政治思想觉悟。

②深化改革，提升城市执法队伍的业务素质

只有深化改革，提升队伍的业务素质，才能克服就案办案、孤立办案、机械办案的积习，才能使执法的政治效果、社会效果、经济效果有机统一。

（4）培育具有现代素质的市民

培育具有现代素质的市民是城市文化建设的关键。市民是城市的主体，是城市社会文明的创造者和体现者，也是城市文化的载体。城市市民的素质如何，直接决定着一个城市的形象。没有现代素质的市民，现代化城市由谁来规划？由谁来建设？由谁来巩固和发展？一个充满小农意识和市井习气、封闭保守的城市，是无法成为一个现代化城市的。所以，我国政府必须对市民进行大力的宣传与教育，使之不断地增强城市意识、开放意识、法制意识和现代生活环境意识，促使城市形成良好的社会风气和精神风貌，有浓郁的崇文意识、有健康的心态和良好的行为习惯。此外，要重视人才培养、建立科学有效的人才培养、利用机制，这样才有助于城市现代化的建设。

突出"以人为本"的城市发展思路。在城市规划思路中，应将"人"的发展放在城市发展放在城市发展的首位，强调"以人为本"，关注如何更好地为"人"服务，提高生活质量。要认识到正是城市在提供全面性服务方面的独特优势，方使得城市对"人"以及"以人为中心"的经济社会活动形成吸引力。从宣传入手，激发广大市民对本身生活的城市建设发展的参与感和工作积极性，使得每一位市民都能真正将个人的奋斗目标同整个城市的发展目标紧密结合起来。

二、城市规划管理运行机制在市场经济下的运作

在市场经济条件下，既要推动资源的市场化自由流动，同时也要加强城市规划与管理，把握城市社会发展的总体方向，在这样的背景下，对城市管理运行也提出了新的要求和挑战。在市场经济环境下探寻城市规划管理的有效路径，具有重要的理论与现实意义，是规划部门的重要课题。

1. 市场经济下城市规划管理存在的问题

在传统的经济模式下，城市规划管理运行相对较为单一，主要体现为服务经济建设的特性，具有统一管理的特征。随着市场经济的快速发展，城市规划管理呈现出新的发展特征，也提出了不同以往的新要求。深入分析城市规划管理实践的问题，并寻求有效的转变路径，具有重要意义。

（1）现代城市规划管理存在无序性

在现代城市管理体系中，城市建设规划管理工作一直是重点，同时也是难点。在城市规划管理实践中，由于缺乏有效的管理模式和体系，规划管理工作经常会呈现出混乱的局面，不仅在规划流程和规划方式上没有得到明确，也很难保障城市基础项目建设的顺利推进，也很难在管控与市场之间做出有效的平衡。寻求有序的现代城市规划管理模式与路径，是现代城市规划管理工作发展的重要方向，也是开展好城市规划管理工作的题中应有之义。基于此，解决现代城市规划管理混乱的问题被摆在了突出位置。

（2）缺乏专业的城市规划人才

在现代城市规划管理实践中，普遍存在专业人才缺失的问题。在城市建设过程中，现代城市规划管理工作一般缺乏相应的专业技术人员，在规划统计与资源整合过程中，由于缺乏足够的专业性，现代城市规划保障工作也很难落实到位，不利于城市总体管理的顺利推进，寻求有效的改进方式，引进专业的规划管理人才，也是提升现代城市规划管理综合水平的一个关键点。

（3）缺乏现代城市规划管理体系

在现代城市规划管理工作实践中，一般精力都集中在项目建设上，不管在管理统筹还是资源调配方面，对统筹规划管理工作都缺乏足够的重视，一般也很难建立起有效的现代城市规划管理体系，在人力和财力资源的配备上，也缺乏足够的专业性和实效性，如何构建现代城市规划管理体系，也直接关系到整个城市管理的水平。在这样的背景下，如何优化提升现代城市规划管理综合效能，也是相关规划管理人员关注的焦点。将现代城市规划管理工作纳入到社会统筹管理体系中，是重要的改进方向。

2.城市规划管理在市场经济下的积极作用

在城市建设发展实践中，进行有效的规划管理，对于提升城市综合竞争力和发展软实力而言，具有重要的意义。实践中，城市规划管理运行机制对于城市发展起到了指引性的作用，不仅可以规范市场行为，同时也可以规范政府行为，保障城市健康、科学、快速发展。

（1）对政府行为形成指引作用

在传统的政府工作与城市建设过程中，往往存在这样的误区，就是唯 GDP 增长为城市发展建设效率的单一指标。在这样错误思想的作用下，城市规划建设和管理往往忽视环境、人文、交通等要素，导致很多城市出现了典型的"城市病"，在市场经济的推动下，资源更呈现出一定的稀缺性，政府在发展建设过程中也不容易做出利益平衡。在这样的条件下，发挥城市规划管理运行机制的作用，有效约束政府行为，在发展中做到规划先行，可以避免政府在城市建设中可能存在的问题。

（2）有助于城市的可持续发展

在当今的社会发展体系中，人们的"幸福感"和"获得感"已经成为衡量城市建设与城市规划管理工作的重要指标。对此，在市场经济条件下，要加强城市规划管理工作，有效调配社会资源，实现资源的优化配置，满足人们的多元化需求，为百姓提供更优质的保障，更好地服务经济社会，推动社会经济的持续、健康发展。基于此，在市场经济环境下，城市规划是城市发展的必然保障。

（3）有助于土地资源的合理利用

在城市发展资源体系中，土地资源占据着核心地位，同时也城市规划管理的难点。在市场经济环境下，随着房地产产业的发展，土地资源呈现出了很强的稀缺性，在这样的背景下，如何进一步有效利用土地资源，实现土地的集约化、科学化利用，是对城市规划的挑战，在城市发展建设体系中也占据着核心地位。在现代的城市土地调配与利用过程中，由于以往土地资源的无序分配，也导致了土地资源利用效率低下的问题，在这样的背景下，要不断优化城市规划管理体系，实现城市资源的优化配置。

（4）增强提升城市竞争的软实力

现代城市竞争发展包含两个层面，一个是基础设施和经济发展等硬件基础，一个是与之配套的城市环境。现代城市规划管理工作不仅关系到城市硬件设施建设，同时也关系到整个社会运行体系的构建，对于提升城市软实力和综合竞争力具有重要的意义。对此，要优化提升城市综合竞争力，必须从城市规划管理角度入手，探寻有效的规划模式，在项目审批和资源调配过程中，不仅仅要考虑到经济因素，同时也要考虑到人文、环境等社会因素，提升城市规划管理综合水平。

第七节　城市研究的经济学视角

一、产业经济学视角下的城市聚集

遵照《中华人民共和国国家标准城市规划术语》官方文件中列示的定义，城市化的基本内涵，是人类群体的基本生产生活实践方式，由农村型向城市型不断转化，并在此过程中逐步促进我国农村人口向着城市人口发方向转化。城市化建设事业的基本内涵，不仅仅局限于城乡之间在基础性人口结构方面的转化，其更为主要的表现方面，事实上更为鲜明地展现于城市和农村之间，在基础性产业结构和空间分布格局层面的深刻转化，是基础性生活实践方式和劳动实践方式从传统形态向现代形态发展转化的具体过程。有鉴于此，这里将会基于产业经济学角度，针对城市聚集效应展开阐释分析。

1. 城市聚集效应的基本内涵

聚集是现代城市经济在具体的发展演化过程中所展现的突出特征。从具体化的存在形态角度展开分析，聚集的基本内涵不仅在于系统内部涉及的各类型组成要素之间的特征化结构关系，更在于系统整体特征性经历的进化演变实践过程。在常规性系统进化分析理论的阐释视角之下，通常倾向于将上述的进化演变实践过程描述为会聚，而且会聚的基本内涵，实质上指涉的是数量规模在两个，或者是在两个以上的独立系统之间趋向于发生的相互联锁关系，在逐步突破和超越原有系统内部组织结构层次的功能优化复杂性极点限制标准条件下，逐步建构形成处于更高表现层级的系统形态，并且在制定形成科学合理的系统运行状态管理控制体系条件下，选择性地针对较低层级系统中的运行动态细节要素实施忽略处理。

所谓聚集效应。有时也被部分研究人员称作聚集经济，或者是称作聚集经济效应，通常泛指因企业组织，或者是独立存在的人类个体之间，因发生基于空间要素限制条件之下的相当集中效应而引致的经济收益获取，以及成本要素节约。在产业经济学的研究背景之下，聚集的基本内涵，通常可以被理解为不同的经济性资源要素，以及多种多样的经济性社会实践活动在空间性存在形式方面所展现的相对密集状态，并且通常认为其本身与经济资源要素，以及社会化经济活动在空间性考量层面的密集型配置结构状态和组织形态具备直接相关性。从动态性学理分析的角度展开阐释，聚集的基本意义，在于促使各种具体表现类型的经济资源要素和社会化经济实践活动，实现基于数量层面和规模层面的不间断集中变化，确保在经济性资源要素的集中度水平不断提升背景之下，促进一定具体表现类型的社会化经济活动能够逐步呈现出同步化和关联化的实践演变过程。

2. 城市聚集与产业发展的理论属性

城市化建设事业的本质，在于多种多样经济性资源要素基于地理空间性考量层面实现的逐渐集聚，是在现代世界工业化实践发展演进背景之下而具体形成的，人类群体各类型社会化经济活动基于特定化地理空间区位而实现的大规模集聚，在基础经济资源要素实现大规模有效集聚的实践背景下，我国城市实体经济事业将会获取到稳定充分发展优化，获取较为可观的预期收益。从整体性分析视角阐释分析，城市建设发展过程中实际获取的效能水平，与城市内部基础性产业结构的存在形态和演进趋势具备密切的天然相关性。

在城市聚集效应的早期性形成演化阶段，现代重工业通常能够获取到较为稳定且相对充分的发展扩张，基于同时能够确保城市化率指标测定数值与工业化率指标测定数值之间处于相等状态。而在现代重工业的实际发展演进过程中，重点环节事实上集中展示在针对基础性生产资源要素的制造和对外供给。

在城市聚集效应的中期性形成演化阶段，各种类型的基础设施的建设和配备支持规模将会不断扩展，直接导致我国现有工业企业的综合性经营发展水平，会伴随着基础设施建设事业实践进程的不断改善，而相应性地获取到一定表现程度的改善提升。

二、经济学视角下的小城镇建设

我国现正大力推行全民小康政策，力争消除地区经济水平差异，努力做到城乡经济一体化。在这方面建设中，小城镇的发展是尤为重要的，当小城镇发展起来，就能加快一个地区城市化的进程。想要一个地区的经济得到快速发展，就必须要将每个小城镇的建设做好，但现如今很多地区还存在着一些发展滞后的小城镇，这就影响了一个地区经济一体化的进程。

1. 发展滞后的因素

（1）资源与资金问题

一个城市的发展的根本依赖是资源与资金，但是小城镇缺乏的正是资源与资金。一个城市的崛起需要大量的资源与资金，这是每个小城镇建设中的最大难关。以湖南省的小城镇建设为例，在建设初期，大量的资金缺乏，自身资源贫乏，基础设施建设也不到位，所以很难引进开发商投资，从这一方面来看，资金与资源是小城镇建设中的第一道难关，所以解决资源与资金问题使我们首先需要关注的。

（2）建设过程中的管理问题

在小城镇建设中，管理问题也是一大难关。地方政府作为地方管理权威机构，在小城镇建设中，既要传达上级指令，又要向下实施，在这一过程中，地方政府由于受到多方政府部门之间的利益冲突，导致很多权利受到制约，不能及时根据现状对建设计划做出调整，这就需要上级政府对每个小城镇单独设立一个独立管理城镇建设的机构，使这个机构高于一切地方政府机构，拥有独立的管理权，这就大大提高了建设工作的效率。

（3）地区特色问题

很多小城镇在发展建设时，都没有认清自己目前的发展情况，没能给自己一个很好的定位，而是一味地跟随大城市全面发展的发展道路，导致自身发展时产业结构不合理，自身的一些地区特色没有得到很好地开发与利用，导致资源浪费很严重，虽然花费了大量资金搞建设，但最终的结果却不尽人意，建设的效果不是很好。这就需要管理机构规划自身建设战略，努力开发自己的特色经济。

2. 发展对策

（1）发展观念的转变

其实我国城市发展现阶段，存在着很多大中城市发展水平高，人口密度大，产业密度大，这些大中城市很多由于过快发展，在进行产业结构调整后，很多城市面临着许多新问题。此刻就需要人们转变以往以大城市带动小城镇发展的传统发展观念，原因就在于小城镇能够缓解大城市的压力，一些大城市过度密集的产业可以相对向小城镇转移，这就能起到带动小城镇发展的作用。一些小城镇存在着很多例如农产品缺乏销售渠道，农村劳动力过剩的问题，这就需要加快城乡经济交流步伐，尽早完成城乡经济一体化，使得资源得到有效利用。

（2）科学的发展规划

做任何事情之前都需要首先进行全方面地规划，做一个全方位的实施计划，在建设过程中才能达到想要的效果。比如近年来，一些地区的小城镇在发展建设中就出现大量难关，首先是规划不当，基础设施建设水平低，地方特色不够突出，经济体制落后等一系列难题。对于这些问题来说，科学的发展规划是尤为重要的。首先城镇建设管理层要引进一系列科学的发展观念，将小城镇的建设道路引入到现代化的建设道路上来。比如：小城镇建设要与大城市相接轨，要以扩大小城镇市场经济，转变小城镇的产业结构为健身的核心任务，认真分析地方资源环境，然后结合自身特色进行建设规划，做到发展出自己的特色经济规模。

（3）完善市场机制

在小城镇的建设发展过程中，经济得到了发展，许多的农民放弃了自己的土地转而进入了城镇谋生，导致了农村大量的土地搁置甚至荒废，对于这一问题的解决是非常急迫的。在面临这一难题时，将土地作为生产要素进行承包转让是一个很好的解决办法。将土地作为生产要素投入到市场让一些承包商进行承包生产能够很好地解决土地搁置这一问题。这样一来土地得到了使用而不至于荒废，农民还能得到一定的收入，这对于提高农民生活水平是很有好处的。

第八节　城市问题与经济学的关注

一、现代城市面临的问题

1. 我国现代城市基础设施管理体系的现状及所存在的问题

（1）城市交通拥挤

首先，城市的交通与城市的发展息息相关。城市经济越发展，居民出行的频率就越高，所出行的距离就越长。在交通的高峰期，往往存在堵塞，拥挤的现象，很大程度上影响了居民的出行。

其次，城市机动化的发展，特别是小汽车出行的增加，停车设施不完善，会干扰动态交通，造成不必要延误，降低可达性，影响到城市总体发展。

最后，由于城市交通尤其是轨道交通建设与其他城市基础设施一样是资金密集型产业，具有初始投资大、投资回收慢、直接经济效益低等特点，所以在规划、建设、管理上一直落后于其他产业的发展。

长期以来，我国的城市公共交通建设面临着资金严重短缺、融资渠道狭窄、方式简单僵硬等一系列问题，严重制约了城市交通事业的发展。

（2）重复性建设问题严重

我国城市基础设施设计、规划、布局普遍存在不合理的现象。城市基础设施规划是城市建设和发展的蓝图，对城市基础建设的发展起着决定性作用。我国的城市规划工作起步较晚，相当多的城市在 20 世纪 80 年代才组建规划管理部门，城市规划水平较低，规划管理体制尚不完善。由此导致了许多城市的盲目建设和重复建设，造成了极大的浪费，制约了基础设施服务功能的发挥。

（3）有些项目建设周期过长

许多政府由于基金计划和时间计划考虑的不周全，而造成盲目投资。一个项目很可能只进行到一半就没有资金了，这个项目只好停止下来，要么等待新的资金拨入，要么等待下届政府来解决。还有很多项目效率低下，不能够按期完成，或者施工时间太长，对居民的生活产生不便，使居民对建设项目的热情大大减退。

（4）政府机构不合理，效率低下

我国政府垄断经营是城市基础设施运营效率低下、公用产业资不抵债的主要原因，也是我国城市基础设施管理改革中的顽症，现代城市基础设施建设面临的问题及对策。长期垄断经营的结果是，经营单位缺乏生存忧患意识和竞争压力，生产、运营效率低下，技术、管理创新乏力，人员大量冗余，政府财政负担过大，经营包袱沉重，而且出现了越来越多的政府经营企业凭借垄断优势，限制竞争、损害消费者利益的问题。此外我国政府机构臃肿，设置众多，机构重叠、业务交叉，而各部门之间权责划分又不够明晰，造成政出多门、管理分散、政令不一的现象。

2. 国外典型国家做法及借鉴

（1）保障城市基础设施资金美国各级政府对城市基础设施建设非常重视

重点主要集中在改善社会和经济发展环境方面的项目上。联邦政府主要负责涉及国家全局或需投巨资的公益性城市基础设施项目，并据此向地方政府提供拨款、贷款和税收补贴。美国州一级政府，尤其是州以下的地方政府是城市基础设施投资的主角。其资金来源包括税收、基础设施企业的收入、市政债券、赞助捐赠等。但地方政府财力同样是有限的。

为此，美国建立了一套行之有效的基础设施投融资机制，几乎所有的地方政府和地方政府代理机构均通过组织发行市政债券募集了大量低成本社会资金，不仅对推动美国城市基础设施建设的发展起到了重要作用，而且还解决了城市基础设施投资的代际公平负担问题。美国还建立了一套行之有效的基础设施投融资机制，较为典型的模式有 BOT 和 TOT 两种。

（2）积极吸引社会资本

埃及现有的铁路全部由国家经营，连年出现亏损，随着城市人口的增长，开罗等大中型城市居民住宅区不断扩大，为了方便市民的出行，还需要兴建连接这些城区的轻轨铁路现代城市基础设施建设面临的问题及对策。这些将大大超出了政府的预算能力。因此，埃及政府制定了新法案引进私人资本的投资。埃及政府向人民议会提交了关于允许私人资本参与城市轻轨铁路建设的新法案。由于新法案的通过，埃及出现了新一轮城市基础设施建设投资热潮。

（3）规划谨慎细致

巴黎启动的大型基础设施建设达 73 项，小项目预算为几百万欧元，最大的项目高达 30 亿欧元。作为巴黎市政府的项目，由城市规划局组织专家进行讨论，确定原则与目标，同时听取周围居民的意见，再报市政府批准。如果出现两种意见争执不下、难分优劣的情况，规划局则将两种不同意见提交政府，并说明各自的理由，由市政府组织公开的听证会，吸引各方代表参加，最终由巴黎城建委员会决定取舍。涉及与巴黎大区有关的项目时，市政府要与有关省政府磋商，达成共识。

3. 解决我国城市基础设施管理体系存在问题的对策建议

（1）加强城市道路规划与公共建设

首先，由经验丰富，素质齐备的城市道路规划师进行细致的道路规划，使交通网便于通行。对私人车辆进行严格控制，可以通过增加养路费，或者通过发行"交通高峰通行证"的方法来限制私人车辆。政府部门及事业单位内部提倡办事少用公车，使用公车必须有相关部门的签字，从而减少公车上路车辆。其次，完善公共交通建设，提倡乘坐公交出行。

政府部门应加大对公交部门的补贴，加强对公交路网的规划和完善，使公交成为方便实惠的交通工具。开通快速公交，并提高快速公交的效率。根据"公交优先"的原则，构筑现代化的城市公共客运体系。

（2）加强规划，避免重复性建设。

城市基础设施建设是一项任重而道远的事业，其长期有效的执行有赖于合理的长期总体规划，以最大限度地防范重复建设、资源浪费现象的产生，提高建设的整体效率。同时，城市总体规划应该实现公共决策从封闭和半封闭向公开透明的状态转变。政府应该广泛听取城市居民的意见，并向有关专家进行咨询。规划修编的有关专题研究要在政府组织下，由相关领域的资源专家担任专题负责人现代城市基础设施建设面临的问题及对策论文。

（3）寻找多元化投资主体，引入竞争机制。

首先，我国基础设施建设资金来源有限，基础设施产业自身又缺乏积累机制。因此，必须以多种融资渠道方式来解决基础设施建设所需资金。除了政府出资外，还可以利用民间资本，外国资本等方式来参与基础设施的建立，用多元化投资方略来解决建设资金不足的问题。其次，对一个项目的规划以及建设要引入市场机制，以提高项目的办事效率通过公开招标，择优选择承包单位。推行建设项目法人责任制，建立投资责任约束机制，实行全过程负责并承担投资风险。

（4）加强公众监督，抵制腐败现象提高。

城市基础设施建设资金使用的透明度，加强公众的监督。政府部门应该广泛听取城市居民的意见，建立专门机构收集公众建议，通过投票和听证会制度来解决信息失灵的问题。全面评价政府官员的政绩，对于贪污腐败和以牺牲公众利益为代价追求政绩的官员要给以严厉处分。

二、城市经济

城市经济是指由工业、商业等各种非农业经济部门聚集而成的地区经济。城市经济是以城市为载体和发展空间，二、三产业繁荣发展，经济结构不断优化，资本、技术、劳动力、信息等生产要素高度聚集，规模效应、聚集效应和扩散效应十分突出的地区经济。

城市经济发展是城市功能赖以发挥作用的重要物质基础。中国西部的中小城市经济总量小、产业层次低、辐射作用小，远远落后于东部城市。中国东西部发展水平的差距，很大程度上是城市供给的差距、城市发展质量的差距、城市经济发展水平的差距。因此，推动西部发展的核心就是要把西部的工业化和城市化有机结合起来，大力发展城市经济。

1. 详解

强调城市对于整个区域发展的重要性是经济学家们十分重视并长期探索的一个重要问题。马克思、恩格斯曾专门论述城市形成所起的带动生产方式变革的作用，指出：在再生产的行为本身中，不但客观条件改变，例如乡村变为城市……等等；而且生产者也改变着，炼出新的品质，通过生产而发展和改造着本身，造成新的力量和新的观念，造成新的交往方式、新的需要和新的语言。佩鲁提出的发展极理论在这方面又做了进一步的研究探讨。佩鲁把城市看作是区域发展的发展极。

他认为，城市的带动作用增加了地区差别效应。地理上集中的综合产业极（城市）改变了它直接的地理环境，而且它如果足够强大，还会改变它所在的国民经济的全部结构。作为人力、资本资源的积累和集中中心，它促进了其他资源集中和积累中心的产生。当这样两组中心通过物质的和智力的高速公路相互联系在一起时，广泛的变化在生产者和消费者的经济视野和计划中就显示出来了。

发展极理论的核心思想是：在经济增长中，由于某些主导部门，或有创新能力的企业，或行业在某一地方或大城市聚集，形成资本与技术高度集中、具有规模经济效益、自身增长迅速并能对邻近地区产生强大辐射作用的"发展极"，通过具有"发展极"的地区的优先增长，可以带动相邻地区的共同发展。而发展极就是有主导部门和有创新能力的企业，在某些地区或大城市的集聚发展而形成的经济活动中心，能够产生吸引和辐射作用，正是这种作用使发展极能促进自身并带动周边地区的发展。

2. 影响

很长一段时期以来，在西部开发的思路中，呼吁在西部开辟"特区"的呼声一直不绝于耳。其实，"特区经济"只是形式，城市经济才是本质。东部发展并非仅仅是受益于进出口总额的增长，更重要的是在开放过程中的城市建设、基础设施投入以及要素聚集和相关产业的扩张。

20世纪80年代后期和90年代初期，超大型的三峡工程上马、黄河中上游水利综合开发、西部石油与中部煤田加快发展以及沿陇海线延伸的"第二条大陆桥"铁路线开通等对于推进西部发展发挥了重要作用。但总体而言，这些项目并没有从根本上改变西部在全国经济格局中的弱势地位。

造成这一结果的一个重要原因就是，这些项目布局分散、远离市场，没有肩负起工业化在推进城市化中的作用，致使城市经济十分薄弱。正反两方面的经验告诉我们，只有大力发展城市经济，才能真正使西部走上兴旺发达的现代化道路。

3. 城市经济的特点

城市经济特点是：

（1）人口、财富和经济活动在空间上的集中。

（2）非农业经济在整个经济活动中占支配地位。

（3）经济活动具有对外开放性。

4. 城市经济的发展

城市经济是人类社会发展到一定阶段的产物，是随着第二次社会大分工——农业与手工业的分离和商品交换的发展，引起城乡分离而产生的。城市经济的发展不仅受整个社会生产力水平和生产关系性质的制约，而且总是同城乡关系的变化联系在一起的。

前资本主义社会，不论欧洲还是亚洲的城市，多数是当时社会的政治、军事和文化、宗教中心，是商业和手工业荟萃之地，城市经济在很大程度上带有消费性经济的特色。资本主义的发展加速了城市化的进程。机器大工业的出现，使工业日益集中，城市规模不断扩大，加强了城市与外界的经济联系，促成了国内市场和世界市场的形成，引起了城市性质、结构和功能的变化。城市成为工业生产、商业、金融、交通的中心。资本主义使城市经济达到空前的繁荣和强大。这种城市经济是依靠剥削和掠夺农村经济而发展起来的。因此，它的发展过程，也是城乡对立和矛盾加剧的过程。

社会主义使城市经济的性质发生了根本性的变化。社会主义城市经济是以生产资料公有制为基础，实行有计划发展的经济，它在社会主义现代化建设中起着主导作用。中国在1949年以前，近代工业发展缓慢，经济极其落后，内外贸易凋敝，城市数量少，分布不合理，居民生活贫困动荡。中华人民共和国建立后，为了适应社会主义经济发展的需要，在大力发展原有城市经济建设的同时，又新建了一批工商业城市。到1985年，全国设市建制的城市达到324个，其城市总人口（不包括市辖县）达到21228万。城市基础设施和市政建设也有了很大发展。城市经济在整个国民经济中占有极其重要的地位，并发挥着日益重要的作用。据不完全统计，到1985年，设市建制的城市工业总产值占全国69.7%，全民所有制独立核算的工业企业的利润和税金占全国相应企业的79.5%，城市工业企业职工人数占全国的68.3%。

在中国，城市经济和农村经济的关系发生了根本变化。城市以先进的技术装备武装农村，推动广大农村的现代化进程，农村则以自己的农副产品供应城市，支持城市的社会主义建设。城乡之间建立了平等互利的经济联系，走上了共同繁荣的道路，从而，为最终消灭城乡差别逐步创造条件。

5. 工业化水平

今后必须做好以下几个方面的工作：

（1）走集中式的新型工业化道路

实现工业化、促进二、三产业繁荣发展是发展和壮大城市经济的基础。当今世界，全球范围的产业结构调整步伐日益加快，为西部的产业发展带来了挑战，增添了动力；党的十六大提出，要坚持走新型工业化道路。这是新的历史时期，党中央对于实现工业化做出的重大战略部署。这为西部加快工业化进程，带来了重要机遇。西部各地区应该审时度势，抓住历史机遇，努力提高工业化水平。

（2）发展大中城市

中国在城市化道路的选择上，有过激烈的争论。发展城市必须因地制宜。西部地区地域广，人口密度低，自然资源丰富，生态环境脆弱。小城市和小城镇的聚集效应和规模效应低，不利于工业和服务业的发展，无法形成较强带动作用的城市经济。特别是环境污染无法进行规模化治理，这样会给本已十分脆弱的生态造成更大压力。另外，西部商品经济不发达，许多镇、县的财政收入有限，缺乏产业支撑，没有实力进行"造城"运动。因此，西部的城市化道路应该以发展大中城市为主要内容。

（3）实现功能提升

长期以来，中国城市功能单一、产业结构落后、经济结构调整难度大是西部城市面临的普遍问题。从这个意义上说，西部的城市化面临着两个任务：一是促进人口的流动和集聚，提高城市人口的比重；二是提升城市功能，变工业型城市为贸易型、服务型和消费型等综合性城市。这两个任务互为条件，缺一不可。提升城市功能，关键要做到：

第一，进行产业结构调整，改变单一的资源型发展模式。对原有产业进行拓展和延伸，培育新的主导产业，增加新的收入来源。

第二，大力发展第三产业。加大国有企事业单位后勤社会化的改革力度，减轻企业负担；提高银行的消费信贷服务水平，刺激居民消费住房、汽车等大件商品；开展以旅游为龙头的服务贸易，扩大在全国的市场占有率；大力发展商贸业、金融、保险、咨询等现代服务业。

（4）推进制度创新

制度是推进一个地区发展的重要因素。今后一个时期，推动西部发展要在以下几个方面进行制度创新。

第一，土地制度创新。西部可以通过实质性地延长企业使用土地财产权的时间，代替低地价吸引投资。这相当于通过明晰和硬化土地长期使用财产权，增加土地投资收益，这是吸引要素流入的一个重要制度条件。

第二，税收政策创新。应该调整西部的税收优惠政策，提高西部要素的投资回报率。

第三，政府职能转变。必须精简党政机关和其他事业机构、压缩人员规模、分流吃皇粮人员。在此基础上，进一步转变政府职能，优化发展环境，提高服务效率，增强对各种要素的吸引力。

第四，户籍制度改革。逐步放开西部大中城市的户籍限制，给予那些有固定居所、固定收入的外来人员以正式的居留身份，为他们在城市生活扫清障碍。

第五，逐步改变非正式制度规则。在西部传承了几千年的观念、文化习俗等对人们的行为具有非常强的约束作用。这在很大程度上限制了正式制度规则的实施。要充分利用发展城市经济的契机，用市场理念不断冲击西部人们的思维模式，努力为各种制度的推行创造条件，为西部发展注入新的活力。

第四章　城市规划基础

第一节　城市的形成与发展

一、城市起源

城市的产生和发展是一个历史的过程。关于城市的起源，国内外学者有不同的解释，从而形成了不同的起源学说。

1. 说法

到目前为止，大体有这几种说法：

一是防御说。认为古代城市的兴起是出于防御上的需要。在居民集中居住的地方或氏族首领、统治者居住地修筑墙垣城郭，形成要塞，以抵御和防止别的部落、氏族、国家的侵犯，保护居民的财富不受掠夺。

二是社会分工说。认为随着社会大分工逐渐形成了城市和乡村的分离。第一次社会大分工是在原始社会后期农业与畜牧业的分工。不仅产生了以农业为主的固定居民，而且带来了产品剩余，创造了交换的前提。第二次社会大分工是随着金属工具制造和使用，引起手工业和农业分离，产生了直接以交换为目的的商品生产。使固定居民点脱离了农业土地的束缚。第三次社会大分工是随着商品生产的发展和市场的扩大，促使专门从事商业活动的商人出现，从而引起工商业劳动和农业劳动的分离，并形成城市和乡村的分离。

三是私有制说。认为城市是私有制的产物，是随着奴隶制国家的建立而产生的。

四是阶级说。认为从本质上看，城市是阶级社会的产物，是统治阶级奴隶主、封建主用以压迫被统治阶级的一种工具。

五是集市说。认为由于商品经济的发展，形成了集市贸易，促使居民和商品交换活动的集中，从而出现了城市。

六是地理说。用自然地理条件解释城市的产生和发展。认为有些城市的兴起是由于地处商路交叉点、河川渡口或港湾，交通运输方便，自然资源丰富等优越条件的原因。

2. 总结

上述种种说法，都从不同角度、不同层次对城市的起源做出了回答，都有一定的道理。但是最根本的原因，得从经济上去寻找。正如马克思和恩格斯指出："某一民族的内部分工，首先引起工商业劳动和农业劳动的分离，从而也引起城乡的分离和城乡利益的对立。"所以，城市是生产力发展到一定历史阶段的产物，城市的发展也离不开生产力的发展。当然，生产力的发展也离不开与生产关系的相互作用，经济基础离不开与上层建筑的相互作用。归根结底，城市的产生取决于自然、地理、经济、社会、政治、文化等诸方面的因素。

考古资料证明，世界最早的城市是位于约旦河注入死海北岸的古里乔，距今已有9000年左右。考古学家发现，那里堆积有从中石器时代到青铜器时代晚期厚达17层的文化层，遗址范围达4万平方米。《圣经》上称为"棕榈之城"，曾繁荣一时。从第17层发现围绕居住址有厚1.5m，高9m的围墙，并有瞭望塔，居住有约2千人。

城市作为一种复杂的经济社会综合体，不可能是在某一天突然出现，而是有个逐渐的演进过程，必须经过一段漫长的历史发展时期。

二、城市产生与发展

城市是社会生产力发展到一定阶段的产物，城市的产生与社会分工有着密切的联系。公元前3000年左右，在原始社会向奴隶社会过渡时期，产生了人类历史上第二次分工，即手工业与农业的分工。从事手工业生产的人们脱离了土地的束缚，寻求一些位置适中、交通方便、利于交换的地点集中定居，以其手工产品与农牧民进行交换，从而在地域上出现了一种以产品交换为目的的新型居民点。

世界各地的城市由于其产生的历史时代不同，区位地点各异，因而具有不同的起因。我国古代的"城"与"市"是两个不同的概念。"城"是指四周筑有围墙，用以防卫的军事据点；"市"则指交易市场，是商业和手工业的中心。随着社会的发展，"城"是人口渐多，也出现了商品生产和交换，"市"便在"城"或"城"郊出现，"城"与"市"逐渐结合为一个统一的聚合体——城市。

在西方，城市作为一个明确的新事物，开始出现于旧石器至新石器时代的社区中，原始城市是圣祠、泉水、村落、集市、堡垒等基本因素的复合体，这些复合体几乎都是由密闭的城墙严格封围着。王权制度的出现使分散的村落经济向组织化的城市经济进化，四周以城墙圈围的城堡便在村庄中出现。城墙的最初用途或许是军事上下班的防御，或许是宗教上的标明范围。但不管怎样，出现这样的城堡是以农业生产力的发展，农业产品的剩余为前提的。

纵观世界各地城市的历史起源，可以得出这样的结论：城市的产生和发展必须具备两个前提条件：一是农业生产力发展，农产品有了剩余；二是农业劳动力剩余。也就是说，当农业生产力创造的农产品，除了第一产业从难到严业者及其实用性所需的份额以外还有剩余时，城市的兴起才有可能；仅有农产品的剩余尚不足以导致城市的产生，还必须要有剩余的劳动力从农业中分离出来，从事第二、三产业的劳动。因此，早期的城市大多起源于农业发达的地区，如两河流域、尼罗河下游、印度河流域以及黄河流域等。现代城市，无论其职能、成分抑或形态，都已大大复杂化、多样化，城市拥有更丰富的内涵，因而城市的定义也多种多样。但不论是哪种类型的城市，都存在一个基本的共同点，即城市是具有一定规模，以非农业人口为主的居民点，是人口和社会活动的空间集中地。

城市自产生至今已经历了5000多年漫长历程。根据城市在发展过程中所表现出来的形态、功能及其在社会经济发展中的作用，通常将城市的发展阶段划分为古代、近代及现代三个时期。

1. 古代城市发展

自城市产生至18世纪中叶的工业革命前，自给自足的自然经济占着统治地位，农业和手工业是国民经济的主体，商品经济极不发达，城市在社会经济生活中的功能和作用很小。

古代城市发展经历的时间最长，城市人口增长缓慢，直到1800年，世界城市人口占总人口的比重仅为3%左右。这一时期城市的发展主要有以下特点：

（1）城市的功能主要是军事据点、政治和宗教中心，经济功能极其薄弱，主要是手工业和商业中心，对周围地区影响不大，还不具备地区经济中心的作用。

（2）城市地域结构较为简单，尚无明显的功能分区。一般以教堂或市政机构占据中心位置，城市道路以此为中心呈放射状，连接周围市场。

（3）城市形态上最明显的特征就是四周设有坚固的城墙或城壕，由于受城墙的限制，城市地域规模和人口规模都不大。

（4）城市地区分布具有很大的局限性，主要分布在农业灌溉条件良好的河流两岸，或是交通运输便利的沿海地区。

2. 近代城市发展

18世纪中叶西欧发生了工业革命，极大地促进了社会生产力发展，也使城市进入了一个崭新的阶段。工业化是城市发展的根本动力，工业革命结束了手工业的生产方式，代之以大机器生产，从而推动了生产专业化和地域分工，加速了商品经济的发展。工业生产在地域上集中，有利于生产协作；商品生产与交换带动了金融、信托事业的兴起；与此相适应，工商业集中的城市，科学技术、文化教育、交通、通信等基础设施以及各种服务行业，也都得到相应的发展。这一过程引起了大量农村人口向城市地区集聚，城市规模扩大，城市数量增加，城市人口的比例迅速上升。

从18世纪中叶到20世纪中叶，城市的发展远远超过以往几千年。工业革命使近代城市发生了质的变化。

与古代城市相比，近代城市发展具有以下一些特点：

（1）城市发展加速，城市规模越来越大。至 1990 年，全世界城市人口占总人口的比重上升到 13.5%，1950 年达 28.7%；10 万人以上的城市数目由来 8 座增加到 484 座，其中百万人口以上的大城市就有 71 座。

（2）城市功能趋于多样化。除了工业、商业等经济功能日益增强外，金融、信息、科技、文化及交通等功能也得到了加强，城市成为整个国民经济和地区经济中心，对国家和地区经济产生很大影响。

（3）城市地域结构日趋复杂化，出现了较为明显的功能分区。如工业区、商业区、居民区、以及仓库码头区等。同时，城市的基础设施明显得到改善，生活质量明显提高。

（4）城市地区分布差异显著。城市分布逐步摆脱了农业生产的影响，在一些资源分布地区出现了工矿城市；铁路运输促进了内陆地区的城市发展，改变了古代城市分布十分局限的空间格局。但由于世界各地工业化进程存在差异，城市分布的地区差异也十分显著，发展中国家和地区的城市发展缓慢，城市数量少、规模小，少数规模较大的城市主要分布于沿海地区。

3．现代城市发展

20 世纪中叶以来，西欧大多数经济发达国家已经进入了工业化的后期，许多发展中国家也相继进入工业化发展阶段，世界上的城市就进入了现代化的发展阶段。第二次世界大战以后，世界范围内的政治、经济和技术领域都发生了深刻的变化。一些长期受帝国主义控制的殖民地和半殖民地国家纷纷摆脱了殖民统治，相继独立，使发展中国家的政治地位不断提高，民族经济蓬勃发展。社会主义国家经过短期的经济恢复后，开始了大规模的工业化建设。西欧许多发达国家医治战争的创伤，掀起了整修和重建城市的浪潮，使城市开发向深度和广度进一步发展。科学技术开始发生革命，以微电子技术为主导的新技术革命，促进了全球范围的经济结构、产业结构和就业结构的变化。整个社会经济的发展达到了新水平，社会产品空前丰富。这一切，都大大加快了世界城市的发展进程，使城市的发展进入了一个新的历史阶段。

近几十年世界城市的发展主要表现出以下特点：

（1）全世界城市发展进程加速，其中发展中国家的城市发展速度超过了发达国家。1950 ~ 1970 年 20 年里，世界城市人口总数从 7.06 亿增加到近 14 亿，城市人口占总人口的比重，由 1950 年的 28.6% 提高到 1970 年的 38.6%，1980 年又上升到 41%，即在仅占全球土地面积 0.3% 的城市面积上，居住着 41% 的世界人口。在世界城市发展进程加快的过程中，发展中国家或地区的城市发展尤为迅速。据统计，在 1950 ~ 1980 年这 30 年间，世界城市人口增加了 2.5 倍，其中发展中国家增加了 3.6 倍，城市人口年递增率为 4.2%，大大超过发达国家 1.9% 增长速度。

（2）大城市规模继续扩张，出现了地域上连片的大城市群或大城市带。大城市以其特有的空间优势和集聚效益吸引着工业人口，城市规模断扩大，数目增多。1950 ~ 1980

年，世界百万人口以上的大城市由 71 座增加到 234 座，在短短的 30 年中，增加了 3 倍以上，并且出现了如墨西哥、圣保罗、纽约、东京、伦敦、上海等千万人口的特大城市。城市地域不断向外扩展，大城市同周围的中小城市组成了大城市群或城市带。如美国东北部大西洋沿岸的巨大城市带，以纽约为中心，北起波士顿，南到华盛顿，在长 970 km，宽 48 ~ 160 km，面积 13.9 万平房千米的范围内，包括 5 个大城市，上百个中、小城市，1970 年人口达到 4200 万，占全国总人口的 20%，被称为"波士华"城市带。这样的城市带或城市群，在发展中国家也开始出现。如我国的沪宁杭城市群、京津唐城市群、辽宁中部城市群、珠江三角洲城市群等。

（3）城市功能向综合性方向发展。随着现代工业向城市集中，城市规模日益扩大，城市功能也日趋复杂多样。在每个城市中，由于生产专业化和社会化程度提高，劳动分工在加深，企业对各种生产服务提出了更多的专业化的要求。例如，货物运销要求有批发、运输、邮电通信、金融、广告以及研究机构的配合；在居民生活方面，随着劳动生产率提高和个人收入增加，对消费品的要求也向多品种、高档化方向发展，这就要求有相应的零售业、饮食业、文化娱乐、社会保险、医疗保健等多部门相配合。这样，以服务性为主要特征的第三产业日益壮大起来，成为推动现代城市发展的动力之一，第三产业的发达程度成为城市现代化的重要标志。如美国 1820 ~ 1977 年第三产业从业人员在经济活动总人口的比例由 15.3% 上升到 62.9%。第三产业的发展使城市功能更趋于多样化，城市尤其是大城市不仅是工业生产中心，同时也是商业贸易、交通通信、金融保险以及科技文化等中心。

城市空间组织发生了新的变化。早期城市规模不大，生产区和生活区毗连，没有明显的地域分工。如工业区、商业区、住宅区、文教区等。到了现代，城市规模扩大，经济活动日益频繁，城市内部功能分区也日趋明显，并按一定的原则有规律地排列。如中心商业区、轻工业区、住宅区、近郊重工业区等。而且，由于现代化交通事业的发展，城市中心区人口密集、用地紧张及环境污染等原因，使人口和企业不断向城市周围地区扩散，出现了城市发展中的"郊区化"和"逆城市化"等的新的倾向。例如，一些发达国家的大城市中心区日趋衰落，而郊区或卫星城镇发展迅速，出现了大量的工业区、住宅区、商业区、学校道路、停车场等，它们与中心城有着密切联系，从而使原有的单一城市向组合城市发展。

第二节　城市规划的影响因素

一、城市规划的影响因素

城市规划是对城市未来资源的统筹安排。城市决策者与城市规划师应判断城市未来愿景、选择城市发展路径，在此过程中应用了各种理论与方法对未来进行分析和预测。中国正在经历着轰轰烈烈的造城运动，城市人口与城市建设用地变化剧烈，其幅度远远超出了我们的想象。面对日益复杂的城市状况，城市规划预测城市发展显得力不从心。城市的发展是一个复杂的系统，而且超出了科学技术所能承载的范围，人们目前不断通过新的技术手段试图对城市的未来进行准确预测，这些方法在一些方面有效减少影响城市发展的不利因素，但不能彻底预防城市发展中的不确定因素。

1. 城市规划是一种追认

在现代社会的人类社会中有一个误区，就是大多数人认为只要通过理性，什么目的都可以达成，一切文明成果都是理性规划的产物。我们通过规划设计出了飞机，甚至让飞机飞出外太空，于是人们建设人间天堂，试图通过理性来设立目标并规划路径，然后进行逻辑上的推理和解释，结果一两百年之后人类突然发现所有建设在地上乌托邦的努力都归于无效，所有的社会实验都是失败的，所以人类的文明成果光靠理性这一成果是远远不够的。城市是从历史中一步一步走出来的，不是单靠理性推理出来的。

城市规划和人类文明中的很多东西一样，是一种追认。比如所谓的央行决定利息，其实是对市场利息的一种追认或者预判，是把已经要形成的价格的升降进行一个发布而已，所以央行不能决定利息；又如法律的本质是自然法，是对已经形成的不成文制度的成文追认。城市规划同样不能决定城市的发展方向，城市是从历史中走出来的，按照自己的脚步在向前发展，人们只能对城市的发展方向进行预判，然后发布相应的规划，这时就是在对城市的发展进行追认。

2. 城市规划是副产品

科学的研究方法是通过单一的"因"尝试得到单一的"果"，并在他们之间建立合理的因果关系，科学家通过实验室排除其他影响因素，只留下需要的"因"，从而得出需要的"果"。城市是一个复杂的巨系统，各个因素之间存在各种强链接和弱链接，所以当人们想知道城市未来的发展方向并做出"追认"时，应该在认清城市在历史中走出来的基础上全面分析影响它发展的因素，所以城市规划的这种追认这里理解为它的副产品属性，研究城市规划的副产品属性对研究城市未来的发展方向具有很大的帮助。

（1）陪都疏散计划

1946 年抗日战争胜利之后，民国政府发布了《陪都十年建设计划草案》，其中提出在重庆要进行大量的城市功能和人口疏散方案。如今 70 年过去了，中国城市快速发展，大城市的规划建设中也开始强调城市的疏散，似乎倍感重庆当年规划之超前。但是通过研究发现，重庆陪都计划中的疏散方案和城市规划中的有机疏散理论的出发点是完全不同的，国民政府期间重庆受到日军非常惨烈的轰炸，在抗战期间由于功能和人口过于集中而付出了一系列惨重代价，所以陪都计划中的疏散是在防御，尤其是防御空袭的基础上提出的。这里的疏散不完全是有机疏散理论中的疏散，而是预防战争尤其是空袭的疏散。这里的城市规划是战争空袭的副产品。

（2）梁陈方案与当代鬼城

1950 年 2 月，梁思成和陈占祥共同提出《关于中央人民政府行政中心区位置的建议》，史称"梁陈方案"，旨在跳出北京古城另建新城。而这个方案在经济上不具有可行性，解放初期中国的建设能力严重不足，只有依托古城进行发展。半个多世纪过去了，中国经济总量已经跃居世界第二，根据标准排名研究院的研究发现，2009 年到 2013 年五年间，中国设市城市的建成区面积增加了 0.97 万平方公里，相当于新建了 50 个洛阳城（截至 2013 年年底，洛阳建成区面积为 191.85 平方公里）。新城新区遍地开花。国家城市和小城镇改革发展中心课题组 2014 年发布的报告称，在他们调研的 144 个地级城市中，有 133 个地级城市提出要建设新城新区，占 92.4%；而在检索的 161 个县级城市中，提出新城新区建设的有 67 个，占 41.6%。有些人把这些新区称之为"鬼城"，因为我们不需要那么多新区，但是经济的快速发展带动了新区的建设速度和规模，树欲静而风不止，中国的新城仍然轰轰烈烈地建设着。从当年美好的古城保护规划不能实施，到现在的新区建设无边际蔓延，这里的城市规划是经济水平的副产品。

（3）税改和城市规划

1994 税收体制改革，国税地税分离，中央收回地方财政权导致地方财政紧缩，中央提出为平衡地方财政鼓励地方通过卖地拉动地方 GDP 的政策，于是中国产生了"地产行业"，并带动引发"房地产行业"的快速发展。土地拍卖政策是导致房价上涨的主要因素，而土地拍卖政策产生于税收体制改革，所以税收体制改革间接引发了房价的变动。房价和土地之间的相互作用引发了近 20 年中国房地产市场的大规模发展，城市土地管理上很多非居住用地的转变为居住用地并用做房地产开发。这种超速的房地产开发是 20 年一变的城市总体规划完全没有预料到的，这种情况下城市土地利用出现了"先交易后修改规划"的现象，导致城市土地构成不平衡，配套设施跟不上，城市面貌变化极大，不合理规划的情况层出不穷，这是中国当代城市规划中的一个非常特别的现象。这里的城市规划是税收政策的副产品。

（4）从院落到棚户区

以中国为例，中国古代以农业文明为主，早期的城市从农村中演化而来，农业生产方式催生出的生活方式中有一个典型的居住特点—院落。中国传统农业社会的院落具有农畜、大型会客、举行活动等多种功能，院落中的院子形状比较规整且占地面积较大。由于早期的中国城市中市民也会进行少量的农业生产，所以中国的城市也以院落为基本居住单元。随着城市化的发展，城市内农田被开发，院子不再承担农畜等功能，市民生活越来越丰富，城市中人们的聚会等功能也转移到专门的聚会场所（如酒店、影剧院等），院子便不再承担聚会和举办活动的功能，原来占地面积较大的院子中逐渐盖起了房子以供更多人居住。传统院落在城市中逐渐转变为以居住为主要功能的杂院，杂院的特点是院子面积小，形状不规整，以居住为主，活动空间小。近些年城市快速发展，大部分杂院的基础设施未能保持更新，杂院区域逐步沦为"棚户区"，如今棚户区改造工程已经成为中国城市规划中的难题。这些转变都是与人们的生活方式紧密相关的。相比之下，在欧洲尤其是北欧，气候环境不适宜发展农业，传统城市以商业文明为主，商业文明催生下的城市市民居住方式强调店铺住宅结合，店铺住宅结合后就不需要院子。这和中国的院落单元形成鲜明对比，所以这里的城市规划是生活方式的副产品。

3. 城市规划副产品属性带来的启示

（1）复杂因素并存

城市的结构复杂，新时代的乡村也逐渐演变为复杂的系统，系统中的各个因素之间存在强链接和弱链接，而且这些链接之间的作用具有非线性特点，所以一个因素或者节点发生的变化会引发蝴蝶效应，有时甚至让主体产生突变现象，这种突变现象进一步生成非常复杂的大尺度变化，可能完全超出理性推理所得出的结果，这里将这种突变现象归属于城市规划的副产品属性。所以在城市规划中，应该尊重各个因素的作用，在城市快速变化的过程中，既要关注连续性，同时还要关注非连续性。

（2）理性和感性并存

以勒·柯布西耶的实践生涯为例，勒·柯布西耶早期崇尚理性主义，他的"光辉城"展示的摩天大楼再加大片绿地，整个构造非常清晰、简洁和宏伟，空间视觉呈现出高度对称的技术美，然而勒·柯布西耶晚年却一改自己的设计思想，回归到感性设计，重点在表达建筑形体和建筑塑形给人带来的感受以及营造的特殊气氛，柯布西耶用自己的一生完美诠释了从见山不是山到见山还是山的过程。而如今很多城市决策者仍然受到勒·柯布西耶早期理性主义色彩的影响，忽略了勒·柯布西耶在自己的晚年已经不再纯粹地坚持理性主义，这种盲目的理性主义崇拜导致无数历史文化街区和城市的文脉被无情地摧毁，有着悠久传统的城市变成了无法记忆的陌生地，所以城市规划在尊重各个要素的基础上应该强调理性和感性的并存。

二、现代城市规划的思想基础

现代城市规划经过近百年的发展，已经为现代社会所普遍接受，城市规划作为一门学科和具体实践，在城市的发展过程中，起到了重要作用，因此，Relph 指出，城市规划已经成为城市发展中控制变化的重要手段，他说："战后所有的发展都是经过规划的"。但是，城市规划又往往被看作是一门具体的技术性的工作，因此，方法、技术和形式的提出、接受及演进往往被视为其发展的主体，即使是社会文化论者，也只注重了城市规划的社会意义，而对其本身所内含的深层内容和基本思想也很少顾及。

因此，城市规划究竟是怎样的一门学科和实践，便得不到很好的、完整的理解。因此在我们讨论城市规划体系的具体内容之前，就有必要先来揭示城市规划所蕴含的思想基础，从中加深对城市规划本质的认识。T.Kuhn 在《科学革命的结构》一书中指出："我们如果把历史不仅仅看成是一堆轶事和年表，就会根本改变今天仍然支配我们头脑的关于科学的形象"。通过对现代城市规划史的学习和研究，我们对城市规划丰富的思想内容进行了归纳总结，提出了以下最基本的六方面内容，对这些思想的论述，正好与研究的过程相反，这里只能先将它们进行分类，然后再以发展的脉络予以说明。但我们仍应看到，这些思想并非而且也不可能是单独发生作用的，它们互相交织。

在现代城市规划发展过程中的任何事件中，都可以找到它们在不同侧面、程度不同的表现和反映，也就是说，它们共同构成了现代城市规划发展的基、理想主义城市规划是对城市未来发展的一种预期，因此，它必然要带有某些超越于现实的理想，缺少了这种理想，城市规划也就只能成为对现状的描摹，相对于城市现实的发展而言，它便只能是一种倒退。在城市规划的历史上，人们往往是将一种社会理想通过城市规划而得到表现，并期望通过城市规划的实践而得到实现近代历史上的空想社会主义就是这一思想的杰出表现，而且其本身就是现代城市规划最重要的思想源泉。近代空想主义源自于摩尔的"乌托邦"，他们的主旨在于通过对理想社会组织结构等方面的描述，以此改造他们所处的不合理社会，其中也涉及了许多物质形态和空间组织方面的内容，描摹了他们理想中的建筑、社区乃至城市，如傅里叶的 Phalanges。这类描述激发了对城市形态关注的建筑师、设计师和社会改革者的热情和想象。19 世纪工业的迅猛发展和城市化加剧，产生了许多城市问题，尤其是三、四十年代蔓延于英国和欧洲大陆的霍乱，更使社会和当局震惊，对城市卫生状况改进和人口高度密集所致后果的关注促使了一系列改造步骤的施行，因此，至 19 世纪后半叶，出现了许多城市发展的新设想和方案。霍华德也正是在此思想的引导下，综合 J.P.Kropotkin 和 H.George 的思想，提出了建立一种规模有限、土地公有、相对独立的"田园城市"设想。他认为，这是在当时社会制度下解决城市中人口拥挤和不卫生状况等问题的最有效的选择。1902 年第一座田园城市 Letchworth 开始建设，1920 开始建设第二座田园城市 Welwyn，它们部分地实践了。

Howard 的思想，但是显然，由于它们仍被期望融合进当时的社会背景中而又企图对所有制有所改造而建立起相对独立的城市，这只能是空想，也就是说，Howard 的理想只有在进行社会制度革命的前提下才有全面实现的可能。尽管这两座城市的试验最终都以失败而告终，但 Howard 的思想"对现代城市规划思想起了重要的启蒙作用"，在以后的有机疏散理论、卫星城理论以及大伦敦规划和英国 1946 年"新城法"等方面都得到了体现。与 Howard 通过新建城市来改善城市质量的理想相反，Le Corbusier 则期望通过对现有城市进行形态的重整而实现城市的改造。他在二三十年代先后提出的几个城市规划方案，明天的城市""伏瓦生规划"和"光辉城市"都采用了高度密集的形式，形成所谓的"垂直花园城市"，他希望以此来寻求对"建筑或革命"这一问题的解答。这些方案第二章现代城市规划的思想基础现代城市规划经过近百年的发展，已经为现代社会所普遍接受，城市规划作为一门学科和具体实践，在城市的发展过程中，起到了重要作用，因此，Relph 指出，城市规划已经成为城市发展中控制变化的重要手段，他说："战后所有的发展都是经过规划的"。但是，城市规划又往往被看作是一门具体的技术性的工作，因此，方法、技术和形式的提出、接受及演进往往被视为其发展的主体，即使是社会文化论者，也只注重了城市规划的社会意义，而对其本身所内含的深层内容和基本思想也很少顾及。因此，城市规划究竟是怎样的一门学科和实践，便得不到很好的、完整的理解。因此在我们讨论城市规划体系的具体内容之前，就有必要先来揭示城市规划所蕴含的思想基础，从中加深对城市规划本质的认识。T.Kuhn 在《科学革命的结构》一书中指出："我们如果把历史不仅仅看成是一堆轶事和年表，就会根本改变今天仍然支配我们头脑的关于科学的形象"。通过对现代城市规划史的学习和研究，我们对城市规划丰富的思想内容进行了归纳总结提出了以下最基本的六方面内容，对这些思想的论述，正好与研究的过程相反，这里只能先将它们进行分类，然后再以发展的脉络予以说明。但我们仍应看到，这些思想并非而且也不可能是单独发生作用的，它们互相交织。在现代城市规划发展过程中的任何事件中，都可以找到它们在不同侧面、程度不同的表现和反映，也就是说，它们共同构成了现代城市规划发展的基础。

第三节 城市规划与城市开发经营

一、城市规划与城市开发

1. 城市开发的概念

两者之间在行为准则上存在着本质差别，公共开发：以社会利益为出发点，涉及城市建成环境的公共领域；非公共开发：以个体营利为目的，如出售或出租不动产而获得利润，属商业性开发（如果开发者是业主本身，并且以自用为目的，也属于非商业性开发）。

新开发是将土地从非城市用途转化为城市用途的开发过程。再开发是城市建设环境的物质更替过程。

根据城市开发客体不同，可以分为土地开发和物业开发两种类型。

土地开发包括道路和市政设施建设、场地平整和清理，俗称"生地"变"熟地"。

无论是新开发还是再开发，如果涉及大规模的成片开发，往往是首先进行土地开发，然后进行分片物业开发。

建筑物的经济寿命是城市开发的时间经济特征中一个重要概念，它涉及建筑物、地块和房地产价值之间的关系。建筑物一旦落成，决定了既定用途下的房地产价值，表现为建筑物的售价或租金收入。

建筑物的经济寿命和物质寿命是两个不同的概念。建筑物的经济寿命的终结并不意味着建筑物在物质上已经"报废"，而是地块具有较现状用途更为经济的潜在用途。

技术创新也会促进再开发时机的加快。

2. 城市开发的城市规划干预

在新中国成立后至改革开放以前的30年间，我国城市土地使用实行的是单一、无偿、无期限使用的行政划拨制。由此造成的城市土地产权模糊、土地资源浪费和土地收益流失问题极其严重。

（1）外部效应的存在

在高度聚集的城市空间中，外部效应现象十分普遍，所造成的影响可能是局部的，也可能是整体性的。无论哪类影响都会因不动产开发活动周期长、难更改而产生长期负面效应。

这不仅违背了公共经济学中的公平准则，而且人为增加了社会成本。并且这些矛盾和利益关系是不能由市场本身得到调节的。当然，外部效应也可能是正面的，如因公共设施的改善带来周边地价的增值。

市场机制无法促使公共设施的开发。

城市的公共设施涉及社会的整体利益和长远利益，但往往没有直接的经济效益。

城市公共设施的开发往往要求规模开发或相对完整的开发，而非公共部门无法胜任这些公共设施的开发。

土地资源的稀缺性与永续利用的特性，使地价昂贵成为许多城市面临的一个主要问题。这既影响到经济和社会的正常发展，还会导致财富分配悬殊的加剧。因此，无论是土地私有还是公有的国家，政府都选择了对土地市场进行直接和间接干预的管理方式。

还存在着行政划拨土地与商品化有偿土地的"双轨制"。这必然会带来土地流通中隐形市场的存在，干扰市场的运行规则。在完成土地使用制度"并轨"以前，对不同性质的土地进入市场必须由政府施以不同的控制。

影响土地和房产市场配置效率的因素还包括市场主体的行为方式。我国现代企业制度的建设还没有真正完成，房地产开发的盲目性仍然很突出。

为了克服市场的种种缺陷，促进城市发展和经济增长方式的转变，一定的公共干预是必不可少的。

（2）城市规划公共干预的方式

城市规划作为公共干预的一种方式，其特殊作用在于土地利用的物质型控制。

从对开发的控制和引导作用角度来看，规划的体系可分为两个层次：城市土地是城市各项建设不可缺少的资源，城市规划的核心内容之一就是对城市土地资源的优化配置。如建设用地的征用和争购、用地项目的审批管理、土地使用权的招标或拍卖等，这就从源头上掌控住了开发建设活动的走向，城市规划也因此被称为城市建设的"龙头"。

总之，城市是一个多元利益交错的空间，政府如果放弃对这个空间的有效控制、法律监督和对发展框架的主导，则势必导致城市开发失序。

二、经营城市

经营城市，就是以城市发展、社会进步、人民物质文化生活水平的提高为目标，政府运用市场经济手段，通过市场机制对构成城市空间和城市功能载体的自然生成资本（土地、河湖）与人力作用资本（如路桥等市政设施和公共建筑）及相关延利资本（如路桥冠名权、广告设置使用权）等进行重组营运，最大限度地盘活存量，对城市资产进行集聚、组成和营运，以实现城市资源配置容量和效益的最大化、最优化。这样就有效地改变了原来在计划经济条件下形成的政府对市政设施只建设、不经营，只投入，不收益的状况，走出一条以城建城，以城兴城的市场化之路。

简言之，经营城市就是利用土地国有制度，征地拆迁，为财政谋取最大利益，同时给开发商分一杯羹。在利益博弈的同时改变城市面貌。城市经营的理念与模式，树立城市经营的新理念。

1. 缘由和本质

关于城市经营理念产生的背景缘由，国内有多种观点：第一种认为城市建设资金的长期短缺是城市经营最直接的动力；第二种认为全球化和城市竞争的加剧是城市经营的外在压力；第三种认为中央政府的权力下放，为城市经营提供了可能。我们仔细分析这三种观点，其实都是正确的，他们不过是分析问题时的角度不同。综合来看，我们可以得出城市经营理念的合理缘由：在体制改革、中央权力下放及经济全球化的国内、国际大背景下，城市竞争加剧，迫于城市建设资金的短缺，城市经营的理念也就应运而生。

关于城市经营的本质，同样存在许多观点，但大体上可以分为两类：第一类认为城市经营是指像经营企业一样把城市的资源、资产资本化进行经营；第二类则认为城市经营的本质是一种以市场化轨道代替原有的单纯财政安排的方式并向公众提供公共物品和公共服务的新的城市管理模式，是一种更有利于促进人民利益实现和人的全面发展的城市政府运作模式。很明显，第一类观点直接源于对城市经营的缘由理解。而第二类观点则在理解缘由背景的基础上，将城市经营的目的提升到与人民利益相关的层面。鉴于目前对城市经营的种种误区，笔者更倾向于第二类关于城市经营的本质理解。城市经营的目的不应该以营利性为主，不应该将城市当作普通的企业来经营，城市发展的目的在于让城市成为人的城市，而不是物质的城市，城市发展的终极目标在于解放人、发展人。

2. 发展

城市经营是指以城市政府为主导的多元经营主体，根据城市功能对城市环境的要求，运用市场经济手段，对以公共资源为主体的各种可经营资源进行资本化的市场运作，以实现这些资源资本在容量、结构、秩序和功能上的最大化与最优化，从而实现城市建设投入和产出的良性循环、城市功能的提升及促进城市社会、经济、环境的和谐可持续发展。

城市经营，既是市场经济不断深入的结果，也是中国城市化快速发展的必然课题。在市场经济和城市化进程的大背景下，政府的职能也要跟着转变，从建设城市到管理城市，再从管理城市到经营城市，是政府运营城市的必然选择。今天的中国，正面临着城市化的巨大机遇和严峻挑战，从管理城市到经营城市，是摆在每一级政府面前的重大课题。

3. 树立理念

（1）科学的经营

邓小平同志提出："科学技术是第一生产力"，从理论到实践已被广大干部和群众所领悟，许多城市在其经济社会发展战略中，都拟定了"科技兴市"的战略目标，并取得了巨大成效。

随着"三个代表"思想的深入学习，我们进一步领悟到，应当从发展先进生产力的高度来认识科学经营的本质和作用。从理论上分析，经营属于软科学，具有二重性：与生产力相联系的是经营的自然属性；与生产关系相联系的是经营的社会属性。经营是通过人在生产力中最活跃的因素来实现的，在经济与社会活动中直接或间接地起着生产力的作用。从实践上分析，衡量经营是不是生产力的标准，关键在于科学的经营能否产生经济、社会与环境的综合效益。不胜枚举的案例表明，在企业、事业单位的运行和发展中，科学的经营起着十分重要的生产力的作用。

改革开放以来，我国的城市化进程加速发展。其中，有许多城市的领导率先进行了思想观念的革命，驾驭着"两个轮子"的巨大车辆—城市，迅猛发展。这"两个轮子"是指科学技术与科学的经营，在两个轮子—重要的生产力的承载与驱动下，使城市快速、稳定地前进。这些城市由于实施了科学的经营，充分发挥了城市有形资产与无形资产的潜力，使城市面貌焕然一新，改善了投资环境，经济实力大增，提高了城市在国内与国外的知名度。因此，我们在研究城市的经营问题时，首先应对城市经营的性质与作用，提高到生产力的高度来认识。

（2）理念与目标

①城市经营的基本概念

城市经营是在我国社会主义市场经济体制不断完善的条件下，应运而生的全新理念；是城市政府运用市场机制来调控城市发展目标与有限资源之间矛盾的一种经济活动，运用市场手段对城市的各类资源、资产进行资本化运作与管理；城市经营既有政府行为，又有市场机制，"两只手"相互影响，相互补充；城市经营是遵循市场经济规律，对计划经济体制下形成的城市发展、建设方式的深刻变革。

②城市经营的目标

城市经营的目标在于促进城市经济、社会和环境效益的综合优化与可持续发展。但在少数城市领导的认识上还存在误区。把城市经营的目标和作用单一化，只追求经济实惠，而忽视城市的社会与环境效益。例如，某市领导不按城市规划办事，把防洪堤内的土地出让给开发商建住宅，由于严重危害城市居民的安全，不得不把居民已入住的楼房炸掉。又如，某风景旅游城市，不接受专家的建议，盲目追求商业利润，在列为世界文化遗产的风景区建造了许多破坏景观、污染环境的宾馆、商店，造成景区的脏、乱、差。结果被联合国教科文组织评为"濒危景区"，被"黄牌"警告！为了景区的可持续发展和城市的综合效益，该市政府才痛下决心拆除大量本不该建造的房屋和设施，造成巨大的损失。

（3）条件与主体

①城市经营的前提条件

城市经营需要具备三方面的条件：首先是社会主义市场经济体制的建立和完善，有了相应的市场，市政府才有可能运用市场机制进行经营活动；其二是城市政府职能的转变，彻底改变在计划经济体制下形成的"大政府、小社会""政企不分"，市政府统管一切、包揽一切，城市建设是无偿的供给与服务，只搞建设、不管经营的传统观念和做法；其三是健全城市的法律与法规体系，因为市场经济的本质就是法制经济，市场的运作靠法律和法规来约束与规范，促使城市政府对城市的经营管理纳入法治的轨道。

②城市经营的主体

城市政府是城市经营的主体，但并不是由市政府的各部门直接指挥物质生产与交换，而是通过市场进行资本运营。城市政府经营城市，在方式上要从计划经济时期的行政指令性分配，转向以法律为基础的经营与管理；在对象上从过去对企事业单位的微观管理，转向对城市资源的整体发掘、利用和经营管理。城市经营的主体是城市政府，但参与经营者则是多元化的，为此，就要有各种投资主体、各类企业和中介组织的参加，以及广大市民的参与。

（4）范围与作用

①城市空间和城市功能载体是城市经营的重要领域

城市空间是指城市规划范围内的区位、地上、地下所形成的多维空间，每座城市都是在一定范围的空间中生存发展。城市空间中所拥有的自然生成资源—区位、土地、山丘、河湖、森林等，都是城市经营的资本。城市功能载体是指在城市中具有某种使用价值的人力作用资产—道路、桥梁、房屋、车船等，用以满足城市生产与生活的物质需要和精神需求，同时也是城市经营的资本。

城市空间和城市功能载体在社会主义市场经济条件下，具有商品属性，在等价交换中实现其价值。城市中的自然生成资源和人力作用资产，如果不进入市场，不交换，就不是商品，只有使用价值，而未实现其交换价值。城市土地要转让其使用权，就作为商品，就有价格；以市场交换为目的的人力作用资产如住宅、写字楼，不仅有使用价值，而且具有商品的交换价值。城市中的许多功能载体，如道路、桥梁等，是供市民大众公用的，但不能无偿使用，也要进入市场，作为商品来经营。

②城市无形资产的经营

城市资产是指城市在规划范围内各种资产的总和，按其形态分为有形资产与无形资产。有形资产系指城市中一切有形的实物，包括自然生成资源和人力作用资产。无形资产系指依附于有形资产之上的无实物形态的资产，如开发权、使用权、经营权、冠名权、广告权、特色文化等。随着社会主义市场机制的建立，许多城市的政府不仅狠抓有形资产的开发、使用，推向市场运作，盘活存量资产，使城市的实力不断增强；同时，也很重视挖掘无形资产的潜力，充分发挥其商业价值的作用，使城市既有实惠又增光彩。如湖南益阳市，出让市区路灯、电线杆上的广告使用权，每年就有 1000 万元的收入。又如长沙市拍卖一座立交桥上下的广告权、冠名权，被长沙卷烟厂一次性买断，市政府和企业都获得颇丰的回报。

③城市经营的主要作用

城市经营的主要作用在于推进城市资产的保值、升值和增值；扩大城市的经济实力，完善城市的多种功能，优化城市的生态环境，提高城市的品位，增强城市的综合竞争能力和知名度。

城市中的各类资产，由于不可避免的物理磨损和精神磨损，都会随着时过境迁而贬值。城市的资产如何从贬值走向保值和升值，关键在于城市政府制定正确的经营策略。例如大连市把环境建设作为城市经营的核心，利用级差地租理论，调整土地使用功能，以最小的成本换取最大的效益，从 1992 年 2001 年，全市的土地及其地面实物总共升值了五倍多。

城市资产的升值，一般是指原有资产由于经营得法内涵提升了价值量。大连市把一块地价仅为 700 元／㎡ 的荒滩地，开发建设成具有商贸与文化活动功能的星海广场，使地价上升到 1 万元／㎡。这块地皮的价值量很明显是通过内涵改造而升值了。城市资产的增值，一般是指由于资产数量的外延扩张而增加了价值量。许多城市新建了开发区，城市的经济总量迅速上升，就属于资产的增值。最突出的例子是上海开发浦东后，经济实力迅猛增强，除了浦西的改建使原有资产的升值外，最主要的因素是浦东新区产生的增值。

4. 多种模式

近年来，我国的许多城市大胆探索城市经营的方式、方法和切入点，并在不同程度上取得了经营的效果和经验。现据我所知，就其城市经营的理念和方式，归纳出以下几种主要模式。

（1）实施治理环境改变城市面貌的经营模式

大连市以整治城市环境为突破口，推动城市经济、社会与环境的协调发展，增强了城市的吸引力与辐射能力，走上了国际市场成为名牌城市，是实施环境经济经营城市的先进范例。大连有着得天独厚的区位优势，但在计划经济时期，只是一个传统的工业城市。到20世纪90年代初，随着对外开放和经济体制改革的深化，大连市政府认识到，在社会主义市场经济条件下，必须冲破传统观念，用全新的视角来确定城市的功能。在制定城市的总体发展战略时，就明确提出："要面向市场、面向国际，把大连建设成现代化的国际性城市；城市的主要功能是旅游、商贸和港口"。为改变城市面貌其主要措施是美化城市，实现城市的"绿、透、通"：首先是进行城市的绿化，铺草地、栽大树，街道成为绿色的长廊，居住区内都有了街心花园，全市的绿化率达到了40%；其二是拆除大院的围墙，装上通透的新式栏杆，庭院绿地与沿街绿地连成了绿化系统；其三是拆除棚户与临时建筑，清理马路市场，使道路通畅，改变了脏、乱、差的市容面貌；其四是把老市区的工厂迁至郊区，通过设备更新和技术改造，使老企业蓬勃发展；其五是老市区上百万居住拥挤的市民，迁进花园式的小区，提高了生活质量。

通过大量城市土地功能的置换，市政府手中有了土地——本属于城市政府的"金饭碗"，利用级差地租以地生财，政府获得了大量的城市基础设施建设资金，从而就能改善投资环境，"巢"筑得好，"凤"就蜂拥而至了。通过招商引资，使大连的工业、港口交通都得到了发展；更为突出的是建设了一大批高档的旅游宾馆、贸易中心、展览馆等公共设施，增强了城市对外开放的功能。截止到1999年，全世界有150多个国家和地区与大连有贸易关系；146个跨国公司在大连开办了175个项目；全世界的500强企业有53家在大连有分公司；1993年以来，举办过326次各类展览会，12次国际服装节，14次出口商品交易会，还有12次赏槐节和4次烟花爆竹节。由于对国际、国内市场的不断拓展，使大连的投资回报率高达216.5%。现在大连市的城市综合实力已跃居全国第八位，成绩斐然。

（2）建立土地储备中心盘活存量资产的经营模式

我国从20世纪80年代以来，城市土地的使用发生了本质的变化，由无偿占用改为有偿使用。但是，由于管理体制的滞后，各个城市都存在着许多土地使用的弊端。首先是城市土地的多头经营，造成国有资产的严重流失。那些拥有城市土地的村镇、工厂、机关和学校，都可以随意定价，卖地生财。城市土地成为单位所有，城市政府控制不住，也聚不到财。其二是城市规划对城市用地功能的失控。由于市政府控制不住土地的买卖权，也就难以控制每块土地的实际使用功能，因而造成城市建设布局的混乱。

杭州市政府有鉴于此，进行了城市土地管理制度的创新。1997年建立杭州市土地储备中心—由市政府授权成立经营土地的公司。市政府先行注一定的资金，对全市的土地实行统一收购、统一规划使用功能、统一招投标与拍卖，市政府完全垄断城市土地的一级市场。这种城市土地使用制度的创新，其效益是多方面的。其一，"金饭碗"内的"油水"不再流失，市政府真正实现了以地生财。从1999至2001年3年的时间，就比按协议批地多收回地价8.4亿元，有力地支持了基础设施的建设。其二，为实现城市规划确定的用地功能提供了保证。由于城市土地的买卖全部控制在土地储备中心，市政府手中有了地，也就有了按规划配置土地的实权，可以根据旧城改造、生产、生活用地的各种需求，做到对城市用地的规划、开发、建设、配套、经营、销售的六统一。从而使城市土地的管理由无序转化为有序经营，促进了城市土地资源的优化配置。其三，通过垄断土地的一级市场，就可以控制城市土地周转的总量，并提供每年可出售的各类土地的数量。根据供需的均衡制定合理的土地价格，可以防止城市土地价格偏低或过高而造成的后遗症；同时，因城市资产升值而产生的级差地租，也由储备中心替市政府及时收回。杭州市建立城市土地储备中心的制度创新战略，受到国土资源部的重视，在 2001 年已确定为全国土地资本运作的试点城市。现在全国已有上海、青岛、珠海、南通、宜昌等 70 多个城市开始实行城市土地储备制度。

（3）实施名牌产品战略占领国际市场的经营模式

经营名牌产品对加强市场竞争能力、扩大城市经济实力与提升知名度起着重要的作用。一个城市要想在国内、国际市场上有一定的知名度，关键在于经营名牌产品，在竞争中占有一席之地。我国目前最突出的实例是青岛市和绵阳市，他们经营城市打的是名牌产品战略。

青岛市下大力气培育了海尔、海信、青啤、澳柯玛、双星等一批享誉海内外的名牌企业。国家公布的 57 个"中国名牌产品"中，山东省共有 12 项，其中青岛市就拥有 10 项。特别是青岛市的"海尔"家电产品更是驰名世界，在 13 个国家建立了分厂，在 160 个国家和地区销售"海尔"产品，电冰箱的销售量就占美国全年的 50%。青岛的名牌产品生产已成为城市的支柱产业，带动了二产、三产的全面发展，已形成互动的产业键。青岛市实施名牌产品战略，构建了城市强有力的总体美誉度，名扬海外，极大地提高了城市的吸引力。世界 500 强企业纷纷登陆青岛，仅 2002 年上半年就有海外投资的 1000 多个项目签约。

四川绵阳市的名牌产品是长虹电视机，在发展中国家很受欢迎，促使长虹电视机厂不断扩大规模，现已成为全世界规模最大的电视机厂，年产 1200 万台。绵阳市政府制定产品经济经营战略，围绕电视机发展其他电子产品，从而使该市成为以电子产品为支柱产业的新兴高科技城市。

（4）实施创新战略为中心城市服务的经营模式

地处北京市北部山区的密云县，为保护首都的水源 -- 密云水库，工业长期不发达，经济增长一直处于北京市所属区县的末位。近几年密云县的领导班子制定了为首都服务，走环境立县、科技兴县、依法治县的创新战略，取得了突出的业绩，经济增长、城镇建设跃居北京所属各县之首。主要的创新举措是：把困难留给自己，为投资者提供服务，将县政府 30 多处分散的办公楼、县委招待所等拍卖给投资者；招标拍卖街道和建筑物上的广告使用权，道路、桥梁、雕塑的冠名权；用盘活这些存量资产所得的 30 亿元资金，整治环境、建设基础设施，引进高科技，从而吸引来 30 多个省市的投资者，资产增量共达 120 多亿元。

人民日报于 2002 年 9 月 17 日用整版篇幅对密云县进行了全面报道。其总标题是：密云，在创新中崛起。分栏标题有：创新始终是经营城市建设的不竭动力、创新崛起新密云、创新绿色经济、创新创建全国文明城、创新经营城市等。紧接着于同年10月全国市长协会在密云县城召开了市长论坛与城市经营的现场交流会。大家认为，密云快速发展的核心在于创新，无论是经济发展、环境治理都有新思路、新举措，并且善于经营和推销本县的优势。从而获得15项桂冠，如全国生态环境示范县、中国第一个绿色产业园区和示范基地、全国无公害蔬菜基地示范县、科技部火炬计划北京绿色科技产业基地、首都饮用水源基地、中国高校产业基地、北京市园林卫星城镇等。

（5）大力发展非公有制经济的经营模式

经过多年的实践和理论探讨，我们已经认识到，必须毫不动摇地鼓励、支持和引导非公有制经济的发展。个体、私营等多种形式的非公有制经济是社会主义市场经济的重要组成部分。非公有制经济对于中小城镇的发展起着极为重要的推动作用。

例如河南省的长垣县，在既无外资又无国有投资的情况下，大力扶持非公有制经济的发展，在短短的6年时间里，就建成一座环境优美、市容整洁、具有现代气息的新县城，称为河南的"小温州"。全县现有个体、私营、股份制企业1000多家，个体和私营业主的投资在全县的固定资产投资中已占60%以上；在新城区建设的总投资中占98.9%，成为主力军。县政府还对该县外出经商务工的人员，特别是富裕大户和经济技术能人，动员其回乡创业，创办"回归工程"；为其引进资金、技术、项目、信息创造条件。现已建成"回归"企业580多家，仅2000年就有新上的投资在100万元以上的项目59个。从而使长垣县形成了经济发展和城镇建设互动的良好局面。

（6）凭借大交通发展大市场的经营模式

我国有许多城市既不通铁路，又无高速公路，长期发展缓慢，实践表明，"要想富，先修路"，已成为城乡发展的普遍规律。这几年我国的铁路、高速公路建设快速发展，有效地带动了一批城镇的大发展。

例如河北的衡水市，这几年抓住京九铁路穿越该市、贯通南北的机遇，经营建设大市场，组织专门队伍到各地招商引资。很快就使衡水成为北京、天津、重庆、广州等地大公司的投资热点，经营服装、食品、化妆品等各种市场；同时制定政策鼓励农民进城务工经商，使城市经济活跃、人气旺。为改变城市面貌，市政府请来专家进行城市设计。近几年老城区全面改造的总投资高达23亿元，其中98%的资金是通过经营大市场获得的。

（7）突出城市特色经营文化名城的模式

山东曲阜市利用孔子故里和历史文化名城的特色优势，把城市个性、城市文化作为城市重要的无形资产来经营。围绕孔庙、孔府、孔林文化古迹建设富有特色的城市街区，吸引世界各地的游人；建立孔子研究院，邀请世界各地教育家来此办学、举行学术活动；组建以孔子系列书籍为主要内容的出版事业。从而形成了城市的特色，提高了文化品位，也吸引来各方的投资者。曲阜市由于经营得法，获得了较前大为充裕的城市建设资金，仅2002年上半年，全市的城建投资高达3.2亿元，其中市政府的财政支出只占其中的1.3%。

5. 运用

城市经营不是独立于城市规划、建设和管理之外单独运作的一种手段和程序，而是一种思想观念。它渗透、贯穿于城市规划、建设和管理的全过程，即：以经营的思想规划城市，以经营的手段建设城市，以经营的方式管理城市。

（1）以经营的思想规划城市

我们现在所进行的城市规划，是在总体上实现小康社会的基础上，描绘现代化城市建设的蓝图。我认为：规划 21 世纪的现代化城市，仅有工程技术知识是不够的，必须强化城市经营的理念；遵循市场经济规律，做到城市资源的优化配置，为城市经营创造良好的生活环境和经营环境。城市规划与城市经营是相辅相成的关系，城市规划利用其综合的观点和整合的能力，规划好城市的空间布局，就有助于防止城市经营中某些不顾大局片面追求经济利益的短期行为；而城市经营则发挥其驾驭市场的能力，成为贯彻实施城市规划的重要手段和保证。在市场经济条件下，城市规划的实施，虽有城市政府行政力量的支持，但常会受到市场经济利益的冲击。解决矛盾最好的办法不是简单的行政命令，而是通过正确的经营策略，既保证城市长远的整体利益，又使得当前的局部利益得到满足。

西方国家常用 TOD 的方式通过城市规划进行城市经营。所谓 TOD，就是政府利用垄断城市规划带来的信息优势，对规划发展区的用地以较低的价格征用；接着进行基础设施的建设，使土地升值；然后出售基础设施完善的"熟地"，利用"生地"与"熟地"之地价差，平衡建设成本。基于此种经营的理念，最近南京市已着手重新规划新的轨道交通线路走向，并调整郊区开发建设的时序。所谓 SOD，就是通过社会服务设施引导开发建设的模式。政府利用行政垄断权的优势，通过城市规划对城市功能进行空间调整和迁移，使老市区和新开发区通过地价差，都获得更新与发展的资金保障。青岛市就是成功的案例，市政府出让老城区用地，市委市政府机关率先迁入新区，达到了城市功能的转移、空间的疏解与优化、政府财政状况改善等目的。

（2）以经营的手段建设城市

在市场经济条件下，要确保城市建设有投入、有收益，进入良性循环的状态，必须运用市场经营的手段来运作，其主要做法有以下几方面。

①开发和盘活城市土地资源

在城市的国有资产中，数量多、增值潜力大、市政府能直接控制的资产就是城市的国有土地。市政府可以开发荒滩和废弃的土地，也可以收回闲置的土地，又可以收购破产企业已贬值的国拨土地，以及低效益使用的土地，从而使大量存量土地资产升值。例如北京市的密云县，将闲置 8 年的 1000 亩土地出让给房地产公司，政府获得 2000 万元的出让金，用于基础设施建设成效显著。该房地产公司凭借得到改善的市政设施条件，招来外商共同投资建设成高档别墅区。由于盘活了闲置的存量资产，从而给密云县带来了 12 亿的增量资产。

②建立基础设施项目投资回报补偿机制

城市的基础设施建设项目，由于投资数量大、建设周期长、价格定得低、投资回报少等因素，制约了以追求利润最大化为目标的国内外资本进入这一领域，使城市政府在力图缓解城市基础设施的压力和建设资金不足的矛盾中处于两难的境地。现在许多城市运用城市经营的手段，建立基础设施项目投资回报补偿的办法，即谁投资、谁受益，有效地吸引了国内国外的资金，投入到基础设施的建设中。例如上海市，为开发浦东需要建设跨越黄浦江的大桥三座、隧道两座、环城高速公路等耗资巨大的工程项目。钱从何来？上海市面向国际市场，大胆利用外资，采用特许权的办法，授权外企自行融资、建设、经营工程项目，外企自负盈亏、自担风险，自己受益，取得了较好的投资回报率。

又如长沙市，为在湘江上建两座大桥，凭借城市政府的信誉，依据经济合同，与香港李嘉诚兴办的长江基建公司签订协议，采用BOT的方式，由该公司负责融资、建设大桥，建成后由公司经营收取商业利润，按协议50年后归还市政府。长沙市需要建第八水厂，市政府通过协议授权由乡镇企业长大集团公司筹资建设。一个供水能力25万吨的水厂两年建成，经营17年后归还市政府。实践表明，城市经营的手段，必须符合市场经济规律，建立等价交换的机制，使投资者有利可图，就能够吸引国内外的资金，注入城市建设之中。

③大力推行无形资产的商业化运作

随着人们物质生活的不断丰富，精神需求也日益高涨。城市的历史古迹、特色文化、生态环境、建筑风格等精神资源—依附于有形资产之上的无形资产，成为城市升值的重要源泉。我国众多的历史文化名城，如北京、西安、拉萨、平遥等城市成为国内外的旅游热点；具有奇特自然景观的张家界、三亚等城市旅游收入成为支柱产业，勿用赘述。

特别值得重视的是，有些城市善于经营无形资产，通过商业化运作获益匪浅。例如大连市，利用其区位优势，大搞服装节、博览会，还举办过12次赏槐节。每个城市都有许多槐树，都开花，但人们并不在意。而大连市善于商业化运作，"借景生财"，通过赏花过节丰富人们的精神生活，又繁荣市场，增加经济收益；并提高城市的品位，显示出太平盛世的社会效果；同时还扩大了城市的知名度。

又如南京市，素有"四大火炉"之称，炎热的气候使投资者望而却步。市政府近几年下决心经营生态环境，引长江水进城，改善河道水质；每年净增绿化面积120公顷，绿化覆盖率达40%以上。从而使南京市区夏天的平均气温逐年下降，甩掉了"四大火炉"的帽子，成为投资的热点城市，使城区的土地价格平均每年涨幅超过30%，城市资产显著升值。

④开辟多元化融资渠道

除上述通过经营手段筹集城市建设资金的重要举措外，还有若干种融资的渠道。诸如：结合城市产业结构的调整，出售国有和集体企业；拍卖、转让城市公共设施—道路、桥梁、公交线路、商业网点、公厕、路灯、报刊亭等有形实物的经营权，以及依附于其上的冠名权；发行城市基础设施建设债券和股票；组建城市建设信用社，建立城市建设发展基金；成立中小企业担保中心，经营资产抵押、担保，向金融机构融资，对中小企业进行投资、信贷、参股、控股，扶持中小企业，特别是民营企业的发展。

（3）以经营的方式管理城市

①建立管理是服务的新观念

在社会主义市场经济条件下，城市管理的本质是服务，而不是关卡压。以经营的方式管理城市，就是要运用行政、经济和法律的多种方式、方法，为促进商品生产、市场发育和社会稳定服务。许多城市把旧城改造与老企业的技术改造相结合，把改善居民生活环境与土地功能转换相结合。运用经营的方式对市区、郊区、企业、居民的需求统筹管理服务到位，从而各得其所需，达到了经济、社会和环境效益的综合优化。

②转变城市政府职能，实行城市资产所有权与经营权相分离

在市场经济条件下，城市资源的配置方式已从计划经济体制下的行政调拨，向市场调节转变。因此，城市政府必须明确政府的主要职责是：对经济的宏观调控；对市场的监督和管理；对公共活动的服务。凡是应由市场解决的问题和处理的事务，政府就"不该管"也"管不好"，必须放权。但是，我国长期存在的政企不分的体制，严重制约着城市资源的市场化运作。例如城市的公用事业，以前都是市政府一元化投资形成的国有资产。公用事业管理局垂直领导其所属企业，并垄断公用事业所有环节的经营权。以致出现公用事业的经营者凭借其垄断优势，按企业的个别成本报价，而不按社会的平均成本报价。结果企业既没有降低成本的压力，又缺乏激励提高运营效率的机制。因而使企业长期处于低效率、低效益、微利甚至亏损的状态。这表明，必须用竞争的、市场经营的机制来改革现行的管理体制。近年来武汉、石家庄、深圳等城市，已在环卫作业的市场化经营方面进行体制创新，成效显著。

三、城市规划与城市房地产开发如何协调发展

房地产业是一种城市形态的产业。房地产业的兴起、发展都离不开城市地域，它是在人群聚居的城市地区中，随着工业化、城市化的发展而发展，并形成的独立产业。而房地产业在社会经济实践活动中的重要作用也主要是在城市形态中体现出来的。可见，房地产业的发展与城市的发展有着密切联系。但我国的房地产业在实际运作中，由于起步晚、基础差，因此与城市的发展存在着不协调之处。首先是长期的滞后，随后出现了短期的过热，即使在经过调整后的今天，仍存在一些不协调的问题。

1. 城市规划与房地产开发的特点

城市规划是一种政府干预行为，规划方案多由政府部门组织编制，具有很强的计划性和政策性，考虑整体利益和长远利益；而房地产开发多是企业或个人的经济行为，以谋求最大利润为目的，受市场经济规律的制约。这决定了城市规划与房地产开发的不同特点。

（1）城市规划的整体最优和房地产开发的个体最优

城市规划考虑整个城市甚至更大区域范围内用地的合理组织，以求达到经济效益、社

会效益和生态效益的统一，具有全局性的特点。它寻求城市发展的整体最优模式，对某一特定地段，某一特定行业的发展往往不是最优，甚至可能是极为不利。房地产开发是个体经济行为，开发商从自身利益出发，总是选择区位条件最好的地段，采用收益最大的开发方式，要求更高的容积率。如果缺乏规划管理，其开发活动很可能造成交通拥塞、环境污染、缺少公共设施等问题。

（2）城市规划的长远利益和房地产开发的短期行为

我国城市总体规划的年限一般为20年，即城市规划最终形式表达为20年以后的城市物质形态，城市长期发展利益为其重要依据。而对城市土地投资者和开发商最为重要的是如何使投入资金在最短时间内获得最大利润，短期行为目标成为衡量项目可行性的重要依据。城市开发建设要协调长远利益与短期利益的关系，使城市规划的宏伟蓝图通过一个又一个的房地产开发的短期活动来实现，城市得到稳步、协调的发展。如果过分强调长远利益，会失去经济发展的机会；过分强调短期效益，则可能加重未来城市的负担和损害城市公众利益。

（3）城市规划的相对稳定性和房地产开发的突发性

我国城市规划编制工作需较长时间完成后具有法律效应，实施若干年后，才加以修订，它的内容和表达形式具有相对稳定性。在具备竞争机制的市场体制下，房地产开发要抓住时机和注重开发后的收益，往往会出现出乎规划管理人员预想的突发行为。城市房地产开发的突发性对现有城市规划冲击很大。对城市发展具有重大影响的开发项目甚至导致政府决策与规划目标相悖，使整个规划构思被打破，城市发展格局完全打乱，原有规划失去意义。

2. 城市规划与房地产开发的关系

城市规划对房地产开发起到必要的管制作用。

（1）我国《城市规划法》规定"城市规划区内的土地使用和各项建设必须符合城市规划，服从规划管理。"具体来说，就是城市建设用地的性质、位置、面积、建设工程的外观、高度、建筑密度、容积率等都必须接受规划管理。由于房地产开发以追求最大利润为目的，受市场经济规律影响，若没有规划干预容易产生过度开发，随意开发和忽视公众利益等问题，通过规划手段对其进行管制是十分必要的。

（2）城市规划指导和促进房地产开发。

建立在详细调查和科学论证基础上的城市规划，为开发商提供了大量信息和开发依据，房地产开发的地段选择，开发方案选取，价格评估等都能从城市规划中获得指导。合理的城市规划也能增强投资者的信心，促进房地产开发的发展和形成一批开发"热点"。

（3）城市规划设计也是房地产成片开发的必经阶段和必要手段。

房地产成片开发必须经过总体的规划设计才能进行工程建设，合理的规划设计能够节省投资、降低成本，在较高层次规划许可的范围内，获得数量更多、用途更广的物业，从而使开发者达到最高的经济效益，也有利于多快好省地满足人们生活生产的需要。

3.我国房地产开发与城市规划不协调发展的表现

我国一些城市仍存在着房地产开发背离城市规划的现象。

（1）过度开发。在追求收益的经营目标驱动下，往往会造成一些地段内的进度的开发建的是居住片区的开发或改建过程中，开发部门为提高出房率，对住宅间距一压再压，尽可能增大建筑密度，简单的行列式密集排列，往往导致居住区面貌单调，日照不足，居住环境质量下降等。

（2）开发的随意性。在城市开发活动中，不同用途的土地进行开发时其收益水平也不同，导致开发部门的开发行为在一定程度上的随意性。

（3）对公共开发的冷落。公共设施是城市发展的基础和必不可少的前提，为社会的利益服务。但以市政设施、绿化、道路等公用设施为主体的公共开发，由于没有直接的经济效益，因而没有开发部门主动进行投资。

4.我国房地产开发与城市协调发展采取的措施

城市规划对房地产业发展调控的作用最直接，最具体，也最有影响，是房地产业发展的基本依据。而房地产开发又是城市规划的落脚点和得以实施的执行者。因此，只有制定符合市场经济规划的城市规划才能有效控制房地产发展。

（1）城市规划应加强对房地产开发的管理。首先，必须增强规划的超前意识。城市规超前不仅能使房地产开发部门有一定的时间和思想、物质准备按照规划进行开发建设，而且能影响房地产开发的投资方向、策略，促进房地产业健康发展。

（2）规划要充分考虑开发者的利益，增强规划的弹性和应变能力。

在市场经济中，城市规划在城市发展过程中始终不具有开发的决定权，而只具有否决权，因此城市规划要加强对房地产经济的研究，做到以规划为"龙头"，带动房地产开发和城市建设的发展，以使规划设想付诸实施。

（3）与房地产开发管理相适应的新的规划方法控制性详细规划是我国近年来在西方国家区划管理经验的基础上，适应城市土地有偿使用和房地产开发管理而发展起来的一个新的规划层次。

第四节　经济制度转型中的城市建设制度

一、经济转型

经济转型指的是资源配置和经济发展方式的转变，包括发展模式、发展要素、发展路径等等转变。从国际经验看，不论是发达国家还是新型工业化国家，无一不是在经济转型升级中实现持续快速发展的。我国从九五计划开始即提出了经济转型问题。

1. 经济转型简介

经济转型或经济转轨是指一种经济运行状态转向另一种经济运行状态。这种转变有四个关键要素：转型目标模式、转型初始条件、转型过程方式和转型终极条件。其中，转型目标模式以及所谓渐进和激进两种转型方式的比较已是人们熟悉的命题，而对转型的条件研究却有所忽略。

实际上，初始条件转变为终极条件非常重要，不同的经济运行条件必然会导致不同的运行路径依赖，产生不同的结果，也对目标模式产生深远的影响。在探讨经济转型之前，应分析"转型"一词的词义。"转型"作为一个基本概念，最初应用在数学、医学和语言学领域，后来才延伸到社会学和经济学领域。布哈林在研究市场经济向计划经济的转型过程中，曾首先使用了"经济转型"的概念。对经济转型的表述及研究的侧重点均有不同，中文文献往往以"改革、转型、渐进和转化"来描述。

就经济转型的概念而言，经济转型是指一个国家或地区的经济结构和经济制度在一定时期内发生的根本变化。具体地讲，经济转型是经济体制的更新，是经济增长方式的转变，是经济结构的提升，是支柱产业的替换，是国民经济体制和结构发生的一个由量变到质变的过程。

经济转型不是社会主义社会特有的现象，任何一个国家在实现现代化的过程中都会面临经济转型的问题。即使是市场经济体制完善、经济非常发达的西方国家，其经济体制和经济结构也并非尽善尽美，也存在着现存经济制度向更合理、更完善经济制度转型的过程，也存在着从某种经济结构向另一种经济结构过渡的过程。

2. 转型内涵

今天流行的新语言、新词汇，往往就是未来人们凝思历史时的注目点。"经济转型"这个阜新人用智慧和汗水打铸出来的新词汇，日前已被最新版的《现代汉语辞海》进行收录，成为人们解读阜新发展史的又一个见证。

"经济转型"代表着一连串重要的历史事件：2001年5月，阜新市第九次党代会胜利召开，鲜明地提出：以经济转型为主线加快发展。这是阜新首次明确提出经济转型命题。同年12月28日，国务院正式下发文件，批准阜新为全国资源枯竭型城市经济转型试点市。经济转型这一科学命题，迅速在全国400多个能源城市普及，并被正式写入"中央11号文件"及"十六大报告。2013年两会期间温家宝总理所做的《政府工作报告》中，经济转型再一次被提及。作为一个使用频率已经相当高而且含义深远的流行词汇，"经济转型"毫不犹豫地走进了《辞海》。

据了解，收录"经济转型"这一词汇的《现代汉语辞海》是在1996年修订本基础上的2002年的增补本。《辞海》中对"经济"的解释为："经济学上指社会物质生产和再生产的活动"，"转"是指改换方向、位置、形势、情况等。以前的《辞海》中既没有"转型"也没有"经济转型"这一词组，"经济转型"完全由阜新创造。

3. 转型缘起

1978 年前，中国实行高度集中的计划经济体制，其经济状况处于相当困窘的局面，这里有历史的原因。但更突出地暴露出体制自身的弊端。当时，世界发达国家收入的平均水平是 8100 美元，中等收入国家的平均水平是 1160 美元，发展中国家的平均水平是 520 美元；按当时的汇价计算，中国人均国民生产总值只有 230 美元，而农民的人均收入只有 191.33 元，折合成美元还不足 62 美元（还有一种说法是人均总收入 152 元，人均纯收入 134 元）。中国贫困人口及低收入人口约占总人口的一半。与国际发展差距的急剧扩大和国内吃不饱饭、饿肚子的严酷经济现实，决定了中国经济改革一个最为根本的主题即寻求经济增长、实现经济发展。这个主题被邓小平同志提高到社会制度的层面，精辟地概括成"贫穷不等于社会主义"；表现在改革开放的政策高度，被中共中央的决议界定为：坚持以经济建设为中心不动摇的基本国策；从中国经济转型的过程来看，这个主题基本贯穿了转型和改革的整个过程。在某种意义上讲，中国的经济体制改革从一开始就是服务于这个主题；而最终衡量转型成败的标志仍然是这个主题。

邓小平同志关于中国经济改革的三个衡量标准，最核心的问题仍然是经济增长。虽然寻求经济增长是转型国家改革的共同出发点，但把经济增长作为衡量改革成败的标准，而不是把建立市场经济制度作为衡量改革成败的标准，是中国和其他国家转型道路的根本差别。也许，正是这种完全务实的态度，才避免了出现类似苏联、东欧转型国家市场经济理性建构主义的风险。中国的经济转型始自农村，中国农民包产到户、分田单干的首创精神，完全是经济困顿、吃不饱肚子的现实所逼。这似乎带有典型的局部改革的特征；但事实上，中国的改革一开始就带有全面改革的战略意图。只不过这种全面改革并没有一个明确的目标，而完全是从解决社会实际问题出发的角度，摸着石头过河。从案例的角度认识中国经济转型道路，最为直观的办法是对中国的改革过程按发展阶段进行实证考察。

4. 转型分类

经济转型有多种分类方法，常见的有以下两种划分方法：

（1）状态划分

按转型的状态划分：分为体制转型和结构转型。

①体制转型指从高度集中的计划再分配经济体制向市场经济体制转型。体制转型的目的是在一段时间内完成制度创新。

②结构转型是指从农业的、乡村的、封闭的传统社会向工业的、城镇的、开放的现代社会转型。结构转型的目的是实现经济增长方式的转变，从而在转型过程中改变一个国家和地区在世界和区域经济体系中的地位。经济结构包括产业结构、技术结构、市场结构、供求结构、企业组织结构和区域布局结构等等。因此，结构转型又包括产业结构调整、技术结构调整、产品结构调整和区域布局结构调整等。

另外，有的学者把经济转型的状态分为四类：经济体制转型、发展战略转型、经济增长方式转型、经济结构转型等。我们认为，无论怎么划分，经济转型都不外乎体制转型和结构转型两种类型。

（2）速度划分

按转型的速度划分：分为激进式转型和渐进式转型。

①激进式转型。指实施激进而全面的改革计划，在尽可能短的时间内进行尽可能多的改革。大多数学者把俄罗斯和东欧"休克疗法"的经济改革称为激进式转型。激进式转型注重的是改革的终极目标。

②渐进式转型。指通过部分的和分阶段的改革，在尽可能不引起社会震荡的前提下循序渐进地实现改革的目标。多数学者把中国"摸着石头过河"的经济改革称为渐进式转型。渐进式转型注重的是改革过程。

5. 转型阶段

在某种程度上，全国新一轮经济转型浪潮是改革开放后中国经济转型的延续和发展。因此，要研究当前中国的经济转型，必须先研究改革开放后的经济转型。改革开放后，中国从计划经济迈向了市场经济，阶段性过渡是改革开放后中国经济转型的主要特征。有专家认为，中国的经济转型一开始并不是朝着市场经济发展，通常采用"先试验后推广"和"不断调整目标"等做法。总体上讲经济转型是渐进的，但在某个阶段也有激进的性质。经济体制向市场经济体制转型的过程大体可分为四个阶段，即经济的自由化、市场化、民营化和国际化。

（1）在经济自由化的过程中，中国经历了一个从农村到城市的渐进式改革过程。在这个过程中，以家庭联产承包责任制为核心的农村改革，使农民获得了土地使用权，以放开国有企业自主经营权为核心的改革，使国有企业初步摆脱了计划经济体制的束缚，同时也使非国有经济得到了迅速发展；

（2）经济市场化的改革将国有企业推向了市场，与其他所有制企业展开竞争。

（3）经济民营化改革强调了产权的重要性，允许了经济更大程度上的经济自由，各种所有制的竞争，使非国有经济成为中国经济的重要力量；

（4）经济国际化的改革，使中国经济在加速工业化、城市化和市场化的同时能够面对世界新经济的挑战，逐步向国际经济一体化过渡，更加积极主动地参与世界经济一体化中来。

6. 目前状况

（1）全国概况

加入 WTO 后，中国经济正飞速地迈向国际化。在国际化竞争和较量的进程中，中国经济将出现一种新观念、新技术和新体制相结合的经济转型模式。这种经济转型模式不仅是中国现代经济增长的主要动力，而且还将改变人们的生产方式和生活方式。加入了WTO 后，中国的一些优势行业如纺织、服装、鞋类、玩具、机电等由于不再受到最惠国、反倾销之类的威胁，因而得到迅猛发展。这些优势行业在迅速占领世界市场的同时，也在发展壮大中占领了世界生产技术的制高点。以服装为例，2005年中国服装在欧盟、美国等国家和地区设限的情况下，许多产品的外贸出口量和2004年相比仍实现了翻番。中国服装业在向世界市场的迈进中，生产技术和组织管理水平得到了锻炼和提升，达到和超越了世界一流水平，令欧盟和美国的服装生产界感到震惊。因此，在部分地区的经济转型中，有的地区（如阜新市新邱区）把服装行业作为了产业的发展方向，并且完成了一定数量的外贸出口。由此我们不难看出，在未来的全国经济转型中，我国的优势行业将是一些地区的最佳选择。

（2）经济转型背后的三大主题投资机会

当前，全国许多地区提出了经济转型的构想，并且许多地区还制订了经济转型规划。其他地区虽然没有提出经济转型的问题，但是实质上也在做着经济转型的工作。整体上看，全国经济转型可分为北方的经济转型和南方的经济转型，并且南北双方的经济转型有着明显区别。

北方的经济转型以东北三省为代表，南方的经济转型以粤、浙、闽等省为代表。北方是我国的能源基地，改革开放近二十多年来的能源开采利用，许多地区能源开采业进入了萎缩期，由于资源的逐渐枯竭，导致了一些社会矛盾的出现。东北以阜新市、辽源市、伊春市、大庆市为代表的四个国务院资源型经济转型试点城市，转型的主要任务是减少能源产业在国民经济中的比重。另外，北方是我国重型制造业基地，但是制造业整体水平落后。面对国际经济一体化的态势，北方工业需要有新的提升。

因此，北方经济转型的核心是发展替代产业、接续产业，其次是产业技术升级和经济制度创新。也就是说北方经济转型是以产业结构调整为主、技术进步为辅的经济转型。南方是我国改革开放的前沿阵地，是中国经济工业化和现代化的"核心地带"，尽管如此，南方经济与世界发达经济还存在着生产技术、管理上的差距。因此，南方经济转型的核心是推进产业技术进步、转变经济增长方式，实质上是与世界经济接轨，参与世界竞争。

（3）转型实质

纵观当前全国的经济转型，无论是南方还是北方，都把科技放在了突出位置。因此，中国当前经济转型的实质就是用现代科技改造传统产业，发展高新技术产业，提高经济发展中的高科技含量。

（4）转型重点

全国许多地区的传统产业可持续发展能力不强，受到国家产业政策、资源和环境的制约，不能更好地参与到国际竞争中来。因此，全国经济转型的重点是用现代技术改造传统产业，使之具有可持续发展能力。

（5）转型任务

转型的主要任务是开发和应用先进技术、工艺和装备，在提高产品质量、扩大出口和控制污染等方面取得明显进展。

（6）转型方向

转型的方向是发展高科技，用科技化带动产业化。当前的世界经济是高科技主导下全球一体化经济，高科技是经济发展的强大引擎。因此，大力发展高科技企业，开发具有自主知识产权的高科技产品，提高高科技产品的市场份额和在国民经济中的比重，使高科技产业化是经济转型的必然方向。

（7）中国经济转型面临的问题

改革开放推动中国实现了三大社会经济转型，走上了现代化、市场化、城市化、全球化的发展轨道。然而，社会经济转型期也是矛盾凸显期，市场化改革也积累了许多问题，使当前中国发展面临一些难题。社会经济转型带来了四大问题：一是贫富差距拉大，出现了两极分化的危险趋势；二是社会事业发展严重滞后，民生问题凸显。特别是市场经济所必然要求的社会保障制度，至今没有建立起来，诸如就业难、上学难、看病贵、住房贵、治安乱等这些牵涉到百姓民生问题；三是发展方式粗放，生态遭破坏，环境被污染；四是权力和社会腐败严重。近期广东试点官员财产申报试点制度，逐渐将推广至全国，各地官员开始抛售房产，有官员日抛房8套正逐渐败露了这么多年以来的腐败现象。

（8）世界潮流编辑

世界经济的两个主要特征就是经济全球化和经济信息化的突起，经济全球化是对全球资源和市场追逐的结果，经济信息化则是信息技术突飞猛进的使然，在这场竞争中世界经济将转向以商务电子化为代表的新经济。新经济在经济全球化和信息技术革命的带动下，将发展成为以生命科学技术、新能源技术、新材料技术、空间技术、海洋技术、环境技术和管理技术等七大高科技产业为支撑的龙头经济。有的学者甚至把这种新经济称为第三次产业革命。

二、经济体制转型下的城市建设管理经济

随着经济体制的转型，我国城市建设的各个方面已经无法适应经济发展和时代进步的需求，需要政府的城市规划和管理职能上做出调整，并不断完善。改变城市建设管理经济职能不健全的现状，从城市的历史、现状和未来发展规划等各个方面，制定综合城市建设管理制度和方案，促进城市建设过程中的资源的最有分配，引导城市建设向维护公众利益的方向发展，不断促进城市建设的进程。

1. 城市建设管理经济的概述

（1）城市建设管理经济职能概述

经济的发展离不开政府的职能，城市建设过程中，发挥最大作用的就是政府职能，因此政府城市建设的经济职能对城市建设起到重要的指导和规划作用。在我国经济社会不断发展前提下，经济体制转型给城市建设带来了契机，同时也带来了挑战。城市建设管理经济职能的不断完善和优化，可以有力地促进城市的基础设施建设、城市房地产建设、城市

公共设施建设等各项设施的建设和发展。政府管理经济职能的区域协调作用、规划实施作用可以促进城市建设管理的不断完善，有利于我国城市建设的管理。

（2）城市建设管理经济存在的问题

①城市建设统一性差，管理经济相对滞后

由于我国的城市化进程发展较慢，导致城市建设管理过程中仍然受到计划经济的影响，不能有效利用市场经济的优势来规划城市建设。加之，城市建设管理中行政区域的分割，使城市建设过程中，不同区域的政府管理经济职能部门各自为政，不利于城市管理的统一性。经济体制转型后，需要政府能够从经济发展的角度，综合全面地进行城市建设与管理，但是这与不同行政区域的局部性城市规划、投资方案形成矛盾，导致城市建设管理经济中矛盾重重。

②对经济体制转型的适应性不强，政府职能不完善

我国经济体制转型后，城市建设管理并没有将政府职能改进到位，相关城市建设管理的监督制度、城市建设的运营机制没有建立。政府对城市建设管理经济只是进行了简单的宣传，并没有将城市建设规划付诸实际。对民间的自发建设房屋等行为没有一定的约束和惩罚措施。同时，民间金融的不断发展也影响了城市建设管理经济的健康发展。

③经济体制转型的后，企业税收政策不完善

经济体制转型的后，企业所得税制度不规范，主要表现在：内资企业的税收政策和征收方式和外资企业的不一样，而且对待两者，税收的优惠政策不一致，这就存在不平等性，导致不同的企业对纳税存在着不同的态度，致使税收管理难度加大。另一方面，企业所得税对纳税人的范围和界定不清晰，不同企业的税收比例差异性较大，导致不同行业的企业对税收政策存在着不同的看法，影响他们纳税的积极性。为了促进经济发展，我国制定过很多税收的优惠政策，这些优惠政策虽然在一定时期内、一段时间内对促进我国城市建设的发展，起到一定的作用，但是随着市场经济的不断深入发展，太多的优惠政策，导致企业所得税管理混乱，不利于城市建设经济管理的进一步发展。

2. 完善我国经济体制转型下的城市建设管理经济的对策与途径

（1）充分结合地区经济发展结构，实现城市建设管理的统一性

解决城市建设管理经济中的问题，就要找出经济发展中的矛盾与原因所在，充分结合本地区的经济发展现状和经济发展趋势，制定符合地区城市建设的管理制度和方案。各城市政府要促进区域协调发展，解决区域经济发展不平衡的状态，在城市建设管理经济发展过程中，政府要坚持科学发展的同时，兼顾区域发展，协调各地区的经济特点，制定不同的经济政策，促进经济的整体发展。

在城市建设管理的过程中，坚持以人为本的经济发展方式，需要从人们的生态观念，保护环境的行为入手，任何经济行为和危害自然环境的行为，都是人做出的。只有人民群众从心底接受可持续发展的生态观念，才能在生产生活中坚持生态平衡。我国农业面积辽

阔，农业人口占据总人口的绝大多数，因此，城市建设管理也要结合农村经济发展结构，促进城乡一体化发展，农村农业经济可持续发展和生态文明的建设，需要广大农民群众的支持。

处理好城市建设管理，需要处理经济效益与生态效益的良好关系，需要从经济和生态的角度，全面地考虑城市经济发展给生态环境造成的影响，坚持全面协调可持续发展的经济发展方式，可以为经济发展和环境保护提供方向，使生态文明建设，能够统筹经济发展与生态平衡两者的统一，实现城市建设管理的全面发展。

（2）完善政府职能，充分适应经济体制转型后的城市发展路线

政府要摒弃传统的官僚式的社会管制型政府职能，实现从统治职能向治理职能转变，树立政府部门与社会部门携手合作的城市建设管理职能，为城市的建设和发展，建立符合要求的政府职能部门。政府要把向"服务"和"民本位"的治理职能的转变作为建设服务型政府的首要任务。城市建设管理经济的发展，需要民众的支持和配合。政府通过公共权力的道德行使，创造一个无拘无束、善良友好的氛围和环境，使人民都能参与到城市的建设和发展中来。

在城市建设管理过程中，不断转变政府管理职能，坚持以管理代替治理，构建建设城市的合理规划与方案，促进城市建设的进程，不断实现城市经济的平稳健康发展。

（3）完善企业税收政策，为城市建设管理提供稳定财政来源

企业税收政策的完善，一方面可以为城市建设管理提供财政支持；另一方面，稳定的税后政策，有利于企业的稳定与发展，促进整个城市经济的稳步发展。完善税收政策，首先要做好税收征管工作的基础性工作，才能保证税收核算的正确性，税收按时合理的征收。目前，我国的税收征管的基础性工作并没有做好。政府和相关税收政策的部门，应该规范税收征管的基础性工作的内容、要求，对税收征管基础性工作的人员进行定期的培训，提高征管管理人员的工作能力和职业水平，完善税收征管的基础性工作。

再者，税收优惠政策应该重视城市建设中的重点产业发展，对城市重点产业、重点项目进行倾斜性优化政策，扩大这一方面的税收优惠政策，合理的缩小外资企业的税收优惠政策，实现内资企业和外资企业税收优惠政策的一致性，规范税收优惠的范围和要求，完善企业税收制度和政策，为城市建设管理保驾护航。

经济体制转型下，城市建设经济管理是我国经济建设的重要组成部分，在进行城市经济建设的过程中，要充分结合地区经济发展现状，制定符合地区城市建设和经济发展的方案和路径，但是不要脱离我国经济发展的总体要求，始终保持城市建设经济管理的科学性，坚持可续发展观，不断提升政府的城市建设管理职能的作用，完善城市建设方面的税收等各项政策。期待这里对经济体制转型下的城市建设管理经济的研究，会对我国城市建设有一定的理论帮助作用。

第五节 城市规划中公众参与意愿

一、基本概念

1. 城市规划

城市在一个有限的地理空间范围承载了大规模高密度的人口、高频率的经济社会活动、大量的基础设施和公共服务设施，其发展与建设往往具有不可逆性，必须进行科学合理的谋划及空间布局引导。

城市规划是一项系统性、科学性，政策性和区域性很强的工作。它要预见并合理地确定城市的发展方向、规模和布局，作好环境预测和评价，协调各方面在发展中的关系，统筹安排各项建设，使整个城市的建设和发展，达到技术先进、经济合理、环境优美的综合效果，为城市人民的居住、劳动、学习、交通、休息以及各种社会活动创造良好条件。所以城市规划关系着公众的方方面面，与在城市里每个人的利益息息相关。

《不列颠百科全书》被学界认定为世界上最权威、最著名的百科全书。这本书中对城市规划做了详细的定义：为了城市环境空间或物质形式、经济运行、社会矛盾等，对空间或土地采取的设计或管理行为。我国自1999年2月1日起实施的《城市规划基本术语标准》（GB/T 50280-98)将城市规划的定义确定为：为了经济和社会的发展、土地使用和空间设计，在一定时期内的城市综合部署、明确安排和执行管理。

综合文献资料中关于城市规划的描述，这里将城市规划定义为：城市规划是关于城市建设与发展的一个全局性的长远发展计划，它涉及城市的政治、经济和社会方方面面的发展、涉及城市土地利用、空间布局以及各项建设，是城市的长远发展战略。

2. 公众参与

公众是指在社会公共事务中，有发言权和表决权的社会群体，公共机构就是为他们服务的。参与是指既要得到或享受某种利益，同时又承担一定的责任的行为，具有两面性。公众参与，就是在决策过程中能够基于某个角度提出自己的看法，发挥自己的专业所长，通过自己的贡献确保决策的过程中能够更具效率、更兼顾良主、更促进社会的和谐发展。

本研究借助陈庆云在《公共政策分析》一书里的描述，将公众参与的概念定义为如下内容：

（1）具有对政府做出的对人民生活有影响决策的发言权。

（2）人民的发言和参与行为可以影响政府的决策。

（3）在人民参与的过程中通过互动可以满足不同利益相关者的需求。

（4）各利益相关者可以自主选择是否参与。

（5）必须保证在全过程中实现信息透明和充分的信息交流是参与的前提。

（6）各利益相关者在参与过程中互相可以交流看法。

这里认为，城市规划中的公众参与是指个人或非政府组织参与城市规划当中，他们的参与会对政府决策有所影响的活动。公众参与城市规划，前提是城市把规划建立在政府部门、专业规划人员与城市普通公众之间畅通的表达看法、相互沟通、讨论、协作、配合的条件下，使得城市规划更为科学、合理。

二、相关理论

城市规划中的公众参与理论发源于西方发达国家，产生于 20 世纪中叶，是由于城市的建设和发展而出现的，在世界各国广为流传，许多国家都曾成功地将它们运用到了城市规划的实践中。这里中主要介绍协商民主理论、市民梯子理论、交往理论与交往规划、利益相关者理论，对为什么必须要将公众参与引入到城市规划实践中进行理论论证。

1. 协商民主理论

协商民主理论的提出是在多元化的社会环境背景下，普通公民通过参与政府决策、立法等相关行政程序参与到公共事务中，以实现共识。

通过协商民主，公众在政治生活中可以表达自己的想法，提出自己的意见，经过与政府和各方的沟通等多种方式达到互相妥协，得到最终的决策。政府和公众基于相关的主题进行讨论被协商民主认为是民主的表现形式。协商民主鼓励公民参与到政治生活中，认为广泛的参与可以促进政府决策过程的开放性，使得决策更为科学。

根据协商民主理论，城市规划中重视公众参与于如下各点有益：

（1）有益于对规划机构行政权力膨胀的制约。在协商民主中，强调参与的各方地位和机会平等，各方都能自由地表达意见，互相之间的沟通渠道是畅通的。在这个过程中，参与者可以对不同的利益相关者进行权力制衡，使得规划机构的行政权力不至于过度膨胀。

（2）有益于公众提升参与能力，实现更广泛地参与。协商民主最主要的特点就是公众参与，在公众参与的过程中，为了促进更加广泛地参与，激发公众参与积极性，协商民主会通过组织不同的参与形式，使得公众更加重视政府决策。

（3）有益于公众民主素质的提升。协商是指在对具体事项的情况有了一定的了解之后，通过对话来实现决策。在这个过程中，个人、利益相关团体都可以是参与者，所有的参与者都必须从公正、理性的角度出发，在表达自己看法的同时全面考虑各方不同看法，以此来探讨问题，最终得到使各方都满意的正确决策。

（4）有益于民主品质的提高。参与方在表达自己看法时是出于自身利益考虑的，但是为了在对话中使其他各方信服，要求在事前详细调研实际情况，在表达的时候也需要采取一种使其余各方能更容易接受的方法。参与方必须做大量的准备工作才能达到这个结果，这就必然导致最终的规划决策更加客观公正。

2. 市民参与梯子理论

谢里·阿恩斯坦在其发表的《市民参与的阶梯》中提出了"市民参与梯子"理论，在对这个理论的论述中，她从"市民的力量"的观点出发，对公众参与的具体实践进行了详细的分析，将公众参与规划比喻成一个梯子，为城市规划领域内的公众参与提供了一个解决问题的方向和结构框架，市民参与的程度从完全被动到受约束的尝试再到受引导的互助合作由低到高划分为三个层次和八个等级。

通过市民参与梯子理论，我们可以看到公众参与的层次呈现出一种递进的层级关系，参与的有效性和市民的深入层次相互关系，而只有建立起代表民意的组织机构，市民的参与才会起到一定的作用，才能制定出真正代表民意的城市规划决策，如表4-5-1：

表4-5-1 市民参与梯子理论层次等级表

层次	等级	程度
市民控制（实权的参与）	（1）市民控制（公民控制。赋予公民完全的决定和控制执行资金的责任）	最高
	（2）权力代表（委托权力。赋予公民决策和问责的权利和权威）	
	（3）合作（伙伴关系。通过协商和责任的联合承担重新分配权力）	
象征性的参与	（1）政府退让（安抚。给予公民提出建议的机会但没有实际权力）	
	（2）征询意见（咨询。是发现人们的需要和表达其关切的重要尝试，但往往只是一个假装倾听的仪式）	
	（3）提供信息（通知。可能是恰当参与的第一步——但往往只是一个单向过程，没有真正的反馈给那些掌握权力的人）	
无参与（非参与的参与）	（1）教育后执行（治疗和操纵。都是旨在"教育"公民，往往	
	（2）政府操纵通过运用公共关系的技术，达到使公民放弃实际权力的目的）	最低

3. 交往理论与交往规划

交往行为理论是由德国一位思想家哈贝马斯提出来的，是公众参与理论中的"方法论"。他认为公民可以通过对话实现沟通，在这种情形下，公民是互相宽容和理解的，由此，公民可以在思想领域达成一致，在行动上实现和合共进，进而就能实现自由、平等、宽容的公民理想。在这种理论的支撑下，公共决策中的不同机构，如社区组织、政府部门等在决策的全过程中应当相互沟通和理解，建立良好的互动关系。这时，规划师既是技术指导者，又可以是活动组织者、话题说服者和问题咨询者。他们负责把参与各方组织围坐起来，对某些关键问题进行讨论和磋商，从中听取各方的意见，解决冲突，促进各方最终达成共识。同时，规划师还需要持续找寻在学术和政治领域中持不同甚至是对立的观点专家，倾听他们的意见，以尽可能全面的了解社会不同层面的看法。

在多元主义思潮的前提下，交往规划致力于寻求一种"政府—公众—开发商—规划师"

的多边协作，民众和政府部门、规划师等角色共同参与到决策中。所以，应当"将'为了人'的规划转变为'与人一起'的规划""与人一起"的规划就是交往型规。可以看出，在这种非强制的"协调"型城市规划中，人际交往和协商沟通的能力成为参与的核心要素，规划师和参与各方之间的沟通显得尤为重要。在交往型规划中，规划师最重要的是"倾听"和"沟通"的能力。

4.利益相关者理论

利益相关者理论于 20 世纪 60 年代产生并被学者们在当时的经济发达国家进行研究和运用，得到了发展和完善。1984 年，经济学家弗里曼出版了《战略管理：利益相关者管理的分析方法》，在书中对利益相关者的定义解释为：能被某个特定目标影响，或者能对特定目标产生影响作用的群体或个人，这个定义颠覆了以往单一的利益相关者概念，拓宽了其范围。据此定义，我们可以知道，除了公民以外，政府部门和其他组织也可能属于利益相关者的研究范畴。在多年的发展中，利益相关者理论经历了从关注利益相关者受到的影响或其对特定目标的影响力到关注利益相关者在特定目标中的参与行为的转变。

在关注利益相关者受到的影响或其对特定目标的影响力的研究中，克拉克森不是把利益相关者受到的影响和发出的影响割裂开来单独研究，而是只看这种影响的直接程度。根据他的研究，如果该利益相关者是受到特定目标的直接影响或对特定目标有直接的影响作用，那么就把他叫作直接利益相关者，如该特定目标的投资者或组织实施者等；如果该利益相关者是受到特定目标的间接影响或对特定目标有间接的影响作用，那么就把他叫作间接利益相关者，如一些 NGO 组织或对该特定目标有兴趣的人。但不同寻常的是，有时候一些间接的利益相关者会对特定目标产生较大的影响力，例如本来一个利益相关者与特定目标之间是间接地影响关系，但是由于这个间接利益相关者是该领域的专业学者、具有较高的社会地位或知名度较高，他的看法就可能会对作为普通公众的直接利益相关者产生很大的影响，甚至可能会改变他们的决定。

利益相关者理论在实践中不断完善和成熟，其对政府的指导效果开始引起学者们的注意。通过研究，学者们认为，通过利益相关者理论，政府可以在公共事务的管理决策中构建一个纳入了公民、政府和其他利益相关者的平台，在这个平台上，公众和其他利益相关团体可以通畅的表达意见，政府对各方的需求进行协调，最后达到各方共赢的局面。同时，政府在这个平台内也是利益相关者角色，作为利益相关的一方，政府在全面协调各方意见和需求之后制定出来的决策，肯定是令各利益相关方满意、并且具有很高的准确性的。

所以，城市规划能否顺利制定和实施，从利益相关者理论的视角来看，不仅是政府单方面需要做出努力，其他各利益相关者都必须积极参与其中，致力于通过表达意见和协商、妥协最后实现共赢。因此，在利益相关者理论视角下，公众参与到城市规划当中是十分必要的。

三、对策及建议

1. 提升公众对政府的信任度

这里研究结果表明公众对政府的信任度影响了城市规划领域中公众参与的意愿。以往也有研究证明，公众对城市规划的参与与其对政府的信任度之间有密不可分的关联，所以政府相关机构更需要增强对公信力的建设与重视，直面冲突、解决矛盾，坦诚地面对民众，不惧责任承担，时刻跟进并加以改正，才能促进民众与政府机构之间健康的信任关系。

确立阳光、法治、服务型政府的新思想有利于树立诚信政府的良好面貌，提升政府公信力。政府城市规划部门的诚信直接关系城市规划相关政令畅通。政府失信不仅会使社会公众对政府的信任度一落千丈，而且也使政府在城市规划领域的运作成本大大增加。所以，我国政府必须极力推动社会信用系统建立和完善，倡导诚信精神，树立守信奖励和失信惩罚法律和制度机制，对城市规划制定和实施过程中的失信行为，必须严打。

除此之外，政府日后在制定城市规划时，也要注意掌控公众对城市规划形态的期望，极力降低实际工作效果与公众期望产生的落差；城市规划部门和规划相关工作人员在制定和实施城市规划政策时，也要实时关注公众意见，维护公众权益，这样才能赢得公众更多的信任。

2. 提升政府对公众参与的回应度

今后，政府需要关注的重点在于，要更加充分、及时、合理的吸收各利益相关团体的意见，对公众意见做到切实的反馈，而不仅仅是"走形式""走过场"的民意征求。如果政府部门对公众的参与行为报以实时的回复，公众会认为其看法被政府所关注、其行为被政府所肯定，这样民众会有更大的热情参与到城市规划的计划和行动当中。假设一种公众在城市规划制定和执行时从不参与的情况，那么公众可能会对城市规划中的漏洞视而不见、对作为规划主体的政府行为和动机提出怀疑，使城市规划的效果大打折扣。试想一下，如果民众满腔期许地加入到了城市规划的行动中，提出了他们心中理想的建议，但是当局没有做出任何回应，民众再参与的积极性就会大打折扣，他们会对自己正在参与的城市规划的意义提出怀疑，会认为政府只是在"走形式"，甚至以后可能再也不会相信政府。

所以，政府相关部门对公众意见的接纳和解释进度应及时向公众公开，以便起到保护公众参与积极性的作用。政府和公众之间无法良好沟通就代表了机制运行不良。所以，要有完善的信息交流体系，包括建立公众与政府的行政对话平台、自由对话平台、公开对话平台。应对的方式可以有：

（1）参照人民政协提出议案的方式，设计一份规范文件，将公众参与全过程都在文件中标示出来，包括参与的形式、内容、如何落实以及政府机构是如何进行反馈的，该文件由政府相关机构和公众各自保留。

（2）如果公众对规划提出了行之有效的做法，应当以适当的形式予以奖赏；如果政府最终没有采用公众的做法，应该把理由告知公众，为了不影响公众的参与积极性，政府还应该予以感谢，对公众的继续参与表示期待。

（3）把政府工作人员是否对公众提出的意见和建议进行了及时、有效的回应纳入到其绩效考核当中去，着重考察政府回应后公众的满意度。

（4）政府的反馈意见统一发布在政府门户网站或相关网站上，或通过政府的电话、微信、短信、E-mail、微博等各种不同的途径向广大公众群体传达，在往后的具体实践中，这些方法还可以不断地进行摸索改进。

3. 加强公众对城市规划认知的培养

尽管研究表明我国公众对于城市规划的认知正处在上升阶段，但目前的整体水平依然较低，还存在极大的提升空间，需要整个社会共同的努力。对此社会各界人士也纷纷建言献策，从不同的角度唤醒、提升公众的城市规划认识和参与城市规划的意识。只有提高社会公众对城市规划的认知，强化公众对城市规划中相关问题的了解与认知，才能更好地动员公众的力量参与到城市规划的制定和实施过程中，增强对城市规划的认同感和执行力。公众对城市规划认知水平的提高与城市规划宣传和规划教育密不可分，可以通过新闻媒体的宣传，推进社区城市规划教育、组织各类城市规划市民参与活动等，不断拓展城市规划宣传与教育的载体、丰富城市规划宣传教育的形式与内容，以此激发公众的城市规划责任感和参与意识。

成都市规划管理部门在宣传城市规划信息时采取的方式在这方面存在着不足。从2011年底网友提出"北城改造"，2012年初"北改"正式实施，到2018年3月8日公示的《成都市城市总体规划（2016～2035年）》草案，"北改"至今已经到了第八个年头，然而在本研究发放问卷时，仍有许多市民不知道"北改"、没听说过"北改"，或仅仅通过身边的人提到过"北改"，这说明政府在这方面的宣传工作仍不到位。

想要改变这种状况，必须增加与民众的沟通媒介，使用一些百姓更能接受的方式，把宣传信息变成贴近老百姓生活的语言，让老百姓能够从真正意义上的参加到规划中来，可以采用图画、实体模型或网络展示的方式通过公众接触最多的微信公众号、微博、社区宣传栏等渠道把规划内容具体生动地展示给民众。对于很多民众来说，他们的关注点多集中在道路改造、楼房拆迁等与自身息息相关项目上，通过对这些项目具体的介绍为突破口，重点宣传这些的同时，可以体现出城市规划对于他们所关心的项目有较大影响，逐步引导民众主动参与城市规划管理的意识。

在提高公众在城市规划方面的知识和能力水平方面，政府可以考虑将部分城市规划的知识加入初高中基础教育、在大学开设具体城市规划课程；对于广大市民，还可以增设专门的财政资金，免费开展讲座、培训等，向市民传达城市规划中的常见问题和相关知识，扩展他们对于城市规划的视角；还可以利用网络各大平台，举办规划有奖问答和知识竞赛，这样不但可以扩大城市规划的宣传面，还可以向大家普及这方面的知识。

4.加强政府信息公开的程度

政府信息的公开透明是公众参与的前提条件。与其他公共事务相比，城市规划具有其特殊性，特别是在规划执行时诸如交通建设、大型公共工程的建设等极易被公众所感知。所以城市规划部门更应严格按照政府信息公开条例的要求，及时、准确地做好城市规划信息的公开工作，提高城市规划信息的透明度，保障群众对城市规划的知情权。城市规划信息公开工作应从重形式转化为重内容，优化信息公开的渠道，搭建并优化信息公开平台，运用准确、完整、及时、易懂、友好等指标评定信息公开水平，着重对概况信息、计划公报、新闻动态、财政公开、统计数据、办事指南、人事任免、法规公文、采购公开、信息整合、行政事项目录等项目进行公开，避免城市规划进程和公众感知之间出现显著差异。这体现在以下两个方面：一是在城市规划草案公布的同时，要以多种形式介绍草案的起草背景，这有助于公众更好地了解政策制定的初衷；二是通过报纸、电视、互联网、新媒体等媒介开辟政策讨论专栏，形成一定的讨论声势，并在此过程中普及一些可能涉及的城市规划方面的专业知识，加深公众对该规划内容的理解。

政府需要保障公民在公共事务中可以获取信息的权利，一方面，政府自身要加强信息的公开程度，行政行为更加透明，另一方面，必须对政府的信息公开工作建立完整的立法约束，保障公民的知情权。政府必须尽快完善规划公示制度和公开查询制度，及时公布有关规划的政策、法规和管理程序，同时，需要有更易于公众获取的信息公开方式，把烦琐复杂的审批程序逐级简化，让公众在掌握信息时不必花费大量的时间和精力。

第五章 城市规划内容

第一节 城市总体规划

城市总体规划是指城市人民政府依据国民经济和社会发展规划以及当地的自然环境、资源条件、历史情况、现状特点，统筹兼顾、综合部署，为确定城市的规模和发展方向，实现城市的经济和社会发展目标，合理利用城市土地，协调城市空间布局等所做的一定期限内的综合部署和具体安排。城市总体规划是城市规划编制工作的第一阶段，也是城市建设和管理的依据。

根据国家对城市发展和建设方针、经济技术政策、国民经济和社会发展的长远规划，在区域规划和合理组织区域城镇体系的基础上，按城市自身建设条件和现状特点，合理制定城市经济和社会发展目标，确定城市的发展性质、规模和建设标准，安排城市用地的功能分区和各项建设的总体布局，布置城市道路和交通运输系统，选定规划定额指标，制定规划实施步骤和措施。最终使城市工作、居住、交通和游憩四大功能活动相互协调发展。总体规划期限一般为20年。建设规划一般为5年，建设规划是总体规划的组成部分，是实施总体规划的阶段性规划。

一、城市总体规划概述

1. 定义

对一定时期内城市性质、发展目标、发展规模、土地利用、空间布局以及各项建设的综合部署和实施措施。

2. 原则

城市总体规划要因地制宜地、合理地安排和组织城市各建设项目，采取适当的城市布局结构，并落实在土地的划分上；要妥善处理中心城市与周围地区及城镇、生产与生活、局部与整体、新建与改建、当前与长远、平时与战时、需要与可能等关系，使城市建设与社会经济的发展方向、步骤、内容相协调，取得经济效益、社会效益和环境效益的统一；要注意城市景观的布局，体现城市特色。发展原则包括以下几点：

（1）科学规划

加强高新区规划与国民经济和社会发展、城市建设、土地利用、环境保护、主体功能区以及产业布局规划的充分衔接，既要高起点、高标准制订发展规划，又要严格按照规划建设发展。

（2）聚集发展

推动高新产业、优势企业和优势资源向高新区集中，充分发挥区位、资源、产业等优势，把握市场需求，推动同业集聚和产业协作，实现区内产业错位发展，积极发展关联性强，集约水平高的产业集群和特色鲜明的区域产业品牌。

（3）创新发展

探索建立政府主导、业主开发、政企共建、项目先行的有效运行模式。支持高新区建立区域技术创新和高新技术孵化器，搭建产学研联合创新平台，形成技术创新强势聚集区。

（4）可持续发展

充分发挥高新区产业集聚、集约发展功能，切实推进经济增长方式转变。有效整合产业链，加强资源综合利用，发展循环经济，扎实推进节能降耗。

3. 内容

（1）确定城市性质和发展方向，估算城市人口发展规模，确定有关城市总体规划的各项技术经济指标。

（2）选定城市用地，确定规划范围，划分城市用地功能分区，综合安排工业、对外交通运输、仓库、生活居住、大专院校、科研单位及绿化等用地。

（3）布置城市道路、交通运输系统以及车站、港口、机场等主要交通运输枢纽的位置。

（4）大型公共建筑的规划与布点。

（5）确定城市主要广场位置、交叉口形式、主次干道断面、主要控制点的坐标及标高。

（6）提出给水、排水、防洪、电力、电信、煤气、供热、公共交通等各项工程管线规划，制定城市园林绿化规划。

（7）综合协调人防、抗震和环境保护等方面的规划。

（8）旧城区的改造规划。

（9）综合布置郊区居民点、蔬菜、副食品生产基地，郊区绿化和风景区，以及大中城市有关卫星城镇的发展规划。

（10）近期建设规划范围和主要工程项目的确定，安排建设用地和建设步骤。

（11）估算城市建设投资。城市总体规划是一项综合性很强的科学工作。既要立足于现实，又要有预见性。随社会经济和科学技术的发展，城市总体规划也须进行不断修改和补充，故又是一项长期性和经常性的工作。

根据城市的不同规模、性质和特点，规划图纸可以适当合并或增减。图纸一般为 1：5000 或 1：10000 的比例尺，城市郊区规划图用较小的比例尺。

4. 战略

20 世纪 60 年代以来，西方国家的城市总体规划内容，侧重于研究城市发展的战略性的原则问题，并对此做出长远性、轮廓性安排，另以分区的规划指导局部的具体的建设。如英国自 60 年代后期起，以结构规划与局部规划代替传统的总体规划；美国在 60 年代后采用综合规划。这些规划主要是规定城市发展的目标和达到目标所采取的方针政策与途径，包含社会、经济、建设、环境等方面的内容，并以"区划"来指导土地使用。联邦德国 1976 年起则采用战略性的城市发展规划和较为具体的建设指导规划（包括城市土地利用规划和分区建设规划）相结合的规划体系。在方法上，系统工程等现代科学技术方法已开始应用于城市总体规划工作。日本的城市规划：日本城市规划的运作过程包括三个方面，分别是土地使用规划、城市公共设施规划和城市开发计划。

（1）城市土地使用

城市土地使用规划分为地域划分、分区制度和街区规划三个基本层面。每个层面的土地使用规划都包括发展政策和土地使用管制规定两个部分。发展政策制定发展目标及其实施策略，不具有直接管制开发活动的法律效力，但作为制定管制规定的依据。

（2）城市公共设施

城市公共设施包括交通设施、公共开放空间、教育、文化、医疗和社会福利设施。这些设施的建设和管理涉及建设省和其他部门、中央政府和地方政府、公共机构和私有机构，都要纳入城市规划的统筹考虑。

（3）城市开发计划

较大规模的城市开发计划无法完全依赖土地业主的开发意愿，因为日本的土地产权较为零散，地块规模较小，使开发商难以实施较大规模的开发计划，需要政府发挥主导作用，运用各种法定措施（如划定土地有效利用地区和城市再开发地区），确保城市开发的整体性和避免城市无序扩展。根据城市更新法，人口规模较大的城市都要编制城市更新计划作为城市发展政策的组成部分。

5. 调查

（1）现场踏勘或观察

这是城市总体规划调查中基本手段，可以描述城市中各类活动与状态的实际状况。主要用于城市土地使用、城市空间使用等方面的调查，也用于交通量调查等。

（2）抽样或问卷

在城市总体规划中针对不同的规划问题以问卷的方式对居民进行抽样调查。这类调查可涉及许多方面，如针对单位，可以包括对单位的生产情况、运输情况、基础设施配套情况的评价，也可包括居民对其行为的评价等，如针对居民，则可包括居民对其居住地区环境的综合评价、改建的意愿、居民迁居的意愿、对城市设计的评价、对公众参与的建议等。

（3）访谈和座谈会

性质上与抽样调查相类似，但访谈与座访会则是调查者与被调查者面对面的交流。在规划中这类调查主要运用在这样几种状况：

①针对无文字记载也难有记载的民俗民风、历史文化等方面的对历史状况的描述。

②针对尚未文字化或对一些愿望与设想的调查，如对城市中各部门、城市政府的领导以及广大市民对未来发展的设想与愿望等。

③在城市空间使用的行为研究中心的情景访谈。

（4）文献资料的运用

在城市总体规划中所涉及的文献主要包括：历年的统计年鉴、各类普查资料（如人口普查、工业普查、房屋普查），城市志或县志以及专项的志书（如城市规划志、城市建设志等等）、历次的城市总体规划或规划所涉及的一层次规划、政府的相关文件与大众传播媒，已有的相关研究成果等。

6. 步骤

根据中国有关规定，为使城市规划编制工作有所依据，城市政府部门应先提出城市总体规划纲要，就城市性质、规模、发展方向、布局结构、规划标准、各项工程系统的规划等重大问题提出原则意见，再据以编制城市总体规划。

（1）资料调查

城市总体规划需要搜集、调查的主要基础资料有：

①城市自然条件和历史资料。如地形、气象、水文、地质、地震、城市历史沿革等资料。

②技术经济资料。如矿藏、水资源、燃料动力资源、农副产品等资料；城市人口资料，土地利用情况；工矿企业、对外交通运输、文化、教育、科学研究、卫生、金融、商业服务业等部门的现状和发展资料。

③城市现有建筑物和工程设施、园林绿地、名胜古迹等资料。

④城市环境及其他资料。如环境监测成果，废气、废水、废渣、城市垃圾等及其他影响环境的因素（放射性污染、噪声、振动等），地方病及其他有害居民健康的环境资料等。

（2）方案比较

在研究论证城市发展依据和选用适宜的各项城市规划定额指标的基础上，从城市与区域的有机联系、城市干道系统和空间布局的协调合理等方面着手，结合工程系统和环境保护等方面的因素，对城市总体布局进行多方案的比较，以便就经济效益、社会效益和环境效益做出综合评价，选择符合实际条件的较优方案。

（3）征询意见

规划编制过程中，可采取调查会、展览会、评议会等形式听取人民群众、专家和有关部门的意见，作为抉择的参考。

（4）审批

按照中国的有关规定，城市总体规划编制完成后，在上报审批之前，必须提请同级人民代表大会或其常务委员会审议通过。城市总体规划实行分级审批：直辖市的总体规划由直辖市人民政府报国务院审批；省和自治区人民政府所在地的城市、以及国务院确定的城市的总体规划，由所在省、自治区人民政府审查同意后，报国务院审批；其他城市的总体规划，由所在省、自治区人民政府审批；市辖的县城、镇的总体规划，报市人民政府审批。城市总体规划一经批准，任何单位或个人不得任意改变。如确需修改，应报请原审批机关同意。

二、城市总体规划与措施

1. 城市制定与落实总体规划的现状

（1）各个城市在重新修编城市总体规划中，普遍重视通过总体规划，抓住机遇，以规划土地的价格信号来优化城市空间结构的配置；形成城市高新技术、支柱产业和都市型工业的合理分工，实施跨越式发展。主要表现：

①从城市产业空间调整入手来带动产业结构调整。

②通过提高城市化水平，促进城市能及的提升。

③通过总体规划，使直接利用外资、土地批租、金融市场三者形成合力，建立起城市经济增长新的动力机制。为了追求低的交易成本，引起了要素土地、资本、劳动的空间聚集，表现为城市的兴起及城市的扩张。

（2）各个城市在重新修编城市总体规划中，普遍重视了从实际出发，求真务实，对城市未来的发展进行了比较准确的定位

在城市经济发展中，只有准确地进行城市定位，才能给整个城市带来良好广阔的发展机遇与空间。区域或城市定位突出的特征是它的科学性、动态性。在实践中，我们关注更多的是定位时的科学性，而往往忽略了随着经济社会发展、内外环境变化，定位所客观存在着的动态性。在此次重新修编城市总体规划时，各个城市在既重视历史现状，又着眼于未来发展，对城市功能和发展方向进行了恰当地定位。

（3）各个城市在重新修编城市总体规划中，普遍重视生态城市总体空间的设计

各个城市在城市总体规划中都突出强调，要从根本上避免以往国内城市项目开发建设中所谓"三通一平"做法中的"一平"。所谓"一平"损害了城市中原有自然环境的融洽和平衡，现在则要尽力补偿以往对自然资源"大破坏"所造成的损失，重新建立城市的人工生态系统。从国内绝大多数城市的现状看，作为人居环境主要部分的城市环境，最大的不足是人工化、商业化痕迹太强而自然化不足。

（4）各个城市在重新修编城市总体规划中，都高度重视和严格规定保护城市历史文化城市由文化领跑，文化在深层本质上是指向人的。从城市文化出发，一个城市的历史就是

一个城市的文脉；城市是不同时代的建筑、历史街区的集合，每栋建筑都是独特的文化记忆，它是城市历史与形象的载体。可以说，历史建筑是不可复制的，再精美的复制品也不可能有原有建筑的历史感。因此，各城市在重新修编城市总体规划中，都高度重视和严格规定保护城市的历史文化。

2. 现行城市总体规划存在的主要问题

（1）城市总体规划的实效常常与城市发展存在偏差

有的城市总体规划往往滞后于城市的发展，不能满足城市发展对用地的要求。有的城市总体规划刚刚审批下来，城市实际人口和用地规模已经达到或者超过了城市规划的目标。这种情况在我国东部沿海城市，尤其是经济发达的小城市更为常见；也有的城市总体规划过于超前，使得按照城市总体规划建设的总体设施、文化社会设施等处于闲置状态。这种情况在我国内陆经济落后地区较为常见。

（2）城市总体规划的空间常常与实际存在偏差

城市实际发展的空间形态、空间结构与城市总体规划并不一致，按照城市总体规划的城市空间形态和结构难以形成。企业和市民的用地选择、对城市工作和生活的环境爱好与城市总体规划不一致，造成城市规划的工业区、商业住宅区、商业网点等难以满足要求或无法达到预期效果。

（3）城市总体规划所确定的发展力方向常常与实际并不一致

为城市规定性质及发展方向是现行城市总体规划的一项重要内容，但现行的城市总体规划由于城市领导者追求政绩，往往存在着偏好规模、求全贪大的情况，主观性强，高估较多。如有许多省、市城市将发展目标定位为国家性大城市，许多县级小城市将发展目标定位中等发达城市，实际上只有其中少部分能够实现。

（4）城市总体规划应激性不强，缺乏灵活性

现行城市总体规划的规划期限一般是二十年，在如此长的时间里，很难对其中发生的种种变化做出准确、详尽的预测。特别是当今科技发展日新月异，经济全球化，区域竞争日趋激烈，不确定因素大大增加，这给城市的未来发展增加了许多变数。一旦其中一些大的因素发生变化，就不得不修改规划。最近几年，许多地方的城市总体规划就因此作了多轮的修编。

3. 改革城市总体规划的建议

（1）正确把握远期规划和近期规划的关系

在城市发展和建设中，政府始终面临的一个问题是：如何在有限的时间内，利用有限的资源做有限的事情。基于这种情况，应正确把握"务虚"和"务实"的关系。一方面，应强化远景规划，落实好城市结构，布局形态，土地利用等问题，使城市决策者看清自己现在的决策对未来发展的影响，从更长远的角度更广阔的视野把握城市的发展；另一方面夯实近期规划（即"务实"）。滚动编制的近期建设规划应将城市具体的建设项目于政府

"五年计划"、年度计划和城市远期规划有机结合，建立近期建设项目库并进行投资与财务分析。解决总体规划实施时序的问题，确定城市总体规划分阶段实施的内容，帮助政府决定在恰当的时机以恰当的方式采取最恰当的行动。

（2）注重与城市其他部门的协调与衔接

城市外部环境的复杂多边性，城市总体规划编制技术内容的综合性，城市规划的社会性，城市各阶层目标价值取向的多元性特征，以及城市规划向导与各级团体和市民利益的密切相关性等等，决定了一个科学合理的总体规划不可能是依靠个别技术精英闭门造车所能及，必然是多方参与、协作式规划的产物。城市规划的实施将依赖于城市中的各类组织和个人，规划师只是其中的一部分。从根本上讲，规划的实施并不是由规划师或者规划部门来进行的，而是由整个社会来运作的。要保障规划的实施，较为务实的做法就是寻求总体规划与"计划"之间的结合。一方面，在编制总体规划时，应当以"计划"确定的发展目标以及发展方针为依据，"计划"强调的建设项目，其选址和布局必须符合城市总体规划的要求；另一方面，总体规划所确定的城市基础设施和公共设施建设项目，应当分期分批地落实到"计划"中，才能保障城市规划意图得到实现。

（3）增强规划内容的强制性与灵活性

新时期的城市总体规划要从指导功能布局、用地安排，转向以资源环境为出发点，指导城市的可持续发展，从确定性质、规模、指标，转向控制合理的环境容量和科学合理的建设标准；从确定发展什么，转向保护什么，即从以开发建设为重点转向以资源利用和空间管制为重点。具体的编制工作中，要淡化规划年限，强化规划阶段；淡化用地性质，突出市场经济对土地资源的配置；淡化具体用地布局规划，突出空间结构规划在总体规划中的主导地位。以有效引导和调控城市发展为目标，合理确定总体规划阶段强制性内容和指导性内容，强化总体规划的强制性内容，突出指导性内容的适应性，以应对市场经济条件下城市发展的不确定性。

（4）注重城市总体规划作为城市公共政策的特征

城市总体规划的编制，绝非仅仅是城市规划部门开展的一项技术工作。而是政府部门实际运作的一个政治过程，是政府行政和制定政策的依据。城市总体规划只有与城市政策的各个方面相结合，将规划确立的城市发展目标和发展战略的原则、准则、布局以及规划所确定的行动步骤转化为这些政策的一部分，通过政府及其各部门的政策支持才能最终落实，才能得到全面的贯彻落实，才能真正实现所期望达到的城市空间关系，规划的目标才能更好实现。而城市总体规划作为城市未来空间发展的指引，也应当成为整个城市及其各部门制定政策的依据。

城市总体规划对城市建设和发展发挥着"规划先导"的作用。在加快推进城市化的过程中，不仅要制定一个科学的城市总体规划，更要落实好城市总体规划，才能使城市总体规划发挥它应有的实效性。

第二节　城市交通与市政工程系统规划

一、城市综合交通规划

城市综合交通规划是指完整的城市交通规划，在中国常加前缀词"综合"两字，以强调其综合属性。其综合性贯串交通规划的全过程，包括：各种历史、现状和未来信息的综合采集、综合处理和综合分析；综合考虑土地使用、交通需求、交通供应三者的相互关系及其预测技术；各种交通运输方式（工具）的综合协调；涉及技术、经济、社会、环境等多种因素的综合可行性研究和评价与决策。

交通政策、交通建设和交通管理诸环节的综合衔接；动态交通（车辆行驶）与静态交通（车辆停放）需求量和供应量在总体与局部两方面的综合平衡等等。香港的交通规划编制从忽视综合到体现综合用了 14 年，而美国芝加哥市由于一开始就立足于强调综合，只用了 3 年就完成了高水平的综合交通规划。在中国，也有的文件将城市规划中的各个交通系统规划（道路系统规划、对外交通规划、轨道交通系统规划、停放车布局规划等）总称为城市综合交通规划。

二、城市交通规划

1. 城市交通规划面临的新形势

在我国经济迅速发展、科技水平突飞猛进的新时代形势下，我国的城市特征发生了显著的变化。大量的农村人口涌入城市，使得城市人口激增，迫使城市的规模成倍的扩大。大多数城市在进行城市规划时，都会选择从空间上进行结构调整，内部进行调整，外围进行扩张，与此同时，城市的产业结构也进行了不断的优化升级，从根本上改变了以往以第一产业和第二产业为主的局面，城市的产业结构以第三产业为主，而且第三产业的比例逐年提高。

进入新世纪以来，随着社会经济发展，出行需求大幅增长，大中小城市普遍出现了交通紧张局面，居民出行特征发生了很大变化。居民出行次数有一定上升，出行距离有较大增长，通勤出行比重有较大下降，机动化出行比重不断提高，小汽车出行势头增长强劲，出行方式选择日益多样化。随着人们生活方式的改变，原先的多人多次出行可能转变为一次相关的"出行链"出行，出行行为的特征发生了很大变化。城市人口阶层分化明显，其日常生活和工作的交通需求差异显著，人们对于出行的舒适度和私密性要求也越来越高。根据城市特征的变化以及居民出行特征的变化可以看出，交通对于人类的发展来讲是多么的重要。很多国家和相关部门也从根本上认识到了交通的本质，即交通是实现人和物高效移动的本质。然而，城市的发展、国家的发展乃至世界的发展都离不开人和物的高效移动。因此，新时代的我国，必须走城市交通的可持续发展之路。

2. 当前城市交通规划的要点

（1）保证城市交通畅通

保证畅通的交通是城市交通规划的第一个要点。因为交通规划的根本目的就是使城市道路能够负载不断增加的车辆、满足各种类型车辆的运输要求、为行人和各类小交通工具提供安全的交通环境。目前大多数城市都存在严重的交通拥堵，尤其是大城市和省会级城市，其交通拥堵状况十分严重，不仅是城市内部交通常年不畅，与城市相接的高速公路也存在不少的堵车情况。笔者通过收集资料了解到，北京、上海、广州三个城市的交通拥堵时间均长达 8 小时 / 天，每逢五一、十一、春节等全民性的假期，城市周边高速公路、车站、机场附近的堵车情况更为严重。因此，应城市本身的发展状况和城市居民的要求，保证交通的畅通是城市交通规划中的第一个要点。

（2）实现不同交通工具的便利

换乘经济的发展和科技的进步为人们的出行方式提供各种可能，城市道路的运载任务从 20 世纪中期承担行人、马车和少量的汽车到目前供应行人、自行车、摩托车、轿车、客车、中型和大型货车的运输要求，除此之外，各种由科技支撑的交通方式也参与到城市运载力建设中来。我国省会级以上的城市多在城市修建了地铁或者轻轨，以满足人们的出行要求。但是交通问题仍然存在，人们对出行方便性仍不满意。究其原因，在于城市交通工具使用的连续性上出现问题。堵车的情况是一样的，地铁和轻轨比打车和开车更快，人们因为"麻烦"而拒绝使用公众交通工具，也为城市环境保护造成压力。因此，城市交通规划的第二个要点是实现不同交通工具的便利换乘，节省人们的出行时间。

（3）符合城市环境建设要求

城市交通规划的结果不仅直接作用于城市交通的运载力和人们出行的便利性，对城市环境的建设也有影响。一座城市的规模不可能是一成不变的，城市功能区的建设也不是一朝一夕就能完成的。交通规划在城市环境建设中所扮演的角色是"流通"和"支持"方面，交通规划要符合城市环境建设的要求，使城市各个区域形成互相联系的网络，实现城市居民区、购物区、工厂区、学校区的有效沟通；另一方面，城市交通规划还应该考虑到城市发展的可能性，为未来的城市检车提供施工便利性、运载力方面的支持。交通规划除了要考虑到城市功能的发展问题，还需要考虑到城市环境保护方面的问题。扩大的交通运载力必然带来车辆的增加，废气污染也会更加严重，如何平衡建设道路和建设城市绿化带的用地、出台控制城市汽车尾气污染的交通管制方案，满足行人和车辆之间对交通环境的不同要求，是交通规划的重点内容。

3. 实现合理的城市交通规划的手段

（1）进行城市交通流量的细致统计

要保证城市交通规划在疏通交通堵塞方面的作用，在进行规划时应该对交通流量进行细致的统计，包括统计城市不同路段的拥堵情况，找到交通拥堵的特殊时间，观察导致拥堵的主要原因，同时根据所得的数据进行城市交通运载力上的预测，在规划中为未来的车辆增加预留行驶空间。

（2）合理规划各种交通站点的位置

要实现城市公众交通的连续性，就应该对各种交通站点的位置进行合理的规划。通过考察居民出行的具体需要，分析目前公众交通站点设置的特点以及周围建筑、道路的可修改性，对交通站点进行合适的拆迁或者合并。同时，合理的增加公众交通的车辆，也是实现交通规划的方法。

三、城市市政工程系统规划

1. 市政工程规划的特点

（1）系统性

市政工程专项规划是城市规划系统中的一个组成部分，具有系统延续性，既要落实概念规划、总体规划或分区规划的要求，又能指导控制性详细规划和市政施工图设计。

（2）综合性

一方面市政工程专项规划强调与其他规划专业、部门（如土地利用规划、景观规划、专业管理部门的行业规划）的协调；另一方面，市政工程规划注重内部各专业的共同参与，通过防洪、道路、给排水、电力等各专业的合作和协调，提出市政工程规划的优化方案。

（3）可实施性

市政工程专项规划是概念规划、总体规划或分区规划向实施推进的一个阶段性规划，因此，必须强调规划方案的可实施性。

（4）经济性

市政工程专项规划鼓励市政规划系统优化，各工程专业的规划方案应进行多方案的比较，并强调各专业规划组合在一起是最优化和经济的方案。

2. 市政工程规划存在的问题

目前，在城市规划体系中，一般由总体规划或分区规划直接进入控制性详细规划，然而在实际的工程建设中可能面临更多、更复杂的情况，导致工程建设难以全面协调和快速推进，既造成工程投资的浪费，又影响工程进度。在城市总体规划中，一般根据城市的性质、规模和人口等规划指标，仅进行市政基础设施的配置，同时对控制性详细规划的编制提出指导性要求。在控制性详细性规划中，重点落实总体规划确定的场站设施控制用地和各类管线的规模需求，且往往由于本身规划范围较小，难以从更大范围的大系统角度出发形成完整的工程体系，并缺乏工程实施必需的准确竖向和坡度数据等技术指标。这两个规划层次的市政工程规划均有相当的局限性，其成果难以达到指导工程具体实施的深度。因此，在总体规划范围内，开展全面、系统、指导实施的市政工程专项规划编制是非常重要和必要的。

市政工程专项规划既是上层次规划的深化与落实，又从更大范围的角度，整体上、系统上考虑各项基础设施的配置与建设，是进行控制性规划（市政部分）甚至道路施工图设计的依据。通过对市政工程各专项内容深入细致的研究，确定市政设施的规模，落实用地，从更大的区域角度，统筹考虑防洪排涝、河流水系和大型市政基础设施的配套，同时确定道路及各种管线的尺寸、坡度、标高等设计要素，以直接指导下一步控制性规划、施工图设计和地块的开发建设等。

3. 市政工程专项规划实施

市政工程专项规划成果是编制控制性详细规划中的道路、管线及竖向规划的依据。在实际的控制性规划编制工作中，可以在市政工程专项规划的基础上，根据土地开发的需要，进一步加密支路网和微循环的管线系统，但不能改变主要道路的控制点平面位置和竖向标高。

（1）市政工程专项规划可有效指导道路施工图设计。

单条道路的设计一般仅测量道路中心线两侧100m以内（一般测量总宽度为道路红线的两倍），施工图设计者难以准确了解周边更大范围场地的情况，难以准确界定穿越道路的桥涵规模，也难以从全局上掌握各类管线设施的竖向衔接。市政工程专项规划从系统上、全方位考虑道路、场地竖向及管线设施，提出规划指标和控制要求，实际上起到总体协调的作用，不仅可以指导单条道路的施工图设计，而且可以引导全面的场地开发建设或多条道路同时展开设计。

（2）有效的规划管理

市政工程专项规划是规划管理部门有效管理的重要技术文件，为相关规划和设计文件的审批奠定基础。市政工程专项规划的成果甚至可以汇总在一张图上，将不同专业成果分层设置，大大简化了规划管理的难度，有效地提高规划管理效率。

市政工程专项规划是面向实施城市规划中不可或缺的一个阶段，具有系统性和综合性的特点，市政工程专项规划的编制，有利于提高市政工程规划的可实施性和经济性，尤其适用于项目建设周期紧迫、多层次规划并列进行、大规模建设同时展开的项目。

第三节　城市生态环境保护规划

一、生态环境规划

生态环境规划是人类为使生态环境与经济社会协调发展而对自身活动和环境所做的时间和空间的合理安排。它是以社会经济规律、生态规律、地学原理和数学模型方法为指导，研究与把握社会——经济——环境生态系统在一个较长时间内的发展变化趋势，提出协调社会经济与生态环境相互关系可行性措施的一种科学理论和方法。实质上是一种克服人类经济社会活动和环境保护活动盲目性和主观随意性的科学决策活动。

生态环境规划是模拟自然环境而进行的人为规划，其目的是为了人与自然的和谐发展，有计划地保育和改善生态系统的结构和功能。生态规划首先要以人为本。生态规划强调从人的生活、生产活动与自然环境和生态过程的关系出发，追求人与自然的和谐。其次生态规划要以资源环境承载力为前提。生态规划要求充分了解系统内部资源与自然环境的特征，并在此基础上确定科学合理的资源开发利用规划。最后生态规划目标从优到适。生态规划是基于一种生态思维方式，采用进化式的动态规划，引导一种实现可持续发展的过程。

我国对生态环境规划的定义为：生态环境规划是运用整体优化的系统论观点。调查规划区域内城乡生态系统的人工生态因子和自然生态因子的动态变化过程和相互作用特征，研究物质循环和能量流动的途径，进而提出资源合理开发利用、环境保护和生态建设的规划对策。其目的在于促进区域与城市生态系统的良性循环，保持人与自然、人与环境关系的持续共生，协调发展，追求社会的文明、经济的高效和生态环境的和谐。从区域或城市人工复合生态系统的特点、发展趋势和生态规划所应解决的问题来看，生态规划不仅限于土地利用规划，而应是以生态学原理和城乡规划原理为指导，应用环境科学、系统科学等多学科的手段辨识、模拟和设计人工复合生态系统内的各种生态关系、确定资源开发利用与保护的生态适宜度，探讨改善系统结构与功能的生态建设对策，促进人与环境关系持续协调发展的一种规划方法。

1. 科学内涵

（1）以资源环境承载力为前提强调区域与城市的发展应立足于当地资源环境的承载力，充分了解生态系统内自然资源与自然环境的性能与环境容量，以及自然生态过程特征与人类活动的关系。

（2）人与自然和谐为本从人的生产、生活活动与自然环境和自然生态过程的关系出发，追求区域及城市总体关系的和谐，各部门、各层次之间的和谐，人与自然关系的和谐。

（3）高效、和谐、可持续强调经济发展的高效、和谐与可持续性，而不是简单的高速度。

生态规划认为区域与城市的发展应是社会、经济与生态环境的改善与提高，系统自我调控能力与抗干扰能力的提高，旨在全面改善区域与城市可持续发展的能力。

（4）系统开放、优势互补强调系统的开放，形成区域与城市生态经济优势与社会子系统和自然子系统优势的互补。

2. 主要任务

生态环境规划对象是社会—经济—自然的复合生态系统，它主要包括：

（1）根据生态适宜度，制定区域经济战略方针，确定相宜的产业结构，进理布局，以避免因土地利用不适宜和布局不合理而造成的生态环境问题。

（2）根据土地承载力或环境容量的评价结果，搞好区域生态区划、人口、容量、环境污染防治规划和资源利用规划等；提出不同功能区的产业布局人口密度、建筑密度、容积率和基础设施密度限值。

（3）根据区域气候特点和人类生存对环境质量的要求，搞好林业生态城乡园林绿化布局、水域生态保护等规划设计，提出各类生态功能区内森林与绿地面积、群落结构和类型方案。

3. 原则

（1）可持续发展原则

1987年，联合国环境与发展委员会发表了《我们的共同未来》的纲领性文件，提出了"可持续发展"的概念，在1992年巴西里约热内卢召开的世界环境与发展大会上又再次强调了可持续发展的概念及其重要性，是"既能满足当代的需要，又不危及后代满足其需要的发展能力"，这个概念已赢得了越来越多人的赞同。生态规划遵循可持续发展理论，在规划中突出"既能满足当前的需要，又不危及下一代满足其发展需要能力"的思想，强调在发展过程中合理利用自然资源，并为后代维护、保留较好的资源条件，使人类社会得到公平的发展。

（2）整体优化原则

生态环境规划坚持整体优化的原则，从系统分析的原理和方法出发，强调生态规划的目标与区域或城乡总体规划目标的一致性，追求社会、经济和生态环境的整体最佳效益，努力创造一个经济高效、社会文明、生态和谐、环境洁净的人工复合生态系统。

（3）协调共生原则

共生是指不同种类子系统合作共存、互惠互利，其结果是所有共生者都大大节约了原材料、能量和运输量，系统获得了多重效益；共生也是指正确利用不同产业和部门之间互惠互利、合作共存的关系，搞好产业结构的调整和生产力的合理布局。城乡人工复合生态系统具有生态位分化、多元、多层次、多介质的特点，子系统之间和各生态要素之间相互影响、相互制约，不仅影响到区域或城乡大系统的稳定性，而且直接关系到系统结构和整体功能的发挥。因此，在生态规划中必须遵循协调共生的原则。

（4）适度开拓原则

生态环境规划坚持适度开拓原则，以生态适宜度、自然资源承载能力和环境容量为依据，积极创造新的生态工程，改善区域或城乡生态环境质量，寻求最佳的区域或城乡生态位。

4. 作用

（1）生态环境规划是实施生态建设与环境保护战略的重要手段

生态建设与环境保护战略只是提出了方向性、指导性的原则、方针、政策、目标、任务等方面的内容，而要把生态建设与环境保护战略落到实处，则需要通过生态环境规划来实现，通过生态环境规划来具体贯彻生态建设与环境保护的战略方针和政策，完成生态环境保护的任务，生态环境规划是协调经济社会发展与生态环境保护的重要手段。

联合国环境规划会议在总结世界各国经验教训的基础上，提出持续发展战略。该战略思想的基本点是生态环境问题必须与经济社会问题一起考虑，并在经济发展中求得解决，求得经济社会与生态环境保护协调发展。

（2）生态环境规划是实施有效管理的基本依据

生态环境规划是对于一个区域在一定时期内生态建设与环境保护的总体设计和实施方案，它给各级生态环境保护部门提出了明确的方向和工作任务，因而它在生态与环境管理活动中占有较为重要的地位。

（3）生态环境规划是改善环境质量、防止生态破坏的重要措施

生态环境规划是要在一个区域范围内进行全面规划、合理布局以及采取有效措施，预防产生新的生态破坏的同时又有计划、有步骤、有重点地解决一些历史遗留的生态环境问题，还是改善区域生态环境质量和恢复自然生态的良性循环，体现"预防为主"方针的落实。

二、城市生态规划和生态环境保护

在社会飞速发展的大背景下，国家也加大了对城市建设的重视程度，很大程度上带动了社会经济的提升。但是当前，在对城市规划和生态环境保护过程中，很多政府的决策部门，都比较注重眼前的经济利益，使得生态环境遭到了很大的破坏。因此，在今后的发展过程中，相关人员应该根据实际情况，对城市生态进行合理的规划，同时加大对生态环境的重视程度，从而促进人与自然和谐相处。

1. 城市生态规划和生态环境保护

（1）城市生态规划的原则分析

在城市生态规划过程中，相关人员应该根据实际情况，同时与城市生态规划的原则科学、合理的结合在一起，确保城市生态规划的科学性以及合理性。城市生态规划的原则主要三点，其具体分析如下：

①对城市人口的规模进行控制。众所周知，我国是一个城市生活水平不高的农业大国，而随着社会的不断发展，我国综合国力的不断增强，城市化进程也得到了很大的提升，使

得越来越多的农业人口涌入到城市当中。因此，在城市的发展过程中，如果不对城市人口的规模进行严格的把控，那么就一定会造成城市负荷运行的情况，不利于城市的良好发展和进步。为了可以最大程度避免这一问题的出现，相关人员在进行城市生态规划的过程中，在对城市人口数量进行确定的时候，不仅要保证城市人口规模的合理性，还要尽可能满足未来人口增长的可能性，保证城市可以朝着良好的方向发展。

②对城市用地规模进行控制。土地生态是城市生态的主要内容，其具有一定的两重性，既具备自然生态，同时也具备经济生态。根据调查显示，我国的人均耕地面积只有世界平均的百分之三十，因此，对土地进行合理的使用，无论是对城市生态建设，还是社会的良好发展，都具有非常重要的意义和作用。所以，在城市生态规划的过程中，相关人员一定要根据实际发展情况，制定科学、合理的土地利用发展战略，从生态的角度进行观察，合理分析和研究城市中各个地块的最佳利用功能，从而为城市的良好发展提供土地支撑，促进社会和谐发展。

③对城镇体系进行科学布局。在城市生态规划的过程中，应该严格的遵守区域协调发展的需求，以中心城市为主要的基础和核心，对城镇进行科学的布局。在布局期间，相关人员应该对城镇的规模、等级、地位等进行明确，然后进行合理的分工，确保中心城市可以朝着良好的方向发展。

（2）生态环境保护原则

在对生态环境保护的过程中，为了可以进一步促进人与自然和谐相处，应该遵循四个原则。第一，坚持"预防为主，保护优先"原则，避免在实际的生态环境保护过程中，出现先破坏、后治理的情况，严重影响城市的发展和进步；第二，坚持生态保护与生态建设并举的原则，确保在城市建设期间，可以在不影响生态环境的基础上，推动城市的发展进程；第三，坚持谁开发谁负责、谁破坏谁恢复的原则，这样在城市建设阶段，各个部门的人员都会严格的遵守工作流程，认真对待工作；第四，经济规律与客观规律共同尊重的原则。

2.城市生态规划

（1）自然生态环境方面的城市生态规划

在对自然生态环境方面的城市生态规划过程中，主要可以从两个方面进行，分别是生态规划的基本原则以及基本内容，其具体分析如下：第一，自然生态环境方面的城市生态规划原则。在进行城市生态规划的过程中，一方面，相关人员要加大对生态平衡的重视程度，意识到生态平衡对城市生态规划的重要性和价值，同时将园林绿地的规划作为城市生态环境建设的基础和关键，进而提升规划的整体水平和效果。另一方面，在对自然环境进行城市生态规划的过程中，相关人员除了要重视环境与生态系统平衡方面的问题，还要将自然环境与城市建设合理的融合在一起，保证城市生态规划能够具备一定的合理性。第二，自然生态环境方面的城市生态规划内容。所谓的城市生态规划内容，主要包括来两个方面，一方面是可持续生态空间规划。在城市生态规划过程中，其主要包括城市土地各个要素与土地结构单元之间的关系以及土地功能分析等。另一方面是可持续城市生态关系的调控。这一方面主要包括对城市生态系统的生态关系以及生态行为进行评价和分析，保证生态系统的活力可以不断地增强。

（2）城市文化方面的城市生态规划

在社会的发展过程中，城市文化是我国文化领域中一个非常重要的组成部分，其不仅对城市的品位以及内在价值有着很大的作用和影响，同时也可以进一步提升城市的竞争力以及吸引力，保证城市能够跟上社会的发展步伐，提升城市的整体水平，促进城市的良好发展和进步。因此，在今后城市生态规划过程中，应该将城市的特色资源与城市规划和建设科学、合理的结合在一起，不断丰富城市文化的内涵，从而保证城市生态规划工作可以得到顺利地开展和进行。此外，在实际的规划过程中，对于一些历史文物，一定要加大保护力度，因为这一文物一旦被破坏，那么就再也无法恢复。所以，在实际工作中，相关人员应该在保护文化资源的基础上，最大限度地将城市的特色以及时代特征体现出来，从而让城市变得更加具有美感。

3. 生态环境保护

（1）大气污染整治

近年来，社会在飞速发展，人们生活水平在不断提升的同时，环境污染也越来越严重，影响了人们的日常生活，不利于社会的长久发展。现阶段，部分城市出现大气污染的主要原因是由于应用落后的燃烧方式、汽车尾气以及燃煤引起的。所以，在对生态环境保护的过程中，应该尽可能的应用气体燃料以及太阳能等污染较少的能源，同时实现集中供热，最大限度的降低大气污染。同时，相关部门在生态环境保护期间，可以对工业的布局进行适当的调整，严格遵守大气自净的规律，对大气环境而定容量进行合理利用，加大对污染源的治理，从而进一步降低污染物的排放量。此外，强化城市绿化工作，建立城市绿化体系，大力发展植物净化，提升城市绿化率，为人们营造一个良好的生活环境。

（2）水环境污染整治

在对水环境污染进行改善和整治的过程中，应该对水污染的现状进行科学、合理的分析和研究，根据受纳水体的环境容量计算出最大排放量，然后根据实际情况，有针对性地制定方案和计划。一方面，对河道的水质进行治理，让其可以达到水环境的主要功能要求，提升水体的自净能力，降低河水中出现污染物的概率。另一方面，对受污染的河渠水体进行治理，特别是市区河道的治污工程，要加大资金投入，采用先进的现代化技术，确保可以从根本上解决环境污染问题。

第四节　城市居住区详细规划

一、城市居住区规划

1. 居住区规划面临的新形势

（1）人口老龄化

我国的人口基数一直都很大，所以在推行了人口政策之后，还有就是因为生活水平有了一定的提高，我国的人口死亡率也是在不断地下降，所以使得人口老龄化的现象变得更为严重了。根据联合国的计算标准，我国早在 2000 年就有了大约 1.3 亿的老年人，所以说在未来的几年内，我国一定会加入人口老龄化的大军。

（2）信息化革命

在向信息化社会的转变过程中，能够对世界的经济还有社会的发展起到推动作用的非常关键的因素就是信息化。无论是企业、政府，还有学校家庭，都会发生交流方式的巨大的变化，这些变化也会使得传统的工作行为、价值观念、生活习惯等随之发生改变。总之，各个领域都会因为这场技术革命而发生变化。这场新技术革命将会使得人类的社会出现前所未有的变化，其深刻的影响会远远地超过工业革命。

（3）汽车普及化

经济的迅速发展，使得我国汽车行业的生产还有使用变得更为普遍，使得汽车工业的地位在国民经济中不断地提升。其中 2014 年中国的汽车销量的增长幅度达 7% 以上，轿车更是出现了 55% 的增幅。

2. 新形势对居住区规划的影响和对策

（1）人口老龄化对居住区规划的影响和对策

在传统的生活方式、家庭观念的影响之下，我国现阶段的主要养老方式依然是家庭养老，在传统的居住规划中，没有考虑过人口老龄化的各种问题，所以住宅的设计都是按照年轻人或者中年人的要求。而住宅一般可以使用 60 年左右，所以一定要加强重视，不然会引发非常复杂的社会问题。所以说，对于这些问题，在进行户型设计的时候一定要对这些情况多加考虑，形成能够适应各种情况，符合各种人群的需求的住宅体系。所以说，最好在居住区的比较安静的地段修建适合老年人的住宅，并且较低的楼层类似于栏杆、标志等设计要加强深化，还有要注意无障碍的设计。在现在的家庭观念中，由于受到了西方的一些影响，所以现在出现了两辈人分居的现象，所以说现在的社会养老也会逐渐地发展起来。在敬老院等老年人聚集的地方要健全公共设施，给老年人足够的健身娱乐场地还有器材。年龄阶段不同，对于生活空间的有着不同的要求，因为所生活的年代的原因，人们的观念还有对于空间的理解是各不相同的，还有就是因为年龄的原因对于空间的需求性也是各不相同的。人们一旦进入了老年以后，就会在心理上还有生理上发生一些变化，对于外界环境的判断还有感知等等都会有影响，在进行设计的时候，一定要根据这些参照来进行。比如说，老年人都喜欢安静，和谐有序的空间，所以对于老年人的活动场地要选在安静的地方，拥有独立性的空间，使他们不会受到来自外界的干扰。还有因为老年人的年龄太大，所以说身体就算是十分的硬朗也不能经受到任何的跌损，磕伤等，所以说在进行空间场地的选择时，一定要极力的避免凹凸的不平整的地形，还有较陡的地方，要注意防滑，多设座位以便可以供老年人随时的进行休息，还有要注意通风，要多种植物来进行遮阴。还有就是有可能有的老人会带着自己的孙子孙女出来玩，还有对儿童的活动区也要有相互的照应。

（2）信息化对居住区规划的影响和对策

信息化使得人们的很多传统的生活方式都有了很大的改变，可以用数字化还有网络化的方式对于一些数字、声音等进行交流还有传递，使得以前需要自己出门才能做到的事情，在家就能轻轻松松的做到，比如说进行网上购物、金融投资，还有就是远程的进行医疗会诊等等，发达的信息技术，使得一切都变成了可能。对于房地产的开发，同样是变得非常的智能化，就是把电子信息技术与建筑技术相互结合，出现了智能化建筑这种新兴的产物，并且这也成了新时代的房地产开发的主流方向。信息网络技术、可视化技术、流动办公技术等等在新世纪的智能建筑领域中都是会得到更加广泛的应用，可持续发展的技术与智能技术相互结合，使得通讯、休息、工作、旅游等等方面的要求都在信息技术之下相互结合，并且对于生活区域内的生活垃圾还有污水的处理，采用统一的设计，并且大力兴建一些能源中心，当然会是高效并且没有污染的，还可以为它们提供电、热等，还有就是对于太阳能、污水处理沼气的作用还有循环的使用，可以在住宅单元推广。就这样在新技术下，人们的生活质量不断地得到提高，居民的生活习惯也在不断地随之而变化，对于社区的各种功能的开发，也要进行加强，要逐渐地适应需求的多样性。对于生活娱乐、文化教育、医疗健身等的综合设施要不断地加强，并且提高要求，营造舒适、安逸的氛围，使得居民对于社区有归属感还有情感上的认可。

（3）汽车普及化对居住区规划的影响和对策

现在作为最流行的交通工具汽车，人们对于汽车的使用已经形成了一种趋势，越来越多的人开始加入购车一族，但是，由于中国的现状，人口太多，而地少，所以对于一些有车一族，在车的放置方面就有了很大的困难，在城市的居民区对于停车的建设不够充足，所以使得用户大都没有地方进行停车，所以好多车的主人都是只能自己找地方，有的就会占用公共的空间，对于居民的生活环境还有美观产生影响，还有就是对道路的正常通航也形成障碍。对于这种情况，很多的城市都在努力的进行解决，有的已经大幅度地增加了停车用地的比例。还有就是对于停车位的标准方面，有的经济发达的地区，对于小汽车的普及进行了规划，提高了标准。在进行用地规划的时候，一定要与我国的土地国情相结合，仅仅地面停车是不能够满足要求的，所以说一定要对地下空间进行开发，但是，也不能开发过大，否则影响居住的气氛。尤其是高层的住宅，一定要加强地下停车场的修建，并且停车的布局要适当，不能过于集中也不能过于的分散，还有就是最重要的一点就是对于覆土厚度，一定要达标，并且能够满足人们的正常活动，还有就是使得植物能够正常健康的生长。

二、基于社区化理念的城市居住区规划

社区化是一个将社区规划方法运用到城市规划中的科学理念，其宗旨为解决当前城市社会问题，提高居民幸福指数。通过将社区化理念引入到城市居住区规划当中，不仅能够让社区规划理念在城市居住区规划当中有所体现，同时还能在城市规划当中注入更多的人文关怀。基于此，这里的研究不仅对提高社区化理念在我国城市居住区规划中的应用水平具有理论意义，同时还对提高我国城市规划的合理性具有重要意义。

1. 社区化理念

随城市化进程的加快，我国农村人口逐渐向城市流入，城市人口越来越多，并且伴随着我国城市经济的飞速发展，人们的生活条件也在不断改善，生活品位和需求也在逐渐上升。由此背景下，我国城市居住区的规划问题逐渐暴露出来其弊端，城市社会分阶化严重，居住区隔离现象严重，并且社区设计缺乏对特殊群体的人性关怀，居住区内缺乏关于社交场所的设计等问题都是严重影响我国城市居住区和谐发展的重要因素。而应用社区化概念能够在一定程度上解决当前存在于我国城市居住区规划的种种问题，其在思维上，具有集经济、社会、环境为一体的综合社区规划思维模式，因此，社区化规划更趋向于综合考虑规划不同阶级、不同类型的住户及其配套设备，并且社区化理念会将传统的用地规模概念和公共基础设施划分转变为对社区活动组织及服务范围划分。

2. 社区化理念剖析

（1）社区阶层划分

在我国城市社会生态学观点及社会区域空间范围理念中，具有行政意义的普查区是社区划分的最小单位，在进行社区阶级划分时，既需要将社区划分范围和居民心中认可的社区范围相统一，体现出人文思想，又需要将居民居住内容实体和社会成员的社会关系作为划分依据。因此，在进行社区阶级划分时，应考虑到城市间干道的主次关系及自然地理位置，将其作为进行人口规模及公共基础设施配置划分的重要参考依据，并且要融入对地域感的考虑，在符合当地社区组织行政管辖范围的情况下，对城市居住区用地进行多阶层划分，明确社区之间的秩序及关系，构建出合理的城市居住区空间结构体系。

（2）社区资源划分

进行社区资源的划分时需要充分满足不同阶层居民对社会生活空间的需求，将城市的多功能符合理念体现在社区资源规划当中，其中不仅需要对多类型住宅及居民生活多样性

有所体现，还应提供相应的居民创业空间，也就是所谓的商业门市房，追求将工作和生活相平衡。在进行基于社区化理念的城市资源划分时，要充分考虑要城市规划目标中的精神功能，在满足居民物质功能的前提下，还需要为居民提供相应的社会交往，让居民具有较高的社会参与度等，让城市居住区成为真正意义上的适宜居住单元。

（3）社区尺度划分

社区化理念为我国城市居住区尺度规划提供了重要的理论依据，在进行城市规划时，不能完全按照发达国家的社区规划尺度进行规划，要充分考虑到我国的国情基础，包括人口和收入等。当前我国的居住区规模规划参考还是以《城市居住区规划设计规范》为主的，在保证居民的最低生存空间容忍度的基础上，为居民营造出适宜"点头面交"尺度的社交空间场所，保证社区空间的舒适度及可行性，增进居民日常生活与城市之间的亲密度。

3. 社区化理念在城市居住区规划中的应用

（1）社会体系结构组织

社会体系结构组织是显示不同阶级、不同类型社会群体居住空间的社区化规划方法，反映出城市整体生活质量水平。随着社会构架的转型，小区域格局发展成为社会整体的发展趋势，未来城市居民社会街道办事处将充分发挥出其行政功能及社区自治功能，结合居民心理认同社区范围、景观长廊、城市街道，形成不同阶级类型的社区结构体系，通过提高社区综合资源利用率，加强社区的网络通信程度，完善社区服务体系。

以合肥市大圩新市镇南区为例，该区域的传统居住区规划结构是按照三级划分，分别是居住区、居住小区、居住组团。而在大圩新市镇南新区进行重新土地利用规划，在对山水格局、生态河流等进行充分考虑的情况下，对城市总体结构及轮廓进行宏观组织，确定编制社区的空间范围及布局，按照街道社区等级和居民类型进行合理划分，保证社区的公共基础设施，并将该区域划分为6个街区、95个街道，制定出街道的细则和地界分图，对各个块地的建筑特色、造型等进行了弹性控制。实行社区化理念规划后的镇安新社区体系结构组织具有以下优点：提高居民社区规划的可达性、避免居民区行政区域错乱、使社区组织得到充分利用、有助于展开社区服务、便于社区管理。

（2）社会交通组织

伴随着城市机动化特点的日益体现，居民在出行方式的选择上不仅仅局限于单一的交通工具，而是针对不同的地区具有多种选择。居民社区应进行小尺度城市空间设计，形成社区空间自成一体但是又相互联系交换的交通方式，增设更多的公交站在城市主次干道，增加居民接近公交站的机会。在城市支路主要以自行车及步行作为主要出行方式，进而串联起整个城市空间。与传统城市规划中，通过公交路线将城市分成环绕空间等手段实现人车分离，相比之下的社区化理念交通组织规划具有极强的容错率，能够更便捷地实现交通方式的衔接，提高了居民进行出行的频率和机会，体现出城市居住区规划的公正性。

（3）社会公共空间组织

居民进行日常交往的主要手段就是公共空间，居住区公共空间需要综合考虑多层次要素，尽可能增加半公共空间的数量，完善整体公共空间的层次关系，利用城市道路将公共空间进行串联，提高居民社区公共空间之间的通达性。在传统居住区规划当中，居民小区采用封闭式围墙管理，削弱了居民之间的交流，使居民的交往活动受到限制。而社区化理念下的城市居民居住区规划能够激发人们参与社区交往活动的积极性，如跳广场舞、唱歌会、下象棋等。为居民提供进行社会交往的机会，能够增添城市活力，有助于营造社区归属感，增强社区的可识别度。

第五节　城市中心区规划

一、新时期的城市中心区规划

新时期随着我国社会主义市场经济的逐步建立和参与国际大循环比重的不断加大，我国许多城市，尤其是大、中城市和沿海开放城市正面临着城市功能更新的挑战，新的职能对市中心的影响尤为突出，中心区的概念、布局、内部结构等都将有一个质的飞跃。

1. 城市中心区与中心商务区

中心商务区即 CBD，指一个国家或大城市里主要商业活动进行的地区同时也是市中心。是近几年在我国广泛运用的概念，虽然它产生于 20 世纪 20 年代，但其内涵更多是现代赋予的，其观念和应用对我国城市中心区的规划有较大的指导意义。

城市中心区是传统的城市商业中心，其内涵接近我国 20 世纪 80 年代以前的市中心区。从时代发展的角度和对我国的具体国情来分析，市中心与中心商务区有着较大的区别。

从产生背景上看，CBD 是现代商品社会高度发展的产物，它突出了城市的经济职能，尤其是城市在金融、贸易、信息业的地位，强调服务业，是城市综合性活动中枢。其功能包括：金融贸易、信息、展览、会议、经营管理、旅游机构、公寓、商业文化、旅游机构，并配以现代化的交通网络地位，CBD 的辐射范围一般不限本市，而是力求辐射更大的范围。城市中心区是工业化时期第二产业占主导地位的产物，它的职能主要是商业零售、生活服务等较初级的服务业，其服务范围大多限于本市范围。

从职能和环境上看，CBD 主要是在商业基础上突出了金融、保险、证券、会计、法律业和各类投资公司、咨询公司，跨国工业集团总部、会议中心、宾馆等。环境要求相对安静，建筑多以高层为主，设有大片绿地和广场。而城市中心区主要以各类商业零售业、生活服务设施为主，环境相对喧闹嘈杂，建筑密集。

从在功能上看，大多数城市中心区含有大量的行政办公用地，形成混杂的政治中心；

火车站、长途汽车站等交通设施大多集中于城市中心区而形成客运换乘中心；含有大量的居住用地和少量工业用地。这类现象在中、小城市中表现尤为明显，如果说在中、小城市中还有保存的必要，那么对于大城市来说，随着我国经济重心转向服务业，以及全球经济的信息化、国际化发展的趋势引发的各城市对争夺区际和国际金融、信息、商务、管理中心城市的竞争。各城市中心区的商务服务功能获得了进一步发展的动力支撑，并成为城市政府税收来源的主要增长点。办公楼的白领职员也是中心区商业娱乐和餐饮设施的支撑源。在服务业迅猛发展的今天，各个大城市急切需要摆脱老功能更换新功能的今天，城市中心区盲目综合的现象对市中心区应有职能的完善，交通、人口、建筑容量、土地价值的体现等都造成了不良的影响。

目前这种现象正日益受到市场经济发展的冲击，城市的服务职能日益明显，迫切需要在空间上找到相应的位置，各大城市的中心区原有的商业服务设施也面临着更新和扩充的要求，城市的一些功能要疏散，另一些功能要集中，所有这些都对城市中心区的规划提出了新的要求。

2. 新城市中心区规划设计

现代意义的新城建设，源自 19 世纪末英国人霍华德所创导的"田园城市"的理论和实践。二次大战后，出于经济、政治等多方面的考虑，且明显受"田园城市"理论和实践的影响，英国政府把新城建设纳入国策，目的在于疏解人口和产业，使人民有好的居住环境。因而，在"物质性规划"的层面，英国新城运动的侧重点在于强调对建筑与环境质量的严格把关。新城在英国出现后，世界各国纷纷仿效，成为大城市和国际经济中心城市建设的重要组成部分。新城的发展，是一个动态的过程，其发展到今天，无论是规划设计理念还是建设的内涵都已发生了深刻的变化。

许多新城中心采取多样化的方式将其建设成为城市生活的焦点。建筑的大体量、空间的多样化和人流的聚集使城市的中心感得以显现。新城中心区规划设计概念的改变反映了购物形式的改变，以及人们对商业街功能看法的转变。

传统的大城市中心区，尤其是经济发达的大城市中心区往往集中了大量的金融、贸易及其他各类机构的办公总部，其一般通过快速交通来联系城市的其他区域，周围的住宅区也是规模有限，建筑是冷冰冰的，街道没有人情味。

改革开放以来，我国经济蓬勃发展，中产阶层家庭纷纷搬迁到大城市的郊区。因为郊区地价相对低廉，到处都有高速公路和停车场，商场超市、贸易中心、办公总部也逐渐转移至郊区，传统的大城市中心区在一定程度上受到了挑战。与传统模式相比，现代城市中心区的规划设计概念有了新的发展，其规划设计的主要特点为：

（1）交通方式以公交、地铁为主。作为城市的中心区。由于负担过重，必然出现交通拥堵问题。城市交通指向集中是中心区交通问题日趋严重，体现在交通组织、交通运行和车辆停放等方面。道路面积不足，交通类型单一是引起城市中心区交通拥挤现象的主要原因，从绝对量的比较上看，我国城市道路的增长速度低于城市机动车数量的增长，面对越来越多的集中向城市中心区的交通，通过拓宽道路的做法解决矛盾收效甚微。停车难的问题已经非常突出。汽车交通需要大量造价昂贵的公路系统。同时，兴建小汽车停车场也需要大量的空间和资金，且势必削弱城市中心的紧凑性。所以，现在发达的主要城市都在严格控制进入城市中心区的小汽车数量，并大力投资公共交通，尤其是大容量的轨道交通，提倡公交、地铁优先。

（2）城市设计人性化，突出步行的重要性。新城城市中心区为各种经济、社会和文化活动提供场所，因此，步行和骑自行车在城市中心区占有特别重要的地位。街道、公共空间、广场绿地、各项公共设施等的规划设计都体现着"以人为本"的原则。过境交通进入市中心，使城市内交通混杂易引起交通事故。必须突破中心区地界范围，把高密度的交通因素疏解到中心区外围，中小城市可将公路从城市边缘经过，而在大规模的城市，在中心区外围设环路，过境交通可利用它通过城市，而不必穿越市中心。新城市中心区步行街建设，主要是基于改善中心区购物环境、复兴中心区商业的考虑，同时也利于提供社会交流空间和恢复城市活力的形象。在新城市中心区，步行将成为主要的移动方式。城市中心区规划应使步行环境得到改善，并提高效率。一是开辟大型设施之间的空中连接通道，减少不必要的上下往返交通；二是在人流密度的地带建立空中自动步行系统；三是充分利用地下空间，建设地下连接网络。阳光、绿地、彩色路面和新型街灯，再配以花地、喷泉和雕塑，使每个城市的步行区千姿百态、各具特色。

（3）满足多功能需求。新城市中心区满足多功能的需求，并建有一定量的居住和相配套的商业、社会和文化娱乐设施。这不但可以更有效地利用空间，为步行者提供便利，还能增加城市中心区的活力和亲和力。最好的城市中心区往往是由各具特色的名街、名坊组成。

二、城市中心区道路绿地景观规划

1. 城市中心区的道路绿地特点

（1）生态环境复杂

城市的中心区相比于城市的其他区域而言，生态环境要更加复杂，因为该区域内的建筑密度比较大，而且交通流量也比较大，聚集性比较强，所以从外部来看，整个中心区的建筑比较密集，人工化气息十分浓烈，这些都对该地区的道路景观规划十分不利，也会影响到其内部的景观空间效果。

（2）视觉风貌现代化

城市中心区由于功能比较集中，所以整个区域的建筑和道路等的现代化气息都比较浓烈，所以从视觉上看，该地区的风貌偏向于现代化，现代化的建筑、道路、广告牌和行人等，共同构成了该地区的主要视觉空间环境要素。所以对中心区进行道路和绿地景观规划，可以帮助美化中心区的环境和空间，烘托建筑艺术，改善城市风貌。

（3）道路形式多样

城市中心区是城市主要的经济、文化和政治中心，该地区的功能性，要求该地区必须具有良好的交通状况，交通必须便利，方便人们的日常生活和工作，所以在城市的中心区，其道路的等级分级十分严格，道路的种类也很多，如步行街和商务区的主要干道，在进行规划和建设时，就有不同的要求，其周围的绿色景观规划要求也不同，所以在进行规划之前，需要针对该区域的道路形式，确定合理的规划方案，保证道路与绿地景观规划的和谐性，保证其与城市中心区的整体规划相协调，在保证其基本功能性的同时，对整个城市中心区的环境也有改善作用。

2.城市中心区道路绿地规划存在的问题

（1）规划杂乱

在城市中心区的道路与绿色景观规划设计工作中，最常见的问题就是规划设计杂乱，这主要是因为城市中心区的道路和建筑密度比较高，用于道路和绿色景观，规划的空间比较小，所以使得整个规划设计缺乏整体的协调性和美观性，规划设计比较松散，缺乏美观性和协调性，也缺乏主体性和艺术性。另外很多的规划设计人员在设计时，没有将其与整个城市中心区的风貌和特点进行结合，只是进行独立的规划设计，这就导致规划设计出的成果与整个中心区不协调，无法体现出城市的特点。

（2）规划设计无规则

规则性是城市中心区道路绿色景观规划设计中最基本的原则，规划设计的规则性，能够保证规划的美观性，一般来说，在现代城市的道路绿色景观规划中，规划的规则性主要体现在了拼接式设计和个性化设计上，这两种设计方式能够在体现规划设计的美观性的同时，还能够使其与整个城市的风貌相协调。无规则的设计，会使得整个设计缺乏整体性，导致设计的过程中出现各种问题，规划建设不合理，使得其设计的效果难以得到体现，影响到城市的正常发展。

（3）缺乏实际性

实际性的缺乏，主要指的是城市中心区道路绿色景观，在进行规划设计时，没有针对城市的发展特点进行针对性的规划，没有将其与整个城市的规划相结合，在规划之前没有获取城市的相关信息，使得整个规划过于随意，按照这样的规划设计方案进行的规划设计，往往在施工的过程中发现无法准确施工，而且施工之后，也无法发挥出应有的效果。

3.城市中心区道路绿地规划的措施

（1）从整体出发进行特色规划

在对城市中心区进行道路与绿色景观的规划设计时，需要从城市中心区的整体出发，整个规划设计需要具有全局性，不能只重视局部或片面的规划和设计，而要从整个城市中心区的风貌特点出发，将其作为一个统一的整体，在设计的过程中，需要对道路和景观的规划设计进行合理安排，保证其能够突出整个城市中心区的特点，并在此基础上保证实用性，促进城市中心区的功能实现和形象提升。在践行绿色景观的规划时，需要考虑到整个城市中心区的特点，选择合适的植物和规划方式，要充分发挥出植物灵活多变的特点，结合周围的环境，打造出具有中心区特色的景观。

（2）层次分明

城区由于功能定位比较明确，所以内部的道路等级层次分明，所以在进行绿色景观的规划和设计时，也需要考虑到层次感，要针对每条道路的性质、等级，以及具体的服务区域和人流情况，选择合适的绿色景观，尽量对每条道路都进行主题的确定和特色规划，选择合适的尺度和元素，体现出绿色景观规划的层次性。

（3）节奏明快

城市中心区的功能性比较突出，人流量和车流量比较大，建筑也比较密集，因此整个中心区的环境和氛围相对来说比较压抑，所以在进行规划设计时，需要做到节奏明快，富有韵律，在中心区的合理位置进行道路的规划，在规划的过程中，既要保证城市道路的功能性和实用性，又要使得道路的规划能够改善整个中心区的环境和氛围，使得中心区更加灵活。而绿色景观的规划和设计，则需要考虑到人们的行为特点和视觉特点，根据道路的性质和行人的速度，确定绿色景观的尺度；根据驱动车辆的车速和司机的视觉特性，选择绿色景观中的植物组群大小和连续节奏，营造出节奏感，减少人们在行车和步行过程中产生的乏味感和烦躁感。

（4）科学地选择和配置

在城市中心区的道路与绿色景观规划过程中，后续的配置对于规划的效果有很大影响，所以在规划设计的过程中，需要根据，城市中心区的道路、人口和生态环境等各种实际情况，合理选择树种，保证树种在该区域能够成活和顺利生长，另外还要保证其长成之后，能够对周围的生态环境产生积极的影响。

三、城市中心区地下人居环境空间规划

1.城市中心区地下人居环境空间的内涵

在探索新的生存空间的过程中，人们提出了海上城市、海底城市、太空城、地下城市等构想。城市中心区地下空间一般为三层结构：一层为地下交通环廊、大型停车场以及超大型商业空间；二层为物业和支管廊；三层为地下综合市政管廊，营造立体交通网，创立了综合管廊＋地下空间开发＋地下环形车道的三位一体的地下综合构筑物模式，是将综合管廊作为载体，地下空间开发与地下环形车道融为一体的地下构筑物。

人居环境是指人类聚居生活生产的地方，是与人类生存活动密切相关的地表空间，是人类利用自然改造的主要场所。人居环境科学是以包括乡村、集镇（社区）、城市等在内的所有人类聚居形式为研究对象的科学，它着重研究人与环境之间的相互关系，强调把人类聚居作为个整体，从文化、社会、政治、技术等各个方面，系统地、全面地、综合地加以研究。人居环境是指一个由人、建筑及其周围自然环境构成的系统，是人对自然环境进行改造后形成的一种人工环境，包括自然环境、人工环境、社会环境。建筑、地景（景观）、城市规划为主导专业。人居环境是人地关系的集中体现。我国学者在此基础上将人居环境范围简化为全球、区域、城市、社区（村镇）、建筑等五大层次。人居环境从内容上划分为5个系统：自然系统、社会系统、居住系统、人类系统与支撑系统；人居环境分为4个分支：地下人居环境、地表人居环境、方位人居环境、营建人居环境，或者直接将人居环境分为硬环境和软环境。人居环境的内涵应该是人文与自然相协调，生产与生活结合，物质享受与精神享受统一。

2. 城市地下空间的利用

（1）改善城市交通，发展城市经济

我国的道路交通设施及管理设施建设跟不上机动车增长速度，大多数城市存在路网结构不合理、道路功能不完善、道路系统不健全的状况，已经严重制约了我国的人居环境建设。另外，由于交通拥堵、车速下降以及车辆技术性能低等原因，致使机动车尾气污染严重，造成城市的大气质量恶化。发达国家的经验表明，只有发展高效率的地下交通，形成四通八达的地下交通网，才能有效解决交通拥挤问题，改善地面环境。地下铁路和公路能够在上下班高峰时有效疏散人流和车流。地下车库有容量大、用地少和布局接近服务对象的优点，因而修建地下车库也能有效改善路面状况、加快车流速度、改善城市交通。地下街通常规划于城市的繁华交通中心，特殊情况下也有不在城市繁华区的情况。目前所建设的地下街多数为地下商业或文化娱乐型。在日本，地下街的功能主要是解决交通问题，即解决人、车流划分和车辆存放问题。地下街具有交通、购物或文化娱乐、人流集散等功能，可以起到使人流进地下，解决交通拥挤的局面，同时又能满足人们购物或文化娱乐的要求，地下街的开发与地面功能的关系应以协调、对应、互补为原则，促进城市经济的发展。我国开发地下街从规划开始就选择在繁华商业中心或车站广场等地。如上海地下街设在人民广场，哈尔滨地下街设在站前广场和秋林商业中心，石家庄商业街设在站前广场。从目前建设的状况上分析，地下商业街大多建在地面广场和商业中心街道地下。

（2）节约城市用地，注重城市生态设计

城市在发展中，地域范围越来越大，城市的负担就会越来越重。在进行地面建设的同时，也造成了城市地下资源的严重浪费。在城市的发展中，适时做出"地下空间、地面空间、地上空间"的综合开发和利用规划，对城市的人居环境建设具有无比重要的作用。城市要综合利用土地，走土地资源节约化模式的路子，向地下要空间，充分发挥地下空间资源潜力，在不扩大或少扩大城市用地的前提下，改善地面空间，进而改善城市环境。这一步走不好，将会贻误城市人居环境建设的大好时机，对城市的可持续发展是极为不利的。在城市近期或远期需要开发和建设的地段，必须提前进行规划，合理利用土地，搞好空间布置，先地下、后地上。我国有些城市在维护城市生态系统、建设生态城市的一些领域进行探索并开展了许多有益的工作。其中，充分利用城市地下空间，把一切可以转入地下空间的设施转入地下，是实现城市地面绿化面积的扩大，促进城市空间、景观环境改善的有效措施。吴良镛先生将人居环境在空间上划分为两大部分，其中之一就是生态绿地系统。生态设计是指任何与生态过程相协调，尽量使其对环境的破坏影响达到最小的设计形式。城市生态设计可视为认识社会生态综合体的基本问题的最佳方式，体现着科学和城市规划之间相互实际依存的关系。这就意味着设计要尊重物种的多样性，减少对资源的剥夺，保持营养和水循环，维持植物环境和动物栖息地的质量，以有助于改善人居环境及生态系统的健康。"生态城市"必须同时既是一个生物体，又是一个能够供养人和自然的环境。

（3）增强防灾减灾和防护能力，缓解能源危机

地下空间处于一定的土层或岩层覆盖下，具有很强的隐蔽性、隔离性和防护性。实践证明，利用城市地下空间可以有效提高城市的防灾抗毁能力。人民防空工程是城市建设、发展利用地下空间的重要基础设施，可以从整体上增强城市综合发展能力和防护能力，使城市具有平时发展经济、抗御自然灾害，战时防空抗毁、保存战争潜力的双重功能。人防工程建设与城市地下空间开发利用密切相关，通过合理规划，相互整合，可以达到最有效、最合理利用地下空间，更好地发挥"三个效益"。建立完善的，以地下空间为主体的城市安全保障体系和战略物资的地下储备系统，可以使城市完全摆脱各种自然和人为灾害的威胁和造成的损失，从物质上到心理上让居民生活在安全与安心之中，建立这样的体系是非常必要的，也是城市地下空间应起到的重要作用之一。城市基础设施的状况和发展水平，与城市生活质量有直接的关系。提高这些设施的现代化水平，都要以大量消耗能源为代价。城市化的进程，在很大程度上就是依靠对大量自然资源的开发、使用，以致许多资源已渐趋枯竭，加上对资源的使用存在很大的浪费，从而更加剧了资源危机。试验表明，地面以下 5m 温度几乎保持恒定，地下空间良好的热稳定性使其具有冬暖夏凉的特性，大大减少了对能源的消耗。在常规矿物能源渐趋枯竭的情况下，人们正在努力寻求新的能源。太阳能、风能、潮汐能等间歇性新能源，可通过建立地下能源贮存系统，加以贮存以扩大其使用时间和使用范围，形成能源使用的封闭循环回路，达到节约常规能源和开发新能源的目的。在未来的城市中，城市居民不但将获得更多的开敞空间，更宽敞的住宅，还可以获得更高的居住和工作的环境标准。日本学者尾岛俊雄在 20 世纪 80 年代初提出了在城市地下空间中建立封闭性再循环系统的构想，把开放性的自然循环转化为封闭性再循环，用工程的方法把多种循环系统组织在一定深度的地下空间中。在资源有限的条件下，建立这样的系统对于城市未来的发展，将会对缓和城市发展与能源不足的矛盾起到积极的作用。

四、城市中心区公共停车供应策略与规划

1. 停车系统存在的问题

（1）停车设施利用率不高

根据一些大城市普遍的现状，都反映出中心区的停车设施利用率偏低，尤其是在中心区由于地块成熟，而且需要一定的停车费用。商圈的核心停车位占用率较低，但是在商圈周围的一些环道上的停车率却非常高。商圈环道为了已经处于了饱和的状态，但是一些商圈的地下停车位却没有得到有效的利用。在当前的形势下，应该不断地提高商圈地下的停车位的使用率，以此来保证城市中心区域的车位合理利用以及停车设施不会形同虚设。

（2）车库出入口不合理

一般的商圈由于商业建筑比较集中，因此车库的出口设置的位置就至关重要，很多的车库出口都设置在一些比较狭窄的商场后门或者是侧门，恰好这些位置也是人流量、车流量较大的地方，因此在这些车库的出口，车辆进出非常的困难，这样不仅影响行人走动，而且也不利于车辆正常的行驶。

（3）停车管理混乱

在一般的城市中，缺少专职的车辆管理人员，特别是在中心区，车辆管理非常混乱，很多部门没有严格的车辆管理体制，而且涉及的部门比较多，很多部门为了自己的利益会不顾大局，并且没有做到基本的互相协调，在整个车辆管理的问题上没有用心对待。一些解百纳的车辆管理都没有做到位，经常产生商圈环道及步行路上的空间车辆占领严重，这样也影响了商圈及城市中心的形象。

（4）停车信息系统不完善

随着科技的发展，停车系统的使用还不健全。特别是在车辆停前的引导系统不够完善，而且在基本的停车过程中，很多停车系统无法顺利或者正确地找到停车的信息。停车的引导系统不够标准，虽然目前市场上有很多的车辆引导系统，但是由于商圈的停车指示牌一直没有及时的更换，只有智能的停车指示牌并且没有合理地进行摆放。因此导致停车的时候车辆无法找到停车位停车。车库内部的引导系统不够完善，导致一些大型的停车系统不能指引，在车辆不断地增加的情况下，最后会引起车辆的拥堵现象。

2. 城市中心区公共停车供应规划

（1）停车场供给策略

一般的停车场供给策略需要根据城市的具体发展来设定，一些比较大的城市中，由于人口密度较大，因此在停车设施的建设和完善的过程中需要注意一些问题，由于建设用地面积稀而贵，停车设施的供应该达到"紧平衡"，在这种平衡的关系下，需要注意城市整体的发展策略。很多大城市也可以采用差异化的供给侧略，也就是根据停车需求管理的方式，并且将一些中心区周围的区域的停车供应放宽，将停车区域扩大，利用地上和地下的

资源，将土地面积规划并合理利用，保证停车位的充足供给。

（2）公共停车场的布局策略

停车场需要根据城市的基本服务设施进行调整和完善，并且需要结合城市中心区的外围公共交通枢纽进行调整，将整个停车区域做一定的规划，确定整体的布局。解决一些陈旧的停车设备和系统，将其进行一定的更新换代，需要满足当前城市的发展需要。很多旧的设备已经无法满足当前城市发展的现状以及车辆发展的水平，所以有必要更新所有的设施。

（3）公共停车场的建设形式

一般的停车场有很多的形式，常见的有自走式停车场、生态停车场、地面停车场、地下停车场、机械式停车库等，在具体的停车场建设时需要考虑很多的问题，例如基本的造价以及使用范围，用地的条件，景观的配合等都需要考虑进去。

第六节　城市规划管理

城市规划管理是指城市规划主管部门根据批准的城市规划，对城市规划区内的土地和各项建设工程实行的管理，主要有以下两个方面：一、城市土地使用的规划管理。城市规划区内的土地，由城市规划主管部门按照国家批准的城市规划，实行统一的规划管理。在城市规划区内进行建设，需要使用土地的，必须服从城市规划和规划管理。建设部门按国家规定程序批准的建设计划、设计任务书或其他证明文件，向城市规划主管部门提出申请，经审查批准后划拨用地并发给建设用地许可证后，方可使用土地；二、工程建设的规划管理。城市规划内各项建设活动均由城市规划主管部门实施统一的规划管理。在城市规划区内进行建设，必须服从城市规划和规划管理，无论是在国有土地或征用集体所有的土地进行建设，都必须向城市规划主管部门提出申请，经审查发给建设许可证后方可施工。

一、概念

自从有了人类就有了管理。随着社会发展进步，生产力的发展和科学技术的进步，管理工作日趋复杂，其作用也日益重要。管理的实质就是为了实现组织目标，利用职权，统筹协调兼顾各方面利益而进行的一种控制过程。现代管理的基本目标是建立一个充满创造力的体系，以便在当今急剧变化的环境中得以持续、高效、低能耗、低输出、高功能地运作。城市政府为实现城市发展目标，使城市各项功能发挥出最大效能，必须对城市的各项活动进行控制、协调、引导。城市规划管理是城市管理的一个不可或缺的重要组成部分。城市规划管理是为了实施城市规划，通过法制的、经济的、行政的等各种科学管理手段和方法，对城市各项建设用地和建设活动进行控制、引导和监督，使之纳入有序轨道。

城市规划管理有广义概念和狭义概念之分。从广义上说，城市规划管理就是国家从宏观层面上就城市发展方针、城市建设的原则等重大指导方针、政策做出决策。比如，"合理利用每一寸土地、节约用地"和"统一规划、合理布局、因地制宜、综合开发、配套建设、基础设施先行"等原则。从狭义上说，就是负责城市建设项目选址规划管理、建设用地管理、建设工程的管理以及违法建设管理和城市规划实施监督检查。也就是我们通常所说的城市规划实施管理。这是城市规划行政主管部门的日常工作。而狭义的城市规划管理是城市政府的一项行政职能。根据市场经济体制的要求，城市政府的一项重要职能就是搞好城市的规划、建设和管理，认真执行城市规划及其管理是建立服务型政府的一项不可缺少的组成部分。

二、基本特征

城市规划管理除具有综合性、整体性、系统性、时序性、地方性、艺术性、政策性等诸多特征外，还具有以下一些基本特性。

1. 引导与控制特性

城市规划的最终目的，是促进经济、社会和环境的协调发展。城市规划管理工作作为政府的一项职能，其管理目标是创造良好的投资环境、生活生产环境，为城市的现代化服务，因而城市规划管理就其根本目标而言是服务与引导，同时在管理过程中，实施有效的监控，协调个人利益、集体利益与公共利益的关系，实现公共利益的最大化，保障城市健康有序、可持续发展。

2. 阶段性和连续性特性

城市的布局结构和形态是长期的历史发展所形成的，通过城市的建设和改造来改变城市的布局和形态并非一朝一夕之事，需要一个相当长的时间。它的发展速度总要和经济、社会发展的速度相适应，与城市能够提供的财力、物力、人力相适应。因此，城市规划管理具有一定的阶段性。同时，经济和社会的发展是不断变化的，城市规划管理在一定历史条件下审批的城市规划项目、建设用地和建设工程，随着时间的推移和数量的积累，将对城市的未来产生深远影响。

3. 专业性和综合性特性

城市管理包括诸如交通管理、环境保护管理、消防管理、文物古迹保护、土地管理、规划管理等等。城市规划管理是其中的一个方面，是一项专业技术性的管理，有其特定的职能和管理内容。但它又和上述的管理相互联系并交织在一起，具有较大的综合性。一项地区详细规划，涉及多方面的内容，如环境保护、环境卫生、绿化、国防、气象、消防、排水、文物保护、农田水利等管理的要求。这就需要规划管理部门作为一个综合工程来进行分析，实行综合平衡，协调有关问题。

三、基本原理

城市规划是一门科学，规划管理与其相伴而生，同样也是一门科学。作为一门科学，它遵循以下几个方面的原理：

1. 综合原理

城市规划规定着城市性质、规模和发展方向，通过调节城市的空间要素和资源要素，合理利用城市土地，达到城市经济、社会和环境效益的协调发展。城市规划的综合性特点赋予城市规划管理的综合性职能。城市规划蓝图，是综合考虑城市各项事业的发展和各种要求，综合考虑城市与乡村、生产与生活、局部和整体、需要和可能、近期与远期的结果。城市规划行政主管部门在实施规划管理过程中都要考虑每一项目对周围环境、各种设施有无妨碍影响，对历史文化遗址保护的效果，对城市景观展示的效果，都要反复琢磨，统筹安排。同时，在规划管理过程中，还要综合运用法制的、社会的、经济的、行政的等管理方法来保证城市规划的实施。

2. 系统原理

城市是一个开放型、多层次、网络型的动态大系统，它是功能各异的分系统有机结合而成的。这些分系统包括交通、公共服务与公共设施、园林绿化等。每一个分系统又包括若干子系统，如交通分系统就有轨道交通、航空等。城市总体规划是对城市这个大系统的综合部署，各个专项（业）规划则是对分系统的综合安排。同样城市规划管理也需要用系统原理来保证城市规划中各系统规划的实施，保证城市各个系统功能的正常运转和发挥。在这个城市规划管理体系中，除了国家、省（自治区）、城市形成一个系统外，市、区（县）、街道三级管理网络则形成了一个多层次的城市规划管理系统。

3. 连续动态原理

城市规划是一长期的、动态的工作，由此决定了城市规划管理的长期性、动态性，就整个规划的实施和城市发展来说，是一个连续不断变化的过程；就一个建设项目而言，从立项、选址、定点、审查、发证、验线、竣工验收等，同样也是一个长期的、动态的过程。城市规划管理是一个环环相扣的连续动态过程，城市规划管理贯穿城市建设的全过程，一个环节发生问题，就会影响下面环节的正常运转，"牵一发而动全身"。因此，强调城市规划管理必须按照规章制度办事，就是从规划管理工作的长期性、动态性的客观必然要求来讲的。

4. 超前原理

城市规划是在城市的过去和现状的基础上，对今后一段时期城市发展的设想，具有明显的超前性、预见性。由此也决定了城市规划管理的超前性，也就是说，城市规划行政主管部门为市民和有关单位提供的是"超前服务"。具体来说，就是城市规划行政主管部门及时了解把握建设单位的信息，做好"规划储备"；同时把城市规划的设想、编制的城市规划蓝图尽早告诉有关单位，供他们在建设项目决策中参考。另外，"超前服务"就是对历史文化遗迹保护用地和风景名胜区、传统街区和园林绿化用地一定要事先控制好，保护好，不能被开发商蚕食和侵占，不能让短期行为破坏城市的未来发展。

5. 反馈原理

城市规划通过规划管理把今后一段时期的城市设想变成现实。在把设想变成现实的过程中，规划管理要处理各种各样的问题，通过规划实施过程反馈来的信息，对城市规划进行允许范围内的调整、补充、修改。规划管理的过程，就是城市规划完善、深化的过程。通过规划管理的反馈，使城市规划的设想与实践更加密切结合，使城市规划更加完美、完善，更有效地指导城市建设。

四、地位和作用

城市规划是城市建设和发展的龙头，城市规划管理同样也是城市建设、管理的龙头。"三分规划，七分管理"的俗话，说明了城市规划管理在城市规划建设中的地位与作用。从城市规划管理的概念上理解，城市规划管理贯穿于城市规划的编制和规划实施的全过程，它是城市规划编制与实施的主要保证。

1. 城市规划管理是城市规划的具体化

城市规划是城市未来发展的蓝图，规划管理是把蓝图变成现实的手段。城市规划管理在实施城市规划中具有重大作用。从宏观层面来说，城市规划的实施是一项在空间和时间上浩大的系统工程，必须贯彻党和国家的路线、方针、政策，如环境保护方针，合理用地与节约用地原则，适用与经济原则，经济、社会和环境效益相统一原则等。这些原则和方针是编制城市规划、实施城市规划所必须遵守的，只有这样才能保证城市规划适应社会发展的需要，提高城市化程度，保证城市环境质量，发挥城市综合功能，实现城市现代化。从微观层面上来说，城市规划管理是正确指导城市土地使用和各项建设、建设用地的选址、市政管线工程的选择等，它必须符合城市规划布局的要求，无论地区开发建设还是单项工程建设，都必须符合详细规划确定的用地性质和用地指标、建筑密度等各项技术指标要求，使各项建设按照城市规划正确实施。城市规划实施同时受到各种因素的制约，规划管理需要协调各部门、各方面的关系和处理各种各样的问题，必要时还要对规划进行允许范围内的调整、补充、修改和优化。因此，城市规划管理是规划的完善、深化和具体化的过程。从这个意义上说，城市规划与规划管理是相辅相成的，管理也是规划，是能动的规划。城市规划与规划管理同样重要。

2. 城市规划管理是城市政府的一项职能

政府代表了公众的意志，具有维护公共利益、保障法人和公民的合法权益、促进建设发展的职能。城市政府的主要职责是把城市规划好、建设好、管理好。市长要把主要精力转到这方面来，要大力加强城市规划的实施管理。经过批准的城市规划具有法律效力，要严格实施。城市规划涉及各方面的问题和要求，这就需要在规划管理中依法妥善处理相关问题，综合消防、环境保护、卫生防疫、交通管理等有关管理部门的要求，维护社会的公共安全、公共卫生、公共交通，改善城市景观，做到个人利益、集体利益和公共利益相协调。这就需要通过城市规划管理对各项建设给予必要的制约和监督。因此，城市规划与规划管理都应当摆在政府工作的重要位置上，这也是建立服务型政府的客观要求。

3. 城市规划管理在新历史阶段面临更加繁重的任务

在向市场经济体制转型过程中，城市规划管理面临着许多新情况、新问题、新要求，任务更加繁重。一方面城市化程度的提高、城市现代化水平的提高，住宅等各类建筑的建设增长、城市车辆增加、市政公用设施能力在提高、城市基本建设规模空前，城市规划管理工作任务空前繁重；另一方面，城市产业结构发生变化，城市建设投资主体多元化，第三产业迅速发展，城市规划管理工作的内容更加广泛，要求城市规划及其管理工作以新的观念，根据不同对象实施管理，为创造良好的投资环境和城市环境提供服务。对于这样的新情况、新问题，城市规划管理工作必须改变管理观念，改变工作方式，建立、健全新的工作机制。

总之，城市规划管理是保证城市规划按照合理的程序进行编制和实施，使城市建设按照城市规划进行，实现以法治城，依法治市，及时检查发现并及时制止或处理一切违法用地、违法建设，保证城市建设有序进行。

第六章　新时期的城市发展与规划

第一节　信息化与城市经济发展

一、信息技术与城市变化

1. 信息化与城市经济的发展

城市作为现代社会中全球经济的网络节点和区域经济中心，在推动国家和区域经济全球化进程中，功能已从全球工业中心、全球贸易中心、全球金融中心等概念向全球信息中心、全球物流中心、全球知识流中心扩展。这个变化过程中，信息化对城市经济发展变得越来越重要，其主要影响体现在以下这三个方面：

信息化对城市经济结构的效应体现在经济活动空间及经济活动组织关系的变化中。在城市经济活动空间方面，由于城市经济活动会随着经济关系网络的发展由城市内部延伸到城市外部，形成跨城市、跨区域乃至跨国界的经济合作体系，使得城市经济活动空间变得更加广阔，更容易融入到全球的市场框架体系中，从而体现出全球化的经济特征。城市经济活动的组织关系通常表现为城市内部的各种组织之间形成的生产关系和竞争关系，这种关系在信息时代主要通过经济运作者之间缔结的互动的信息网络来达成。城市多方主体通过对信息资源的开发和应用，使信息流发挥出对其他要素流动的先导和替代作用。

信息化能够改进城市经济运行模式，提高城市经济运行效率。信息技术在国民经济各个部门和传统行业间具有广泛的适用性和渗透力，能够改造和发挥第一、二、三产业潜藏的生产力，降低物质消耗和交易成本，推动城市产业结构沿着第一、二、三产业的优势地位顺向递进的方向演变，并不断优化升级，从而增强传统产业经济内部的协同能力，提高经济运行效率。

信息化能够通过信息系统的应用和信息资源的整合提升城市的管理水平。目前，各城市电子政务的施行，已在很大程度上改善和优化了政府的工作流程，实现了部分政府资源的整合和政务信息及数据资源的共享。同时，一些城市以电子政务为基础，开发利用城市管理中有关经济、社会、环境、人口、地理等信息资源，建立起城市公共信息服务系统，为城市的各个领域提供了更加快捷、方便、公平、公正的服务。但由于政府部门的划分和协调不足，政府信息资源的整合和共享度仍然有待提升，只有加强城市政府的信息化建设和应用能力，才能更好地提高政府的办事效率、增强政府信息的透明度，促使城市政府职能由管理型向服务型转变。

2. 信息指数的测算

随着社会信息化发展经过了大规模的"基础设施建设"期，对区域信息化的评价也经历了一个高潮，其中最具代表性和权威性的是国际电信联合会(ITU)提出的ICT(Information Communication Technology) 发展指数评价模型。它包含3个不同的评估指数：一是接入指数（DAI），用以评估世界各经济体在互联网应用方面的接入水平；二是数字化机会指数（DOI），反映国家或地区的数字经济发展水平和机遇；三是信息化状态指标（MID)，反映经济体的信息化密度、信息化应用程度和信息化发展水平。

为了从理论上验证信息化与经济发展的密切关系，研究依据信息化评价指标的可操作性原则，结合我国国情和信息化发展现状，以 ICT 发展指数评价模型为参考，构建信息化指数模型，从信息设施水平、信息流通能力和信息产业发展环境三个方面综合评价城市信息化现状，模型如下图 6-1-1 所示。

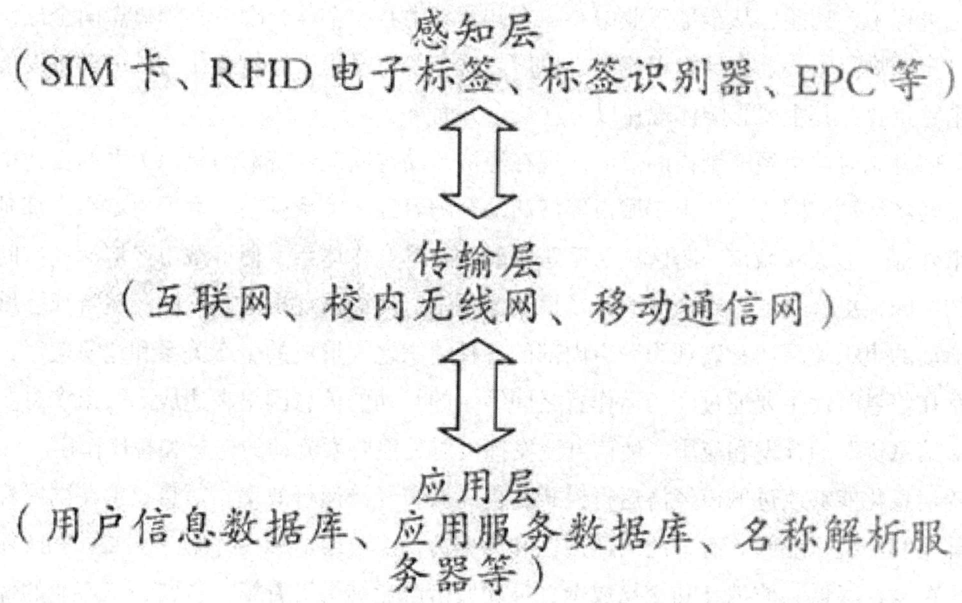

感知层
（SIM 卡、RFID 电子标签、标签识别器、EPC 等）

传输层
（互联网、校内无线网、移动通信网）

应用层
（用户信息数据库、应用服务数据库、名称解析服务器等）

图6-1-1 信息化指数模型

图中信息设施水平通过固定电话、移动电话、电视和计算机的普及率来测度；信息流动能力通过网民人数、宽带接入普及率、电信业务量、信息消费额等指标进行测度；信息产业发展环境通过人均可支配收入、教育水平、信息产业总产值、信息化投入等相关指标进行测度。对于综合指数的测算，需要解决两个问题：一是指标数据的标准化；二是评价指标在综合模型指数中的权重分配。为此，在测算中借鉴 ITU 中所用的评价指标的目标值

（Goal-post），根据目标值，可对测度经济体的各测度指标按以下定义的分段函数，计算标准化值。

其中，Goalpost 是自定义的目标值。Ui 为测度指标的标准化值，信息化综合指数及信息设施水平、信息流动能力和信息产业发展环境的分项指数分别为相对应的测度指标的加权求和值。

3. 信息化与城市经济的关系

研究选取 2006 ~ 2008 年的城市数据作为研究样本，测算出各城市的信息化指数，分析信息化指数与城市经济发展水平之间存在的关系，并将信息化指数与劳动要素和资本要素对城市经济贡献程度作对比分析。

信息化指数与城市 GDP 存在很强的线性正相关关系。信息化程度越高的城市，经济体的活动空间更广阔、联系更紧密，运行更有效率，因此经济发展会越好越快。反之，经济发展水平越高的城市，信息化投入越多，实施力度越大，因此信息化发展水平也越好。

信息作为生产要素，对经济发展的贡献远远超过了资本要素和劳动要素，成为拉动城市经济增长的重要原动力之一。研究将各样本的 GDP（亿元）、劳动要素（万人）、资本要素（万元）和信息化指数，分别取对数，并进行非线性回归。结果显示信息化指数的回归系数为 1.407，远远超出了资本要素的回归系数 0.011 和几乎接近 0 的劳动要素回归系数。这里劳动要素对城市经济影响微乎其微的原因在于研究只考虑了劳动总体供给量与经济之间的关系，而我国是人口大国，劳动力总体供给充分。事实上，随着经济的发展，具有不同技能和知识水平的人对经济效益的贡献程度将产生越来越大的区别，这使得城市培养适合社会发展所需的人才，提升劳动者的素质水平和信息素养成为必要。

信息设施水平、信息流动能力和信息产业发展环境等分项指数与 GDP 均密切相关。其中对 GDP 贡献值最高的是信息流动能力，其次是信息产业发展环境，最后为信息设施水平。对一个城市来说，要提高信息化的经济效益，应确保完善的信息化硬件设施能够为企业和个人信息的传递提供条件，促使信息更迅速和便捷地流动。信息产业发展环境的重要性体现在它会通过改变人们的信息素养，影响城市信息化发展速度和社会的接受水平，间接发挥信息系统所带来的强大经济效益。发展环境对信息化建设的作用有着一定滞后性，只有发展环境不断完善，信息化才能发挥更长远的经济效益。

4. 以信息化促进城市经济发展的政策建议

基于信息化对经济发展的重要推动作用，城市应该逐步建立政府、企业与公众之间的信息共享平台和良性互动机制，发挥信息化在协调政府、企业与公众间的关系，促进城市经济和社会可持续发展中的作用。

加大信息基础设施投入，进一步提升信息流通能力。信息基础设施是信息化发展的硬件基础，是信息化发展的重要载体，只有拥有先进的信息基础设施，才能充分发挥信息所带来的巨大经济效益。因此，城市应加大信息基础设施投入，进一步完善信息化所需要的基础设施，从硬件上确保信息资源能够实现共享和互联互通，提升城市信息流通能力。

优化信息化基础设施建设，加强信息流动和应用能力，提高信息化投资效益。相对于信息设施水平这一"硬件设施"来说，信息流动能力作为"软能力"更为重要，它直接关系到是否充分利用信息，发挥信息应有的效能。为此，城市需要从应用的角度对信息基础设施建设进行统筹规划，统一建设、统一管理。确保信息化基础设施建设的合理性，减少重复建设和不必要的浪费。同时通过有效途径，及时将基础设施改善情况传递给公众，确保信息基础设施的使用效率和经营水平，提高信息化投资的效益。

优化信息产业发展环境。信息产业发展环境的优化，首选需要改善行业协会的运作方式和运作效率。作为中介服务机构的行业协会应逐步建立行业信息资源共享机制和交换机制，促进行业内有序竞争与合作，提高行业的信息化及电子商务应用水平。其次，努力提高全民信息技术应用技能，城市政府的职能部门应进行政策研究和标准制定，积极做好信息化发展的规划与建设，促进信息技术的研发和宣传工作。同时，运用自己强大的教育优势，培养市民信息化素养和信息化意识。

二、信息社会的城市集聚与扩散功能

1. 城市的集聚效应

按照波特的定义，集聚是指在地理上一些相互关联的公司、专业化的供应商、服务提供商、相关的机构，如学校、协会、研究所、贸易公司、标准机构等在某一地域、某一产业的集中，他们之间既相互竞争又相互合作的一种状况。而对于区域经济中心的城市来说，其突出特征在于它能够以其优势环境和条件，吸引众多企业和机构及社会经济各部门在相对狭小的空间内集聚，从而更加突出城市作为经济中心的集聚效应。从现代社会的实际情况看，城市已经成为各种要素的集聚中心——资源、人才、资金、信息、交通和物质的集聚中心。

从城市的集聚和扩散特性能够看出两者的关系以及这一对矛盾运动背后所隐含的城市动力的实质。从城市形成和发展的历史看，集聚是城市的天然属性和内在要求，没有集聚就不可能有城市，尤其是当城市发展到一定阶段，城市作为一个愈益明确的利益主体之后，不仅这种天然的集聚属性继续自发地发挥作用，而且从上到城市政府、城市的特权阶层，下到城市的市场主体——企业都在主观上进行着集聚行为。中心城市在城市体系和经济区域中的具体运动形式是多种多样、纷繁复杂的，有物质的，有精神的；有生产的，有流通的；有有形的，有无形的等等，很难概括他们有多少种运动形式，但基本运动形式却只有两种：集聚和扩散，其他运动形式都是集聚和扩散的具体表现形式。著名学者赫希曼的不平衡增长理论，以及哈格斯特朗的扩散理论，都把城市与区域间各种"力"的消长概括为两种力的作用——"集聚力"和"扩散力"。美国著名城市理论家刘易斯芒福德和英国的埃比尼泽霍华德进一步用"磁力"理论来阐释城市的集聚与扩散功能。刘易斯·芒福德指出：城市作为一个封闭型容器的本质功能，是将各种社会成分集中起来，并为它们提供一个封闭的场所，使之能最大限度地相互作用。但是城市又不仅仅是一个容器，它的"形状和容量"并不是完全预定好的，必须首先吸引人群和各种组织，否则它就无生命可言。对于这一现象，埃比尼泽·霍华德称之为"磁力"。一座城市就是一个巨大的"磁场"，它通过"磁力线"向外放射出强烈的磁力，吸引着周围众多的人、财、物。这些人、财、物一旦被吸引到城市里来，便会被"磁化"，从而与城市里原来的人、财、物一起放射出更强烈的磁力。通过城市"磁场"磁化了的这些"磁化物"——物质产品和精神产品，即使离开了城市，被抛到偏僻遥远的山乡，依然带着这个城市明显的"烙印"，成为传播城市文明的重要媒介物。磁力理论亦把中心城市的各种"力"高度抽象为两种磁力——集聚力和扩散力。中心城市的集聚主要源于中心城市的规模效益、市场效益、信息效益、人才效益、设施效益等，正是这些效益的吸引，使得区域中的二、三产业，人口、人才，原料、资金和科学技术向中心城市集聚。这里特别值得一提的是科学技术向中心城市的集聚。

集聚经济是城市形成发展的动力。所谓集聚经济，是指因社会经济活动及相关要素的空间集中而产生的效益，集聚经济本质上是一种外部经济，是由集聚规模经济与集聚范围经济共同作用形成的复合经济形态。当城市集聚到一定规模又会产生向外扩展的排斥力，因而产生扩散效应。集聚与扩散是城市经济空间演化的基本表现，它们贯穿城市发展运动的历史全过程，并体现在不同尺度的空间结构形态上和不同阶段的产业结构形态上。在城市空间与产业结构演化的众多因素中，方集数聚据与扩散作为两个既具体又抽象的矛盾统一体成为城市演化的基本力量。集聚经济效益主要体现在以下三个方面：

（1）区位经济。这是由于某项经济活动的若干企业或联系紧密的某几项经济活动集中于同一区位而产生的。区位经济的实质是通过地理位置靠近而获得综合经济效益。

（2）规模经济。这是指由于经济活动规模在一定范围内的扩大而获得内部的节约，使边际成本降低，从而获得劳动生产率的提高。

（3）外部经济。外部经济的效果是增长极形成的重要原因，也是重要结果。经济活动在区域内的集聚往往使一些厂商可以不花成本或少花成本获得某些产品和劳务，从而获得整体收益的增加。这些收益既是上期集聚经济的果实，又是下期集聚经济的诱导物。

集聚效应并不是无限的，在集聚的过程中，同时也积累制约因素，其原因有两点：一是受"收益递减"规律的作用，企业的边际效益达到最高点以后开始下降，从而对投入的吸引力减小；二是地域范围是有限的，发达地区的空间容量、环境容量和经济容量是有限的，极化到一定程度后，进一步极化，就会导致城市病的产生。这两方面的制约因素会削弱极化效应，增强扩散效应。

2. 城市的扩散效应

扩散是城市的另一个显著特性。主观上，城市作为一个确定的利益主体，它总会不断地以自己所具有的实力拓展自己的腹地空间，为自己的产品、服务寻求足够大的市场；客观上，城市以其技术、资金、管理、观念、生产体系等优势提高和带动腹地的经济发展，从而进一步确立对腹地的主导性作用。一方面，城市在集聚的同时总是在不断地进行扩散—辐射。不难理解，就像贸易中出口和进口的关系一样，扩散是为了更好的集聚。另一方面，扩散是对集聚的一种有效保护。从单纯的经济活动看，城市的集聚是为了获得规模效益，然而，规模效益并不是要求城市经济规模无限扩大。过分的城市集聚往往会导致集聚不经济，如资源短缺、环境恶化和诸多的社会政治问题。在市场经济条件下，城市经济系统受利润和价值规律的支配，本质上有一种与其他经济系统在技术上、经济上、组织上以及在生产过程中相互渗透、融合的趋势。这种趋势包含了四个方面：其一，工业内部各行业的渗透；其二，产业间的相互渗透；其三，城乡之间的相互渗透；其四，城市与区域之间的相互渗透。它们的共同组合形成城市的扩散效益。这种扩散趋势的存在保证了集聚在一个合适的度内进行，从而保证了集聚的效益。另外，扩散是为了进一步增强集聚的能力。城市的产品与服务最终必须在市场上才能实现，但城市本身的市场是有限的，因此，城市必须向农村、向其他城市扩散。通过这个扩散过程，城市的实力进一步增强，集聚力进一步增加。城市的扩散功能主要源于中心城市自身结构的优化，科技进步的推动，也由于规模效益的消失，土地价格的上涨，生活费用的攀升。当经济发展到一定阶段，中心城市的扩散是不依人的意志为转移的客观规律。其扩散形式主要有周边式扩散，等级式扩散，跳跃式扩散，点轴式扩散等。虽然事实上经济中心城市的扩散并不单纯采取一种形式，往往呈现为混合式扩散，但近年来特别引人注目的是点轴式扩散形式，即由中心城市沿主要交通干道串珠状向外延伸，从而形成若干扩散轴线或产业密集轴带，反映出交通干道往往是产业经济向外扩散的基本传递手段，它们在形成合理的经济布局、促进经济增长中发挥着极其重要的作用。

诺贝尔奖奖金获得者西蒙·库兹涅茨根据统计资料对 14 个国家近 50 年的经济增长进行了分析，得出结论：在人均国民生产总值增长的构成中，25%归因于生产资源投入量的增长，70%归因于投入生产要素的生产效率的提高。因此，经济增长主要是靠生产效益的提高（而不是资源投入数量的增加）推动的，而生产效率的提高又是由技术不断进步引起的，而技术进步又依赖于人才、资金、信息等要素，能提供这些要素的场所，非中心城市莫属。可见，尽管科学技术有自己的独特发展过程，但它对中心城市的依赖程度要比直觉到的强得多，主要的技术进步一般都是首先出现在中心城市然后向四周扩散的。

城市的空间扩散指的是创新的扩散。所谓创新，即新知识、新思想、新技术、新组织、新观念和新风尚等。创新的扩散是城市系统和城市间的空间相互作用的重要内容。城市的空间扩散具有三种扩散形式：一是扩张扩散。指创新通过人进行的扩散，即当创新刚出现，总是为一小部分人所了解、掌握。然后，通过人与人的相互接触，创新逐渐由已知者传播给未知者。随着时间的流逝，越来越多的人将了解、掌握这项创新的过程；二是新区位扩散。是指创新由传播者的自身移动，将创新带到新的地方的过程；三是等级扩散。是指创新的扩散往往是首先向同级规模的城市转移，然后向次级规模的城市转移的过程。

三、信息社会城市经济增长的动力分析

1. 指标选择

这里被解释变量 y，为城市实际 GDP 的年增长率，相关的解释变量说明如下：

集聚变量 A。前述 Ciccone 和 Hall 指出关于集聚的实证研究经济密度是更为合适的指标，因此这里也选择经济密度来作为集聚的代理指标——使用城市二、三产业的实际产值除以该城市的建成区面积来表示。

结构转变变量 T。由于这里探索的是产业结构的高级化对城市经济增长的影响，因而，参照周昌林和魏建良，这里测度产业结构水平的指标为 $T_{ij} = \sum_{i=1}^{3} K_{ij}\sqrt{x_{ij}}$。其中，$K_{ix}$ 表示 j 城市 i 产业产值占该城市 GDP 的比重，x_{ij} 表示 j 城市 i 产业的劳动生产率。

全要素生产率 TFP。这里选择基于 DEA 的 Malmquist 指数方法。由于这里以城市或区域为单元的中观经济研究，其中的经济活动由许多的微观主体组成，因而城市或区域作为一个单元不能以投入要素的数量和组合作为决策的目标，因此这里选择以产出为导向、规模报酬可变的生产前沿模型。文中使用的投入要素为城市的固定资产投资额与从业人员数。

集聚效应 TFP*A 与结构转变效应 TFP*T。基于对集聚和结构转变论述可知，集聚和结构转变都可以通过提高技术水平来影响经济增长。因此，这里使用集聚与 TFP、结构转变与 TFP 的交互项表示二者间的交互作用。

其他解释变量主要从三方面来选择。首先，生产要素投入的相关指标——I 表示固定资产投资额的增长率，p 表示城市人口的增长率。其次，新经济地理学强调的运输成本因素——使用市辖区居民人均占有道路面积的滞后一期项来反映。

此外，与政府行为相关的指标。反映政府对市场介入程度的指标——政府支出比例，使用各市政府支出占国内生产总值的比重表示。分别用于反映政府对该地区技术进步和人力资本投资的促进力度的指标——政府支出中科技和教育支出的比例 se 和 ee。

2. 全国 35 个主要城市的计量结果

我们使用上述 35 个城市的截面、16 年时序的面板数据，利用 Arellano 和 Bond 提出的动态差分 GMM 方法，对总体和分区域的情况分别进行回归，可以得出以下结论：

（1）全国范围而言，全要素生产率、结构变及其效应、生产要素（固定资产投资与人口）的增长率是我国 35 个城市经济增长的主要动力因素。这反映出我国城市的增长所取得的成就主要依赖于技术进步、结构转变（直接作用和交互作用）和生产要素规模的扩大等三大因素。通过原始数据计算，全要素生产率的平均作用为 14.82055，结构转变的平均作用为 10.303253，投资与人口增长所代表的生产要素增长的平均作用为 1.9913397。由此可知，仅通过生产要素规模的扩大所带来的经济增长相对有限，同时还要受制于城市经济容量、

生产技术边界等，因此通过增加生产要素来促进城市经济增长的途径无法持续；而我国的增长过程起点较低，结构转变空间较大，在达到一定的经济水平之前结构调整可以相对快速地大幅推进，但随着城市发展到相对稳定的阶段时，其边际作用也将趋于下降；与此相比，全要素生产率的本质是扩张城市的生产可能性边界，这可以使城市在要素投入、城市管理、产业结构等一定时，继续提高城市的经济总量和经济增长率，显示出其更强的推动力及可持续性。分区域而言，全要素生产率与人口增长同样是其共同的促进作用，三个地区还有各自不同的增长动力：东部城市的集聚、投资、结构转变与交通改善作用显著，中部城市的投资与结构转变效应存在显著影响，西部城市主要在结构转变及其转变效应方面有显著作用。

（2）集聚及其效应的作用是这里关注的点，有关集聚的两个解释变量都没有显示出如理论研究所描述的那种促进作用——集聚只在东部地区有显著作用，而集聚效应则表现为显著负效应，集聚及其效应在中西部城市均没有显著影响。这反映了我国城市在空间上显示出的集聚更多地仅是"集中"，而没有集聚效应；我国城市的这种增长归根到底不是由效率提升所驱动的增长。由于这里没有引入集聚的二次项，而是通过集聚效应来反映集聚作用的拐点，因此集聚效应可以改变集聚对经济增长作用的程度和方向。同时计量结果显示全国和东部的集聚效应显著为负，这一定程度上反映了东部的"拥挤效应"比较突出，例如拥挤及其带来的市民与企业的分散倾向、城市犯罪率的上升、城市生态环境的破坏、城市人文景观的破坏等。东部集聚的部分效率低下一方面体现在集中的产业有许多是低技术含量、低附加值的企业（例如江浙的小商品、服饰集聚区，深圳的加工贸易区等），这类劳动力密集型产业的集中并不能更有效发挥集聚的作用；另一方面则体现在由于辅助的制度、文化等背景的缺失，即使是高技术产业的集中也无法进行有效的技术扩散与交流。考虑中西部，集聚的直接与间接作用都没有显著的影响，这既反映了这些城市本身的集聚水平较低，同时已有的集聚还不能有效发挥作用。

（3）从政府作用来看，除了在西部教育支出比例 ee 有显著促进作用，与政府行为相关的三个指标在全国范围和在各地区均表现为显著或者不显著的副作用。这显示出政府对市场的介入在程度和范围上可能存在不当，未能有效促进城市经济增长。例如西部固定资产投资增长率对西部城市没有表现出显著正向作用，西部的投资效率低下可能与政府无效率的投资引导有关。我国从 2000 年开始西部大开发，近十几年西部平均的投资增长率甚至高于东部、中部，但由于大部分的投资是政策导向，且由政府引导，大量资金可能并没有流动到资本效益较高的城市或项目，从而导致了投资增长在三个区域的不同表现。

（4）交通基础设施的改善仅在东部有显著作用，在中部与西部的作用均不显著，且西部的交通基础设施项显示负系数。Song，Thisse 和 Zhu 提出交通成本较高时会保护农村企业免于其城市竞争对手的竞争压力，而较低的交通成本会由于农村企业低于城市竞争的生产效率从而不利于农村工业化。一定程度上，这里的分析显示相同的结论在我国的发达城市与相对欠发达城市之间也可能成立，交通基础设施的改善仅对东部城市的经济增长有显著促进作用，而对中西部城市的经济增长并无显著积极作用。

第二节 信息社会城市经济增长的效益分析

一、新经济时期的城市化与城市规划

1. 城市现代化的基本概念

（1）城市化与城市现代化

城市化和城市现代化分别代表了人类文明发展的新阶段和新高度。但是实现城市现代化的过程同城市化发展之间存在着矛盾与冲突的可能性。广义来看，城市现代化可以理解为城市化的一个组成部分，狭义上理解，城市化偏重于乡村向城市的转化、强调区域空间的演化，而城市现代化着重在于城市自身的发展，正是在这一点上，城市化与城市现代化的对立统一关系得到了凸显。

（2）现代化与城市现代化

现代化指的是从传统社会向现代社会演进的过程，是一个持续发展的过程，即使发达国家也面临着现代化的问题。城市现代化是现代化在城市这个特定空间地域上的投影，是城市化的进一步延伸，也是城市化发展的高级形态。尤其随着城市化、经济全球化进一步加速发展，信息经济、网络经济、数字经济和生物经济等新经济类型的不断崛起，现代城市面临着多方面的挑战和发展机遇；同时也面临着有史以来最广泛、最深刻的社会巨变和创造性的重构，面临巨大的挑战。

2. 城市现代化的基本特征

（1）发达的城市经济

发达的城市经济是现代化城市发展的基础。在现代化社会，城市仍然担当着传统意义上的经济职能，并且在全球经济一体化的今天，这种经济职能更为重要。现代化的城市是经济规模化、产业高度化、经营国际化的城市，它应具备良好的社会分工、高度发达的信息技术和先进的生产力。城市不仅要有发达的加工制造业，而且要能够发挥城市的中心功能与作用，发展横向经济联合，形成以中心城市为依托的开放型城市经济区（圈）。城市不仅是传统的流通中心和消费中心，而且应形成强大的现代服务业体系。城市经济的发展不仅能够支撑城市物质环境的建设，而且几够支撑精神文明建设。城市不仅具有较强的经济集聚力和扩散、辐射力，成为区域经济发展的驱动器和火车头，而且还能在国际经济中发挥更加积极的作用。

（2）先进的城市基础设施

先进的城市基础设施是城市产生聚集效益、增强城市功能的物质基础，也是为城市物质生产和居民生活提供一般条件的物质载体，是城市生产、生活社会化和城市建设现代化的重要标志。城市基础设施系统的技术状态、功能直接影响着城市经济社会系统运行的效率，尤其是城市居民的生活质量。世界银行的发展报告表明，城市基础设施与城市经济产出同步增长，基础设施存量每增长 1%，GDP 亦增长 1%，因此，先进的城市基础设施是城市发展及其现代化的物质基础，只有实现了城市基础设施的现代化，才能实现城市的现代化。现代化城市应该具备以下一些重要的基础设施：能源系统；水源及供排水系统；邮电通讯系统；交通系统；城区生态环境系统；城区防灾减灾系统等。

现代化城市必须建立可靠的城市能源设施，为城市的生产和人民生活提供充足的动力、照明、炊事、采暖用电力、燃气、热源；建立起通畅的供水及排水设施，自来水管网的供应能力和自来水水质都能满足现代化需求，雨水排放设施能够应付阵发性暴雨产生的霎时径流，污水处理率达到较高水平；建立起立体化、网络化、自动化的交通体系和便捷可靠的邮电通讯设施；建立起能够有效地防火、防洪、防震、防地质灾害和其他可能发生的城市灾害的城市安全设施。

（3）优美的城市生活环境

现代化的城市生活中，人们的生活环境会更加舒适。现代化高品质的住宅，集科技、艺术、环保为一体，越来越多地融入艺术和人文关怀，充分体现"以人为本"的理念。城市社区拥有良好的配套设施，学校、医院、运动场馆、图书馆、艺术中心、大型会所、仓储超市、银行等等，人们生活在社区当中，可以尽情地享受方便舒适的生活；拥有良好的自然和人工环境，潺潺流水、红花绿树，鸟语花香，不用跋山涉水，便可以欣赏到自然美景，拉近了城市与自然的距离。现代化的城市应充分保护城市环境的清洁，建设优美的工作、生活环境。空气清新、水质纯净、绿意盎然，城市在生态意义上不再作为乡村的对立面，而是更好地和自然融为一体。优美的城市生态环境是城市现代化的重要标志，也是创造良好投资环境的重要条件。

（4）健全的城市社会保障体系

健全的城市社会保障体系可以概括为以下几个方面：一是建立了较为完备的社会保障体系。社会保障的覆盖几乎囊括了从生、老、病、死、伤、家庭津贴到各种收入保障和医疗服务项目。同时社会保障制度的法制化程度极高，便于有效实施。二是由政府、雇主、个人共同负担社会保障开支。不少国家通过发展补充性社会保障来缓解政府保障支出的压力，例如英国补充性保障支出占全国社会保障总支出的比重达到 40% ~ 50%，日本有近57%。三是注重发挥财政在社会保障管理中的作用，通过财政预算管理手段确保社会保障资金的正确使用方向。德国是建立社会福利保障制度最早的国家，是现代化社会保险体制的诞生地。目前德国已建立了五大法定社会保险为主干、四个层次的社会保障体系，形成覆盖防范老、病、残、孕、事故、失业等各种风险及改善照顾家庭、婚姻生活、促进就业、青年培训、子女抚育和救济贫困的社会福利网络。美国的社会保障制度是一个全国性的养老、抚恤赡养及残障保险等福利体系，它一方面是社会发展的稳定器，另一方面又是市场经济的推进器。

（5）高效的城市管理

对于一个现代化的城市，高效的城市综合管理工作愈发重要。其中最重要的是涉及城市的规划布局、城市的投资环境、城市的经济结构、城市的信息化建设、城市的管理体制、城市的综合服务功能以及可持续发展等问题。现代化的城市管理正从单一的行政管理向行政、经济、法制、技术的综合管理转变，从"人治"向"法治"转变，从传统的经验型管理向科学民主转变，从追求速度指标管理向追求质量、效益管理转变，从手工方式管理向运用现代信息技术管理转变，从静态管理向动态管理转变，从分散型管理向综合管理转变。

（6）高素质的城市居民

人是构成社会的主要因素，人口素质的高低决定了城市竞争力水平的高下。人的素质的提高，观念和行为方式的变革以及各种潜能的开发利用已构成了由近代文艺复兴以来人的现代化的主旋律。高素质的城市人群，当然也就成了城市现代化的重要特征。高素质的城市居民，源于人口的优生、优育和优教。城市人口的生产将长期维持在一个较低水平上，基本保持人口数量和性别比例的动态平衡，城市人口的质量将随着遗传基因的优化与文化教育的发展而明显提高。当然，高素质的城市人群还与城市的人居环境与政府的人才政策直接相关。环境好、政策好，些高素质人才就会从全国各地、甚至世界各地被吸引过来。反之，即使培养出人才，也会造成人才的大量流失。

3. 转型时期中国城乡规划新趋势

（1）关于当今社会大环境的转型问题

所谓的变化和与时俱进其实在我理解有两个层面的考虑：即时间和空间。

比如，21世纪后工业城市和9世纪工业化初期现代规划诞生时的城市面临的问题不同；中国的城市问题不可能和其他国家一样；当代中国20世纪80年代以前的计划经济下的城市问题和今天的城市也十分不同；当代中国正经历着一个转型时期，不单大大区别于起源于工业化初期英国经验的"经典"城市规划，也有别于中国在计划经济时期的城市规划。综上所述，以前的所谓"传统常规"的规划理论显然无法为当今的中国城乡规划提供答案。

事实上，不单在中国，整个世界都正经历着一个转型期，所以西方传统的规划理论其实也没法回答今天西方城市面临的问题。

（2）关于转型时期在经济和社会层面的考虑

经济上：传统经济发展模式是资源高消耗，劳动力高密集，追求数量上的高增长，以制造业为基础的无限扩张型模式。而现在自然资源和环境负担的极限迫使人类寻求可持续发展的新模式。同时，国际经济网络已经替代了单一封闭的国家经济体系。

社会上：民族同质性高，阶级圈层明显，由相对封闭的社区构成的传统社会，正让位给成员异质性，利益多样化，冲突多层面，同时又由无所不在的电子通信网密切连接着的"新时代"社会。

所以，世界各国的城市都面临着经济，社会转型的挑战。中国的转型是世界转型的至关重要的部分，西方规划界的变革也给中国自己的城市规划理论提供了借鉴。

（3）关于规划理论的在转型时期面临的挑战和任务

从西方城市规划学科和行业面临的眼中困境来看，尽管中国的城乡规划和西方国家不处于同一个时期和发展阶段上，但是现在中国的城乡规划同样面临着一个从传统规划理论为主导的发展阶段，进入一个以人居空间研究为中心核心研究对象，构建新一代的"规划本位理论"为主线的理论体系创新的历史性时期。进而要求中国规划理论学界必须考虑新时代背景的新特征。

①资源和能源供应极限的环境问题

众所周知，当今土地和能源资源的紧缺是中国城市化面临首要难题。但曾经一直以来规划研究的缺位造成的损失更加剧了资源矛盾的紧张程度。

众多数据表明，当前的城市建设模式和人居模式相对于中国的资源状况已经达到了一个危险的极限，从目前的技术水平看，在相当长的时间内，地球已经不可能为人类的发展提供更多的新型能源。

于是，可持续的人居环境研究所承担的历史使命也日益凸显。

可持续的人居环境研究是一个多方面多层次的知识体系，从宏观的城市发展模式，城市空间形态到微观的社区自我组织系统，绿色建筑技术，从生态环境研究到建筑生命循环周期都具有重要的理论价值和突出的经济效益。

而城乡规划作为一个至关重要的学科，就必然需要在新的转型时期用可持续发展的理念和标准来要求自己。

②高密度开发和高强度城镇化的弊端与出路

过去，中国城市规划是存在一定误区的，因为我们曾经一直在追求高城镇率，高百分点，虽然城市化是社会发展的必然阶段，但是中国的城市化进程，既有历史角度遗留下来的很多问题，又面临新经济形式下的新问题，所以必须以反思的态度研究传统模式下的城市化经验。

传统经济模式下城市化的重要表现是高密度开发。习惯性地认为高密度开发节约土地，方便沟通，而现实的结果证明高密度开发破坏了生态，并使人际关系恶化。所谓的节约土地和资源是以降低生活质量和增加环境负担为代价的，盲目追求高楼林立的现代化景观已经造成社会的巨大浪费。

所以在转型时期的中国，规划已绝不仅仅是追求高密度开发和高强度城镇化这种传统规划观念了，而只有分散和均衡发展才是为我国新时代城乡规划发展的根本出路。

③信息网络新科技引起的空间聚散特征

随着网络科技的发展，城市规划也随着进入了一个新阶段。我们经常提到 TND 和 TOD 模式，即传统街区发展模式，和交通主导发展打破大都市布局的几何特征。而要实现这些，现在更多地需要网络时代的支持。从而实现网络化时代的居住需求。

而随着网络化生存的普及使学习和工作超越了空间距离，从而使网络社区，网络工作成为可能。

于是在网络新时代的影响下，城乡规划有了新的要求，新的挑战，同时又为其创新提供了更多可能。

④规划教育应该应对的新时代任务

将规划研究与规划教育紧密结合，时刻将最前沿的核心规划理论融入规划教育中去。

有一流的研究才有一流的教育。让我国城市规划的教育模式与国际逐渐接轨的同时，中国课程内容应该具有独立的知识和特征。

因为规划学科又是一门复合型的学科，绝不仅仅研究城市空间，所以在规划教育中站定生根，开阔视野，高瞻远瞩，只有这样的开放化教育才能在新的转型时期中培养出适应多元化社会规划力量。

⑤城乡规划回归"人的尺度"的研究方向

城市规划的发展是与人的发展不可分割的，现代城市规划几乎都是从人的视角来观察城市和环境，为人与人，人与自然，人与建成环境的和谐友好做出了启迪性的贡献。

但是在城市规划学科不断发展的今天，我们却发现那些最初对于人的影响的规划理念越来越模糊，甚至这样那样的指标和数据往往使城市规划站在了公众的对立面上，而城市规划归根结底还是要获得公众的认可和支持，这点值得我们反思。

二、中美贸易冲突给中国城市化带来的影响和变化

本轮中美贸易冲突可以分为三个阶段，即 2017 年年末的美国明确将中国定义为"战略上的竞争对手"的"战略准备"阶段、2018 年初开始提高洗衣机、进口钢铁等产品进口关税的"贸易外围冲突"阶段，以及包含 301 调查与中兴事件在内的"贸易摩擦"阶段。

1. 贸易冲突的 6 个深层次原因

表面来看，中美贸易冲突的原因是中美贸易不平衡、知识产权保护不力等问题，但其实本轮中美贸易冲突内在隐含着更深层次的经济、政治、制度上的背景，主要有以下几点：

（1）从经济上来看，中国作为一个新兴大国在追赶守成大国。1950 以来，美国经济增速逐渐放缓，而中国经济增速则持续提升。观察 1950 至 1977、1978 至 1999、2000 至 2017 三段时期中美两国的 GDP 平均增速，中国为 6.3%、9.1%、9.3%，持续上升，而美国为 3.9%、3.2%、2.0%，呈下降趋势。据估算，如果从 2018 年开始，美国平均 GDP 增速为 2%，中国平均 GDP 增速为 6%，中国 GDP 总量将在 2031 年超越美国，成为世界第一大经济体。

（2）美国社会阶层结构性矛盾持续发酵。美国收入分配基尼系数从 20 世纪 70 年代约 0.4 上升至目前约 0.48，贫富差距加大。全球化必然有利于美国，只是美国不同的阶层在全球化当中有得有失，资本家因为雇佣到更为便宜的中国人而赚足了钱，但也许美国的工人因此失去了工作，所以美国应该在内部的收入分配机制上做出一些政策调整。

（3）美国质疑中国经济追赶体制特征。美国发布《中国非市场经济地位（2017)》，指责中国的政府主导体制，包括政府对基本经济要素如土地和其他资源的直接和间接控制、国有企业借助行政垄断政策掌握不少经济资源、价格机制左右在一些领域仍受到较多限制、对私有产权保护的力量和有效性仍不够充分、政府广泛利用各类产业政策作为实现包括技术升级在内的多样化目标手段等方面。

（4）美国忧虑中国国内科技创新产业发展政策对美国造成一定压力和刺激。其重点就是中国发展"中国制造2025"。

（5）美国政府中的一些温和派离任，包括白宫国家经济委员会主任加里·科恩的辞职以及前国务卿蒂勒森突然遭到解职，而强硬派则更受重用。

（6）一个短期原因，特朗普通过对华贸易争端制造议题有利于共和党中期选举。

2. 中美贸易失衡的原因

当然，中美贸易不平衡现象是客观存在的，但将这种贸易不平衡简单归结为汇率操纵的结果并不客观。

（1）20世纪70年代布雷顿森林体系的解体是美国对其他国家贸易逆差高企的首要原因。

在布雷顿森林体制下，美元盯住黄金，美国出现外贸逆差会导致货币收缩，从而降低需求和物价，继而抑制进口并推动出口，其结果是逆差可以通过自我纠正机制得到修复。1971年，布雷顿森林体系解体，美元与黄金脱钩，美国货币政策的自由度提高，上述自我纠正的机制不复存在，美国外贸再也没出现过顺差，全都是逆差了。而且，顺差国也很愿意将拥有的美元再投资于美国资本市场，美元又回流到美国市场，从而支持了美国继续购买国外商品。

（2）中国作为"世界工厂"出口商品的升级。

中国出口产品的附加值实际上是不高的，以iPhone为例，价值几百美金的iPhone中国可能就占几美金，其余很大一部分都被美国、韩国赚到。但当前中国出口产品附加值占比逐年提高，反映了中国产业链的健全、工业化水平的提高，中国产业结构转型升级成果显著。

（3）储蓄率的差异。

将世界主要贸易国家的国民储蓄率与贸易差额占GDP比例结合比较，可以发现，国民储蓄率较高的国家往往都是贸易顺差。美国、英国的储蓄率都是非常低的，所以他们常年贸易呈现逆差，而中国、新加坡的储蓄率都很高。这意味着美国如果只对中国一味增加关税，根本解决不了贸易逆差的问题。

事实上，人民币的汇率低估并非中国贸易顺差的主要原因，因为在2005年汇率改革后很长一段时间，即使人民币汇率维持上升，中国出口占世界出口比例仍然一直在提高，中国对美国的贸易顺差也并未因人民币的升值而降低。

3. 中美贸易冲突的影响

中美贸易冲突对中国的影响有以下三种可能:

一般情形:短期将影响中国经济 0.1 个百分点。此种情况下,美国将对中国钢铁和铝征收 25% 和 10% 的关税并执行 301 调查的关税制裁,即对 500 亿美元中国产品征收 25% 关税。

更坏情形:短期将影响中国经济 0.8 个百分点。此种情况下,中美贸易不断升级,导致彼此互加关税或采取其他制裁措施,结果中国对美出口和从美国进口同时下降,对美外贸顺差降低 1000 亿美元。

更好情形:此种情况下,中美通过谈判达成协议,中国将大开放力度,增加从美国进口。

现在看来,局势正向第三种情形发展,这对中国的影响就不是很大了,当年日本和美国打贸易战,最终日本减少出口,这对日本的影响比较大,而中国这次主要是增加进口。

而进口美国高科技产品对中国经济有很大支持作用。通过设定模型对相关数据进行检验后发现,当高科技产品进口增速每提升 1%,GDP 增速短期将随之提升 0.062%,长期为 0.37%。当实际利用外资增速提升 1%,GDP 增速短期将提升 0.045%,长期为 0.27%。所以中国需要争取多进口高科技产品以及吸引更多外资来华投资。

贸易冲突对美国的影响,将主要集中在下述行业:飞机、汽车、木材、农产品,其中汽车和飞机的就业影响很大。

从宏观影响上来看,一旦引发贸易战,美国的通货膨胀将进一步提高,进而迫使美联储不得不加快加息步伐,从而导致股价和楼价下挫。利率上升对企业投资成本和还债能力的影响,物价上涨及资产价格波动对家庭消费的冲击将抑制美国的经济增长,甚至可能将增长了 9 年之久的美国经济推向衰退。

反之,如果贸易战不开打,中国从上述领域增加进口,对美国经济的正面影响也很大。我有个建议,中国不仅可以多进口美国农产品,甚至可以到美国的"铁锈地带"去建立一些食品、乳制品、副食品加工厂。这样一箭三雕,第一帮助那些地方提升就业,第二生产出来的产品统统运回中国,可以减少美国的外贸逆差,第三可以满足中国老百姓的消费需要。

4. 中美贸易冲突是否会对其他国家带来影响

2016 年,美国从中国进口金额最高的八类产品中,中国出口金额占据七类产品榜首,分别是电气设备、机械设备、家具、服装、玩具、塑料及制品、鞋袜。如果美国对更多中国产品实行贸易保护,墨西哥、加拿大、日本、越南、马来西亚等国的某些行业可能受益。

而 2016 年,中国对美国进口金额最高的八类产品分别是种子和水果、飞机、飞船和零部件、电气设备、机械设备、汽车及配件、光学设备、塑料及制品、木浆和废纸。如果中国反制美国这些商品,巴西、德国、法国、日本、韩国、加拿大将会受益。

值得注意的是,虽然中美两国都从对方进口电气设备和机械设备两大类产品,但在对比细分产品类别后可知，中国进口的大部分为零部件，而美国则进口成品较多。一旦美国限制进口中国手机，中国台湾、韩国、日本等上游零部件出口地区将会因此受损。另外，美国的单边主义还会破坏 WTO 多边框架。

5. 有关中美贸易冲突的政策建议

给中国政府的建议包括：努力创造条件积极扩大进口；增加对第三国的海外投资，转移部分出口能力；进一步扩大服务业开放，加强知识产权保护；打造良好营商环境；探讨启动中美自贸协定（BIT) 谈判。

扩大进口可以满足中国国内的消费需求。2017 年第一季度中国海淘交易规模达到 1324 亿元人民币，用户规模达到 0.43 亿人，2017 年全年海淘规模余额占当年进口消费品总额的 40%。

中国也可以从美国扩大能源和农产品的进口。2017 年，中国天然气年消费量为 2373 亿立方米，进口天然气总量约为 920 亿立方米，占消费总量的 39%。中国天然气目前主要从土库曼斯坦、澳大利亚、卡塔尔、阿联酋等国进口，从美国进口额仅有总进口量的 7.6%，仍有较大增长空间。

需要强调的是，扩大进口是不会影响国内企业的。目前国内的许多消费需求不能从国内生产的数量、质量和品种上得到充分满足。增加这类进口，不仅不会对国内生产产生负面影响，相反会引导和激励国内企业优化生产结构，提高产品质量；此外，中国企业如果在一些消费品生产中不具备比较优势，可以将有限资源分配到更具优势的经济活动中；发展中国家经济发展和消费增长为中国消费品出口开辟了新的空间。

此外，需要给中国政府一条特别的建议，就是芯片等高新科技方面的确需要破局，避免没有核心技术的局面，但也要避免全国各地一窝蜂全上，最后造成产能过剩。可以在香港发展芯片产业，这样不但可以避免大陆各省区的无序竞争导致的低效发展，还有利于吸引全球人才。

给美国政府的建议包括：应在合作中逐步解决问题，中国不愿意看到改革开放是被外界逼迫的结果；积极寻求在 WTO 框架内，按照有关规则与程序通过谈判解决问题；积极配合中方的积极举措，如对美投资和扩大进口等；防止贸易冲突政策的外溢性；通过宏观和财政政策提高储蓄率、缩小贫富差距。

三、"一带一路"给中国城市化带来的影响和变化

1. 促进中国主要城市群和重要节点城市融入全球城市网络

"一带一路"致力于提高互联互通水平，开展更大范围、更高水平、更深层次的国家和地区间双多边合作，共同打造开放、包容、均衡、普惠的新时期全球化的新型合作架构。体现了包括中国在内的"一带一路"沿线各国的共同利益，携手打造人类命运共同体的美好愿景。截至 2016 年年底，已有 100 多个国家表达了对共建"一带一路"倡议的支持和

参与意愿，中国与 39 个国家和国际组织签署了 46 份共建"一带一路"合作协议。因此，"一带一路"将有效地推动中国主要城市群和重要节点城市融入全球城市网络，加快全球城市体系重组和产业链、价值链的整合与连接，深入国家和地区间交流与和合作。其中，次国家尺度的重要城市区域（城市群）将发挥越来越重要作用。中国的京津冀、长三角、珠三角三大城市群是中国发育程度最高、经济实力最为雄厚的三大城市群，2015 年三大城市群国内生产总值 26.16 万亿元，占全国的 38.17%，在"一带一路"背景下着力培育国际竞争力，参与全球竞争。长江经济带沿线城市群和中西部地区的城市群也是融入全球城市网络的重要组成部分。

从重要城市来看，以全国 36 个省会城市和计划单列市为例，截至 2015 年年底总人口占全国总人口的 18.77%，地区生产总值占全国总量的 40.55%，其中第二产业、第三产业占比分别为 39.88%、46.04%，而货物进出口总额占全国比例达到了 58.59%。上海、深圳和北京年进出口总额超过 3000 亿美元，是中国对外经贸联系的最重要节点城市，分别引领着长三角、珠三角和京津冀三大城市群；广州、天津、宁波年进出口总额超过 1000 亿美元，是对外经济贸易的重要中心城市。厦门、重庆、青岛、杭州、郑州、大连、南京、成都、福州年进出口总额超过 300 亿元，是对外经济贸易的次中心城市；武汉、西安、合肥、沈阳、长春、长沙、昆明、石家庄、南昌、西宁、太原年进出口总额在 100~300 亿美元，是对外经济贸易的区域性中心城市，这些城市多为中国中西部地区省会；贵阳、济南、乌鲁木齐、南宁、兰州、哈尔滨、海口、银川、呼和浩特、拉萨年进出口总额尚不足 100 亿美元，但是在区域性对外经济联系功能上也发挥着不可或缺的重要作用。各级城市利用好"一带一路"时代背景，进一步加大对外开放，增强自身经济实力、辐射影响力和国际化水平。

2. 加快中西部地区城镇化进程

改革开放以来，东部地区率先参与全球贸易，成为国际产业转移的主要区域，制造业、高新技术产业迅速发展。西部地区受地理区位、生态环境、自然条件等因素的综合影响，一直以资源密集型产业为主。中部地区处于东西部地区的交界位置，是东西部地区间物资流动的枢纽，以农业和制造业为主。"一带一路"的深入推进正推动着中国全方位对外开放战略格局的重构。过去远离沿海处于改革开放末梢的西部地区也正成为向西开放的前沿，中部地区对外开放的条件也进一步改善。中国中西部地区正在展开新一轮区域竞争与合作，将通过交通基础设施的互联互通、资源合作开发、贸易与投资自由化等，推动亚欧经济一体化。为提升西部地区对外开放水平，国务院相继批准了广西东兴、云南瑞丽、内蒙古满洲里、内蒙古二连浩特、云南勐腊（磨憨）、黑龙江绥芬河—东宁等 6 个重点开发开放试验区建设实施方案，提出经过 10 年左右努力，在体制机制创新、对外经贸合作、基础设施建设等方面取得成效。对于中部地区，依托长江中游城市群、中原城市群等重点地区，打造郑州、武汉、长沙、南昌、合肥等内陆开放型经济高地，推动区域互动合作和产业集聚发展。同时，重庆两江新区、甘肃兰州新区、陕西西咸新区、贵州贵安新区、四川天府新区、湖南湘江新区、云南滇中新区和江西赣江新区等8个国家近新区陆续设立。中西部地区大城市的发展空间和辐射范围将进一步扩大，国际影响力进一步增强。与此同时，国家新型城镇化规划中提出要引导约1亿人在中西部地区就近城镇化。因此，"一带一路"建设将进一步加快中西部地区城镇化，促进与新型城镇化规划的衔接。

3. 提升沿边地区城镇化

增强与中国周边国家的深入合作与对接是"一带一路"建设的重要组成部分。中国是世界上陆地边界线最长、邻国最多的国家，与14个国家接壤，分别是俄罗斯、哈萨克斯坦、吉尔吉斯斯坦、塔吉克斯坦、蒙古国、朝鲜、越南、老挝、缅甸、印度、不丹、尼泊尔、巴基斯坦和阿富汗。与沿边国家合作潜力巨大，沿边省区成为重要前沿区域，不同省区将分别打造成面向俄罗斯、东北亚、中亚、南亚、东南亚、西亚等地区开放的重要窗口。依靠过去以拼资源为主的"三来一补"加工贸易模式已经远远不适应新时期中国社会经济转型升级的现实需要，"一带一路"建设则意味着高水平"引进来"和大规模"走出去"将同步推进。沿边地区在"一带一路"建设中的地缘价值凸显。中国沿边地区有271个一类口岸，公路、铁路、内河、海运和航空口岸分别为68个、20个、52个、68个和63个。"愿景与行动"提出"加强内陆口岸与沿海、沿边口岸通关合作"。口岸城市是对外开放的重要门户，是发展边境贸易和跨国合作的重要平台。"一带一路"建设将促进沿边地区更多地参与国际分工，口岸城市及沿边地区将在基础设施、商贸物流、国际合作园区、跨境电商、通关便利等多方面获得发展机遇和水平提升。

4. 推动中国新型城镇化均衡发展

改革开放以来，东部沿海地区获得了更多发展机会，东部城镇化水平及质量均明显高出中西部地区。社会各界高度关注地理学重要发现之一的"胡焕庸线"，李克强总理提出"中西部如东部一样也需要城镇化。我们是多民族、广疆域的国家，要研究如何打破这个规律，统筹规划、协调发展，让中西部百姓在家门口也能分享现代化""一带一路"建设将会提高中西部地区的基础设施、经济活力和国际化程度，吸引人口在全国合理集疏和均衡分布，促进中西部地区和边境地区的城镇化发展，特别是具有较强对外开放度的区域性中心城市和边境口岸城市的新一轮发展。"一带一路"将与西部大开发、中部崛起、东北振兴及新型城镇化战略和长江经济带等一系列国家战略形成互动，促进经济增长、市场空间、基础设施和公共服务等由东向西、由南向北梯次拓展，有力推动全国人口和城镇化更加全面均衡发展。

5. 新型城镇化对"一带一路"的支撑作用

城市群和城市合作为"一带一路"建设提供主要载体和平台

"一带一路"倡议提出以来已取得扎实成果。这其中，不同城市之间的人文和经贸网络具有长期的历史渊源和现实基础，城市群也成为国际合作的重要区域。"一带一路"不仅是国家尺度的协商和谈判，更依赖于次国家尺度和城市尺度的天然联系的增强和文化交流的扩大。从中国国内来看，国家各部委和多个地方政府根据《丝绸之路经济带和21世纪海上丝绸之路的愿景和行动》《共建"一带一路"：理念、实践与中国的贡献》等纲领性文件制定了或正在制定多项规划和具体措施，不但有国家的规划和行动纲领，地方政府也在做一些规划和落实行动，另外，目前企业在开拓国际市场时单打独斗的形势也不利于"一带一路"的长远开发和愿景目标实现，应该得到政府的统筹引领。而这其中，城市群和城市尺度恰符合需要，易于开展相关组织和对接工作，为"一带一路"落实提供主要载体和平台。东部地区形成许多重要节点城市，一般海铁联运条件好、港口功能强、腹地广阔、对外贸易发达、远洋航线繁多，如上海、天津、广州、深圳、宁波、大连、青岛、厦门、营口、连云港等。海上丝绸之路的建设要依托主要的港口城市，促进中国与东南亚、东北亚、美洲和北非等国家经贸合作。西北地区毗邻俄罗斯、蒙古国、中亚地区的哈萨克斯坦、吉尔吉斯斯坦、乌兹别克斯坦、塔吉克斯坦和土库曼斯坦，应依托天山北坡城市群、关中城市群、呼包鄂城市群、兰白西城市群、银川平原城市群等形成向西开放的格局。西南地区与东南亚国家具有天然的地缘基础，将成渝城市群、北部湾城市群、滇中城市群、黔中城市群等作为向东盟开放的重要载体，加大与东南亚次区域合作交流。中部地区在武汉城市群、中原城市群、长株潭城市群、江淮城市群、环鄱阳湖城市群和晋中城市群等支撑下，发挥地理居中优势，建立全方位开放格局。

6. 构建六大国际走廊城市网络有助于提升沿线国家互联互通水平

互联互通是"一带一路"实施的基础与前提。改革开放以来，中国城市化率从最初不到20%快速提升至2016年的57.35%，城镇基础设施水平大幅度改善，国内铁路营业里程、公路里程、管道输油（气）里程分别增加了1.27倍、4.15倍、12.09倍，形成了密集的城市交通网络，为各种客流、货物流和信息流的流通奠定了基础。中国在基础设施建设方面也取得了技术突破和巨大进步，并且随着中国新型城镇化进程的持续推进，铁路、航空、内河航道、管道及电信、物联网、互联网等基础设施会进一步得到改善，相应基础设施建设能力也大幅度提高。按照"一带一路"建设的合作重点和空间布局，中国提出了"六廊六路多国多港"的合作框架思路，"六廊"是指新亚欧大陆桥、中蒙俄、中国—中亚—西亚、中国—中南半岛、中巴和孟中印缅六大国际经济合作走廊，"六路"指铁路、公路、航运、航空、管道和空间综合信息网络，"多国"是指一批先期合作国家，"多港"是指若干保障海上运输大通道安全畅通的合作港口。因此，按照"六廊六路多国多港"框架指引，遴选出沿六大国际走廊的沿线的重要节点城市和港口城市，构建相应区域性城市网络。按照互联互通的要求，通过帮助沿线国家提高"六路"方面的基础设施水平，以促进区域性城市网络构建并推动相关地区的经济社会发展和合作共赢局面。其中，由中国倡议设立的多边金融机构亚洲基础设施投资银行将会发挥重要作用，其建立初衷即支持沿线国家的基础设施建设，促进亚洲区域建设互联互通化和经济一体化进程，法定资本1000亿美元，截至 2017 年 5 月亚投行已有 77 个正式成员国。

7. 新型城镇化的国际合作将推动沿线国家的经贸联系和产能合作

城镇化是现代化的必由之路，世界各国都经历过、正经历着快速发展或即将迈入中期的城镇化发展进程之中。中国的新型城镇化致力于实现人的城镇化，坚持创新、协调、绿色、开放、包容等理念，注重城乡基本公共服务均等化，注重环境宜居和历史文脉传承，注重提升人民群众幸福感。虽然世界各国的城镇化所处的阶段、背景和文化大有不同，但是相互之间存在大量共通的、可借鉴的发展经验模式，也包括所走的弯路和教训。要促进发展中国家向发达国家借鉴城镇化发展经验，发达国家应降低贸易壁垒，向发展中国家积极转移转化新型城镇化领域的关键技术，以帮助发展中国家实现新型城镇化发展和转型升级的需要。中国在新型城镇化发展过程中，既要向发达国家学习经验和技术，又要通过合作、共建、技术支持等方式，帮助发展中国家实现城镇化转型发展，加强绿色城市、创新城市、包容城市、智慧城市等的建设。同时，将资源密集型、劳动密集型、资本密集型产业渐向"一带一路"沿线国家转移，带动沿线国家就业和经济社会发展。此外，"一带一路"沿线 64 个国家人口总数为 32.1 亿，占全球人口的 43.4%，2016 年对外贸易总额为71885.5 亿美元，占全球贸易总额的 21.7%。中国新型城镇化市场空间巨大，到 2020 年中国城镇化率将达到 60% 左右，新增城镇人口 1 亿左右。将围绕解决"三个 1 亿人"问题，重点实施促进农民工融入城镇、培育新生中小城市、建设新型城市"一融双新"工程。欢迎各国城市、企业和机构可以积极参与其中，共同分享中国城镇化建设带来的发展机遇和外溢效应。因此，新型城镇化的国际合作将推动沿线国家的经贸联系和国际产能合作。

8. 友好城市与国际旅游是沿线国家人文相通和民心相通的重要纽带

建设"丝绸之路经济带"要尊重各国文化习俗，在保护文化多样性的前提下加强人民友好往来，增进相互了解和传统友谊，为开展合作奠定坚实的民心基础，这也是"一带一路"建设最重要的落脚点。截至 2015 年 7 月，中国对外友好城市数量已达到 2209 对，成为世界上拥有正式友好城市数量最多的国家之一。中国城市的"朋友圈"遍及五大洲，友好城市结对旨在互学互鉴不同国家在城市建设、经济社会发展方面的先进经验，以促进自身城市可持续发展。目前与中国结好前 3 位的国家分别是日本、美国和韩国，结好城市数量分别是 249 个、244 个和 169 个。俄罗斯与中国结好城市 115 个，居第 4 位。旅游城镇化是城镇化的一种重要模式。同时，旅游业也是促进民心相通和经济往来的重要抓手，可作为"一带一路"建设的重要先导产业。2015 年中国入境外国游客数量达 2598.54 万人，国际旅游（外汇）收入达 1136.50 亿美元，国际旅游（外汇）收入排名前 10 位的地区依次为：广东、浙江、上海、福建、北京、江苏、天津、山东、云南、安徽。从出境游来看，中国近年来国内居民出境人数快速增加，从 2011 年的 7025 万人增长至 2015 年的 12786 万人。

四、城市规划面临的新挑战和发展趋向

1. 环境污染和资源浪费对城市化规划的挑战

首先，随着我国经济建设的发展与科技水平的提高，机动车在国民生活中的使用越来越普遍，而机动化引发的空气污染已经成为我国城市最主要的污染源，一些城市受汽车尾气、工业废弃等光化学烟雾污染的影响而发展缓慢，严重影响了人民的正常生活。因为我国的城市主要集中在东部地区，所以受空气污染、光污染造成的危害比其他国家的城市更为严重。而且因为某些城市道路政策规划的不科学，使得城市私家车拥有量呈现井喷之势。政府盲目地对城市道路不断拓宽和高价桥不断建设，导致交通管理缺乏科学性，使得大部分市民选择私家车出行，这种恶性循环的情况对城市环境造成了严重的污染。其次，由于我国沿海城市的发展水平较高，大量人口涌向沿海城市，加剧了沿海城市淡水资源短缺的情况。沿海城市缺水的最重要原因就是水污染严重和水生态恶化，导致许多地区因为缺乏生活用水而产生矛盾。而目前我国调水工程的发展虽然使水资源分布不均问题得到了缓和，但是由于其违背了自然规律，导致了江河断流等更严重的问题，使水资源短缺的矛盾变得更为尖锐。最后，土地资源短缺与资源浪费的情况也制约着我国城市的可持续发展。

2. 信息化时代对城市化规划的挑战

随着我国信息化时代的到来，网络与人们的日常生活已经密不可分，互联网的运用对城市的发展与建设来说是至关重要的。但是在科技水平高速发展的当下，城市的规划工作不仅享受着互联网带来的便利，也面临着不少新的挑战。在信息化时代的背景下，城市规划如何更好地与数据接轨，利用互联网去进行城市建设的规划与安排，让城市规划更好地丰富人们的生活方式，提高人民的生活水，促进城市的和谐发展，是目前我国城市规划的重要任务。

3. 产业结构的变化对城市规划的挑战

我国城市与城市之间的产业结构具有很大的不同，在市场经济的背景下，要想更好地进行城市规划，提高人民的生活水平，就需要紧跟时代的潮流，改变传统的产业结构，进行产业结构整体水平的升级。同时，还要不断强化对城市规划专业人才的引进，贯彻落实国家的素质教育的目标和理念，培养创新型人才，大力推动现代化教育，以此促进城市建设的发展。还要不断加强科技力量的投入，发展创新型技术。随着人们的消费需求不断增加，对推进产业升级与转型的发展提出了新的要求，无疑为城市规划带来了更大的挑战。

4. 城市发展不均衡对城市规划的挑战

由于我国特殊的地理原因，导致城市间发展极不均衡，既有世界一流的国际化大都市，

也有极其贫困地区和落后的设施。改革开发的差异化有效带动了经济水平的提升，但也加剧了我国贫富差距大的程度。尤其是东南沿海地区与西北地区之间的城市发展严重不平衡。尽管国家出台了相应的改革政策，如西部大开发战略等，但无论是市民居住环境还是城市服务功能，都与东南沿海地区存在较大的差距。我国西部地区的地理因素复杂，导致改善西部地区人居环境的系统思考和具体实践存在难度，使城市发展不均衡的问题得不到有效解决，对城市建设与规划带来不小的挑战。

五、推动城市规划发展有效措施

1. 重视环境污染和资源浪费问题的解决

环境污染和资源浪费问题是阻碍城市规划与发展的重要问题之一，也是国家政府部门和城市规划部门重点治理的主要内容。因此，国家要加大环境污染源的整治力度，比如减少污染型工厂的建立、加大工厂污染物排放的治理力度、增加新型能源的使用、增加新能源汽车的投入建设等，有效的解决光化学污染对城市规划造成的影响。还要增强公共设施的建设，为人民的日常生活带来方便，提高资源的使用效率，促进城市的可持续发展。要加强城市绿化的设置，提高城市绿化水平，建立低碳城市，有利于城市发展规划的建设，促进城市的可持续发展，最大限度地降低城市开发对自然生态环境带来的负面影乡，进而打造特色的城市生态文化。

2. 重视互联网技术的合理运用

互联网技术的革新和发展进一步推动了行业之间的融合和一体化发展，有效地促进了社会各个领域、各个行业间的融合，弱化了行业界限，并刺激了城市规划与其他行业利用互联网作为平台进行工作的融合与创新。因此政府相关的城市规划和设计部门应该注重移动互联网技术在城市发展规划过程中的应用，运用创新的设计理念与技术，设计出科学的城市规划路线，以发展的眼光看待问题，有效地提高人民的生活水平，为城市未来的发展打造广阔的平台。

3. 因地制宜进行城市规划

根据我国市场经济的发展，为了更好地进行城市的规划与发展，需要对产业结构进行合理规划。在进行城市规划时，不仅要把眼光放到对土地资源的配置管理上，还应该把工作转移到对城市主导产业的规划中。产业的发展对城市的建设具有很重要的作用，在进行产业结构调整时需要进行全面的、多角度的考虑。

第七章　城市规划经济

第一节　城市规划经济学理论

一、城市规划中的经济学

城市经济学自西方传入我国 20 多年经历了从兴起到不断繁荣的发展过程，为我国城市化和城市经济的发展提供了重要的理论指导。现在国外的城市经济研究以解决城市问题作为出发点和己任不断进行理论探索，更加注重城市实际问题的解决。而我国城市经济学发展仍存在一些问题：城市经济学理论体系建设存在不足、基本观点的表述不规范、研究与实践部分分离。城市经济学研究存在薄弱环节：对城市化、城市经营与管理问题的研究存在不足；对城市竞争力问题研究不足。从目前看，我国城市经济学的发展与西方还有一定差距，还有很大发展空间。

城市经济直面时代问题。现代城市规划、建设与管理等领域越来越引起社会各方面的重视，越来越需要城市经济学的理论指导，促使理论工作者从经济学层面上积极进行探讨。城市经济学与其他学科的交叉渗透也日趋活跃。

我们作为未来的规划师，要知道规划师的角色是什么，设计城市还是管理城市？规划师是不同利益的协调者，规划师职业的衰落，原因就是缺少职业深度的学术见解、善于批评而不善于建议。政府间的竞争也是有成本的，不存在能同时满足生产者和消费者剩余最大化的市场机制。规划师所能做的就是根据既定的政府机制，提出最优的商业模式。

规划师的工作主要包括：第一，设计一个城市：决定各种城市功能及设施的组合；第二，维护一个城市：对已经建成的城市土地用途和设施变更给予行政许可。而这两者都受制于城市所采用的商业模式。商业模式不同，政府的角色不同，规划师的角色也不同。按照经济学的视角，不仅容积率、土地用途可以以经济的理由加以解释，而且美学、工程技术都可以作为商业模式的一部分，纳入分析。

对于城市问题，不同的学科从不同的角度都可得出不同的观察。不能用一个角度的景观，代替其他角度的景观。由于学科工具的完备程度不同，理论的高度也会有所不同。经济学的构造性和理论完备程度，都远超过其他社会学科，这使得经济学常跨越传统的学术界限，进入到其他学科研究的领域。城市规划与其固守传统学术，不如对经济学工具中不合意的部分加以改造，并将城市规划发展到更广阔的领域。

虽然经济学的引入大大拓宽了以建筑美学和工程学为主的规划专业的基础，但经济学取代不了其他专业。经济学同其他专业的有机结合和互相支撑，可使城市规划的语汇更广泛，框架更坚固。将这些专业知识有效组合，规划师在解决城市问题上就可以具有独一无二的职业优势。

二、城市经济学与城乡规划的关系

城市的经济是整个城市各方面发展的主要动力，可以说城乡的发展为了经济的增长，而经济的增长则支持着城乡的各方面发展。

城市经济学，是研究城市在产生、成长、城乡融合的整个发展过程中的经济关系及其规律的经济学科。城市经济学以城市的产生、成长，最后达到城乡融合的整个历史过程及其规律，以及体现在城市内外经济活动中的各种生产关系为研究对象。既是一门以经济学基本理论为基础的应用科学，又是一门多学科，多层次融会综合的边缘学科。它与城市规划学，城市地理学，城市社会学，城市生态学等姐妹学科一起，都是城市科学的有机组成部分。它们各有分工，又有所交叉，其研究领域互相渗透，其研究成果也可以互相借鉴。

城乡规划，是指对一定时期内城乡的经济和社会发展、土地利用、空间布局以及各项建设的综合部署、具体安排和实施管理。该规划包括城镇体系规划、城市规划、镇规划、乡规划和村庄规划。城市规划、镇规划按照编制城乡规划的节段又可分为总体规划和详细规划。

可以说城市经济学与城乡规划在诸多方面有着密切的关系：

1. 基于城市化进程的关系

城市化或城镇化的含义，不同的学科分别依据各自的角度而有不同的理解。从经济学角度看，城市化是由农村自然经济转化为城市社会化大生产的过程。城市化是一个动态的过程，实际上是由于生产力发展所导致的一系列社会经济现象的组合。

而城市化进程的加快促进了城乡规划的发展。城市化进程中城乡出现了一系列问题比如城市人口急剧增长，城市土地资源分配及基础设施不能满足人们生活的需求等。这一系列的问题都需要城乡规划进行统筹安排与解决。

城市经济学研究城市化有一系列理论不如其动力机制为：农业发展史城市化的初始动力；工业化石城市化的根本动力；第三产业是城市化的后续动力等。

城乡规划将遵循城市经济学对城市化的一系列研究理论进行相关的统筹规划，达到城乡发展符合经济规律，促进城乡各方面的发展。

2. 基于经济中心与中心城市问题的关系

城市规划中城市发展的基本形式就是中心辐射式发展，城市群中以经济发达的城市为核心辐射周围的城市的发展；一个城市中由经济中心地区向周围辐射发展。

在城市经济学中经济中心的作用有工业生产中心、商品流通中心、交通运输中心、金融中心、信息中心、科学技术中心以及文化教育中心几点。

而城乡规划基于经济中心与城市中心的作用于性质来进行城乡规划的统筹规划。要在格局，交通，建筑等多方面体现经济中心的作用，便于它诸多作用的充分发挥，进一步领导整个城市的快速发展，充分发挥其中心辐射作用。

3. 基于城镇体系的关系

城市，作为物质的生产地，不断输入各种生产资料，输出多种产品；城市又是物质的消费地，每天运进大量生活必需品，运出数以千吨的废弃物。所以城市与乡村之间，城市与城市之间总是昼夜不停地进行着物质，人员，信息和能量等多方面的交换，交换频繁的地区就形成了一个有机的经济网络即城镇体系，而每个节点就是规模不等的城市。

也就是说城镇体系的形成源于经济的交流属于城市经济学研究范畴。而城乡规划则应遵循城市经济学对于城镇体系的一系列研究进行城镇体系的有机规划。

城镇体系的特征有：

（1）整体性，城镇体系是由城镇，联系通道和联系流，联系区域等多个要素按一定规律组合而成的有机整体。因此城市规划在进行城镇体系建设规划时一定要着眼整体性的考虑，做到协调统一，全面发展。

（2）层次性，城镇体系有大有小，随所在经济区的规模和层级而定；城镇体系内部的城镇有大有小，大的成为体系的核心，小的充当体系的基层。因此在规划城镇体系时应根据规模的大小做相应的规划，使城镇体系的建立具有层次性，无论大小各自发挥效应。

（3）重叠性，一个城镇可能成为不同层级城镇体系的成员，并充当不同的角色，因此规划时应充分考虑到这一点，做好协调统一，并突出其重要的角色职能。

（4）开放性，城镇体系不是一个封闭的组织，它是一个开放系统，随时都在和外界进行着物质和能量的交换。作为规划应当满足其开放性的需求，交通的规划直至关重要。

（5）动态性，城镇体系形成之后并非福鼎不变，而是处于发展演化之中，外界环境与内在因素的变化都有可能使之发生形态上，规模上和结构上的演变。因此规划时一定要用可持续发展的眼光进行规划设计，满足其动态性的特点。

4. 基于人口经济的关系

我国是人口大国，人口在不断地增长之中，而城市人口正是生产与消费的主体，也就是城市经济中十分重要的一部分。城市规划在进行城乡规划时一定注意起到引导人口流动，解决人口的就业生活等各方面问题。

5. 基于城市土地经济的关系

土地是极其宝贵的自然资源，是生产力的重要要读，是人类生产生活最基本的物质资料。土地的经济特性变现为：

（1）稀缺性

由于土地是自然赋予的不可再生物，因此对于不断增加的人口和不断增长的需求来说，土地资源永远是稀缺的。城市规模越大，则往往供需缺口也越大，大城市商业中心地段之所以"寸土寸金"，正是因为其稀缺性而来。

而城市规划最重要的工作就是合理分配开发有限的土地资源，充分利用其相应的土地性能，达到最高利用率，不要浪费稀缺的土地资源。

（2）区位效益性

决定经济活动的不同地理位置，称作区位。在城市，区位对于土地效益具有决定性作用。因此城市规划在进行土地规划利用时应充分利用发挥不同土地的区位效益性，达到最大的经济效益。

（3）边际产出递减性

在其他生产要素投入量不变时，某生产要素的投入量超过特定限度后，其边际产出递减性变现在，对土地的使用强度超过一定限度后，收益开始下降。因此，任何过度开发不仅是对环境的破坏，在经济上也是不合算的。因此在利用规划土地时一定要考虑此因素。

6. 基于城市住宅经济的关系

住宅是人类赖以生存的基本物质条件，它集生存资料，享受资料与发展资料于一体，和食物，衣服，交通工具一起，构成了人们每日不可缺少的消费品。住宅的需求与供给，建设与分配，是国际公认的重大经济与社会问题。城市住宅是城市建筑的主体，住宅建设对于城市经济与社会发展具有重大的直接或间接影响。因此住宅问题解决的好与坏，关系到城市发展的长远目标。没有一个良好而稳定的居住条件，就不会有美好而持久的城市未来。

而城市规划与城市住宅的建设有着十分密切的关系，随着城市化进程的发展，城市更新的脚步也越走越快，但是在更新途中住宅问题的解决并不是很理想，导致许多经济条件差的人不再拥有住宅，这是一个社会大问题，作为城市规划人员一定要着重考虑如何在城市发展更新，与人们的生活现实水平相协调。

7. 基于城市环境经济的关系

随着城市化进程的发展，城市更新脚步的加快，越来越多的环境问题也凸显出来。大气污染，水污染，固体废物污染，噪声污染，热岛效应等环境问题在不断地给我们敲着警钟。

环境不仅与我们的身体健康有着密切的关系，还与城市经济有着一定的相关性。起初，经济增长增加为公共服务提供的资源保障，使得环境得到改善。随着经济收入的增加，环境趋向恶化，但到达一定转折点时有缓和趋势，随着收入的继续增加，环境将继续恶化。

因此我们必须提高对环境保护的重视程度，当环境无限污染时，我们的经济必然也无法前行。

作为城市规划，应当在城市不断更新的过程中提高对环境保护的重视，采取合理有效的方式方法改善已造成的环境污染和避免造成更多的环境污染，使我们的城市，家园逐渐恢复原有的美丽。

综上，城市经济学与城市规划有着十分密切的关系，在城市发展的方方面面都存在着联系。我只是从我理解的角度进行浅谈，有不对和不全面的地方请老师批评指正。

第二节　城市规划的产业经济

一、产业经济学

产业经济学是典型的应该经济学科学，是西方现代经济学的核心课程之一，该经济学是微观经济学深化和发展的产物，研究对象是产业内部各企业之间相互作用关系及规律、产业与产业间联动关系规律、企业发展规律以及产业布局规律。从字面不难看出，产业经济学研究重点围绕的就是"产业"。因此产业经济学在研究以"产业"为研究逻辑起点，产业经济学自提出以来发展至今已形成了许多的流派，该学说已逐步迈向了成熟阶段，并对我国产业发展起着关键作用。

1. 产业经济学理论

产业经济学又称产业组织学或产业组织理论，是从应用经济学中发展出来的应用经济学的重要分支。最初产业经济学并不被认为是独立经济学科。20世纪七十年后，经过不断的发展产业经济学才得到公认成为一门独立的经济学。产业经济学起源较早，可追溯到马歇尔经济学，甚至亚当·斯密经济学阶段。许多学者认为产业经济学源于美国，产生于20世纪三十年代。产业经济学理论发展的第一阶段是1930年到1970年，在这个阶段对于产业经济学研究的代表作是贝恩在一九五九年出版的《产业组织论》，这本著作是最早一本系统的对产业经济学进行论述的文章。《产业组织论》标志着产业经济学理论体系的形成，该书出版后一直被作为西方经济学教材使用。1970年，产业经济学发展进入第二阶段，该阶段主要研究开始围绕《产业组织与公共政策论文选》，产业经济学理论体系初步成熟，在各个方面都获得了较大发展。

2. 产业经济学理论流派

（1）哈佛学派

哈佛学派是产业经济学理论流派中的重要学派，奠基了产业经济学的发展，该学派形成于20世纪三十年代，以梅森和贝恩为代表人物。哈佛学派在产业经济学理论研究中建立了完整的 SCP 理论范式。SCP 范式标志着产业经济学的初步成熟，代表产业经济学成为相对独立的经济学科，研究也因此走向系统化研究阶段。霍特林和兰开斯特作为哈佛学派的代表人物为产业经济学中推销、营销等问题的研究做出了巨大贡献。

（2）芝加哥学派

20 世纪六十年代许多来自芝加哥的经济学家对 SCP 范式提出了批评，SCP 范式自此开始逐渐衰落，芝加哥学派则渐渐成为主流学派。芝加哥学派与 SCP 范式研究的侧重点有所不同，注重市场结构和效率研究，更加关心产业竞争关系，该学派的主要代表人物是施蒂格勒。施蒂格勒曾在一九八二年获得诺贝尔经济学奖，对产业经济学有开创性研究。施蒂格勒曾出版过《产业组织》一书，该书的出版标志着芝加哥学派在产业经济学理论研究上已达到成熟阶段。

（3）奥地利学派

奥地利学派出现于 20 世纪七十年代，该学派引入了新的理论和研究方法，所以在产业经济学理论研究理论基础、分析手段等方面都有了实质性的突破。该学派的诞生，大大推动了产业经济学理论发展，使产业经济学走向了成熟。该阶段的代表作是泰勒尔在一九八八年出版的《产业组织理论》，该书的出版立即引起了轰动，成为大学最具权威性的产业经济学教科书。该学派在研究中不仅继承了芝加哥学派成果，更在此基础上取得了新的进展，成了 20 世纪最为主要的产业经济学理论流派。

二、产业发展理论

产业发展理论就是研究产业发展过程中的发展规律，发展周期影响因素产业转移资源配置发展政策等问题，产业发展规律主要是指一个产业的诞生、成长、扩张、衰退淘汰的各个发展阶段需要具备一些怎样的条件和环境，从而应该采取怎样的政策措施。对产业发展规律的研究有利于决策部门根据产业发展各个不同阶段的发展规律采取不同的产业政策，也有利于企业根据这些规律采取相应的发展战略。例如，一个新兴产业的诞生往往是由某项新发明、新创造开始的，面新的发明、新的创造又有赖于政府和企业对研究和开发支持的政策和战略。一个产业在各个不同发展阶段都会有不同的发展规律，同时，处于同一发展阶段的不同产业也会有不同的发展规律。所以，只有深入研究产业发展规律才能增强产业发展的竞争能力，才能更好地促进产业的发展，进而促进整个国民经济的发展。

1. 产业结构演变理论

产业结构同经济发展相对应而不断变动，在产业高度方面不断由低级向较高级演进，在产业结构横向，联系方面不断由简单化向复杂化演进，这两方面的演进不断推动产业结构向合理化方向发展。

（1）佩第一克拉克定理

佩第一克拉克定理是科林·克拉克于 1940 年在威廉·佩第关于国民收入与劳动力流动之

间关系学说的基础上提出的。随着经济的发展，人均收入水平的提高劳动力首先由第一产业向第二产业转移；人均收入水平进一步提高时，劳动力便向第三产业转移；劳动力在第一产业的分布将减少，而在第二、第三产业中的分布将增加。人均收入水平越高的国家和地区，农业劳动力所占比重相对较小，而第二、三产业劳动力所占比重相对较大；反之，人均收入水平越低的国家和地区，农业劳动力所占比重相对较大，而第二、三产业劳动力所占比重则相对较小。

（2）库兹涅茨法则

库兹涅茨在配第一克拉克研究的基础上，通过对各国国民收入和劳动力在产业间分布结构的变化进行统计分析，得到新的理解与认识。基本内容是圆：①随着时间的推移，农业部门的国民收入在整个国民收入中的比重和农业劳动力在全部劳动力中的比重均处于不断下降之中；②工业部门的国民收入在整个国民收入中的比重大体上是上升的，但是，工业部门劳动力在全部劳动力中的比重则大体不变或略有上升；③服务部门的劳动力在全部劳动力中的比重基本上都是上升的，然而，它的国民收入在整个国民收入中的比重却不一定与劳动力的比重一样同步上升，综合地看，大体不变或略有上升。

（3）技术升级与产业链延伸

在没有新的产业形式出现的情况下，通过产业技术的不断升级而对传统产业进行改造，不断提升产业自身的质量，在某种程度上也算是一种产业升级。如用高新技术产业改造传统产业，可以催生出一些新的产业形态，如光学电子产业、汽车电子产业。等等。今后产业结构升级淘汰的将不再是夕阳产业，而是夕阳技术。除了技术升级外。对现有产业的价值链进行延伸，增加附加值也是产业结构升级的一种方式，如培育与现状主导产业有前向、后向和测向联系的其他产业等。

2. 区域分工理论

从区域分工的角度确定城市产业发展定位是城市发展的客观要求。从区域角度分析城市在区域中的优势、劣势和发展潜力等，确定城市在区域中所发挥的作用、扮演的角色，进而确定城市产业，避免"就城市论城市"的产业确定方式。

（1）比较优势理论

比较优势理论是城市规划过程中产业定位比较常用的理论之一，主要包括绝对优势理论和相对优势理论。

①绝对优势理论：1776 年亚当·斯密在其《富国论》中，对国际分工与经济发展的相互关系进行了系统阐述，提出了绝对优势理论。认为不同国家或地区在不同产品或不同产业生产上拥有优势，对于相同产业说，各国则存在生产成本的差异，贸易可以促使各国按生产成本最低原则安排生产，从而达到贸易获利的目的。

②相对优势理论：1817 年大卫·李嘉图在《政治经济学及赋税原理》中以劳动价值论为基础，用两个国家、两种产品的模型，提出和阐述了相对优势理论。他指出，由于两国

或两个地区劳动生产率的差距在各商品之间是不均等的，因此，在所有产品或产生产上处于优势的国家和地区不必生产所有商品，而只应生产并出口有最大优势的商品；而处于劣势的国家或地区也不是什么都不生产，可以生产劣势较小的产品。这样，彼此都可以在国际分工和贸易中增加自身的利益。长期以来，相对优势理论成为指导国家或地区参与分工的基本原则，并得到许多经济学家的进一步阐释和发展。

（2）新贸易理论

随着传统产业理论缺陷的逐步显现以及现实经济发展的不断提速与变化，美国经济学家保罗·克鲁格曼提出了新贸易理论。他认为，不同国家或地区之间的贸易，特别是相似国家或地区同类产品的贸易，是这些国家根据收益递增原理而发展专业化的结果，与国家生产要素禀赋差异关系不大。发展任何一种专业在一定程度上都具有历史偶然性，在不完全竞争和同类产品贸易的条件下，生产要素的需求和回报状况取决于微观尺度上的生产技术条件。生产技术的变化，可以改变生产要素的需求结构和收益格局，从而影响相似要素条件下的贸易，促成同类产品的贸易。

新贸易理论还认为，不完全竞争和收益递增的存在，为国家和地区采取战略性贸易政策，创造竞争优势提供了可能。比如，有一些部门规模经济（特别是外向型经济）十分突出，可通过促进这些部门的出口和发展获得竞争优势，从而改变其在国际或区域经济中的专业化格局，向着有利的方面发展。

（3）产业集群理论

产业集群作为一种新的产业空间组织形式，其强大的竞争优势引起了国内外学者的广泛关注，在城市规划产业发展定位与组织中受到越来越多的重视，特别是在发展中国家和地区。在城市规划与城市研究中，产业集群主要指以中小企业为主体，相关的企业、研究机构、行业协会、政府服务组织集结成群的经济现象，既是行为主体的一种结网、互动，又是一种市场化行为催生的产业组织模式，最基本的特征是基于分工基础上的竞争性配套与合作，具有产业链条长而且配套、内部专业化分工细、交易成本低、人才集中、科技领先、公共服务便利等优势，因而具有强大的竞争力。从产业发展定位角度看，一个区域或城市在产业选择或引进时，应注意其与已有企业或产业之间的关联程度，是否能延伸现有产业链或提升现有产业技术水平，最终融入集群中，增强地区或城市的产业发展潜力并提升整体的产业竞争力。

3. 发展阶段理论

（1）H·钱纳里的"标准结构"理论

美国经济学家H·钱纳里运用投入产出分析方法、一般均衡分析方法和计量经济模型，通过多种形式的比较研究考察了以工业化为主线的第二次世界大战以后发展中国家的发展经历，构造出具有一般意义的"标准结构"，即根据国内人均生产总值水平，将不发达经济到成熟工业经济整个变化过程分为3个阶段6个时期：第一阶段是初级产品生产阶段（或称农业经济阶段）；第二阶段是工业化阶段，第三阶段为发达经济阶段。

（2）霍夫曼定理

德国经济学家 W·霍夫曼通过对当时近 20 个国家的时间序列数据的统计分析，提出著名的"霍夫曼定理"：随着一国工业化的进展，霍夫曼比例是不断下降的。霍夫曼比例是指消费资料工业净产值与资本资料工业净产值之比。即，霍夫曼比例＝消费资料工业的净产值／资本资料工业的净产值。霍夫曼定理的核心思想是：在工业化的第一阶段，消费资料工业的生产在制造业中占主导地位，资本资料工业的生产不发达，此时，霍夫曼比例为 5（±1）；第二阶段，资本资料工业的发展速度比消费资料工业快，但在规模上仍比消费资料工业小得多，这时霍夫曼比例为 2.5（+1）；第三阶段，消费资料工业和资本资料工业的规模大体相当，霍夫曼比例是 1（±0.5）；第四阶段，资本资料工业的规模超过了消费资料工业的规模。

三、产业经济发展与城市规划的相互影响

1. 产业经济发展与城市规划是紧密相关的

实际上，从规划的本质角度来说，就是对城市土地的合理布局、开发和利用。而一个城市产业经济的发展和经济目标的实现，落在地域上也表现为各类经济产业对土地的使用。具体的两者联系主要体现在以下几个方面：

（1）对城际联系的影响。由于城市不是孤立的个体，它与外界有着千丝万缕的联系，它与外界的联系主要是有形的如城市的对外交通，无形的如邮电通信以及电子信息等，而产业的生产过程涉及原材料的采集、生产设备的引进、产品的市场销售等都需要与外界产生直接或间接的联系。因此每一次产业经济的发展，都对城市的对外联系提出了更高的要求，这就要求城市规划要对对外联系特别是大型的交通枢纽的基础设施进行统筹安排，而合理的安排必然会促进产业经济的发展。

（2）对城市内部联系的影响。城市是一个社会、经济、文化各方面紧密联系的统一体，所谓"牵一发而动全身"。例如：劳动密集型产业需要大量的体力劳动者，城市规划中就要为这些劳动力提供相应的生活设施、交通设施与社会福利保障设施及其子女的文化教育设施，而技术密集型的产业需要大量脑力劳动者，这样一来对城市的科技文化设施如高校、科研院所等的设施要求就会更高。重工业则需要提供充足的能源设施与便捷的交通设施相辅助。所以规划中一定要考虑到产业及其相关设施的需求。

（3）对城市功能发展的影响。城市发展离不开产业经济，产业经济的发展也离不开城市的支撑，在低级产业如原材料生产的地区，甚至影响到所在城市的生死存亡，当然在具有全面与发达的综合性城市，不会由于一种产业的兴亡而决定城市的兴衰。

2. 产业经济发展对城市规划的影响

（1）对城市土地规划的影响：土地是城市的最基本的组成要素，它由于规模大小、地理位置、地质水文、地形地貌等不同呈现的用途也各不相同。

（2）对城市环境规划的影响：这里指的环境一方面指的是环境污染的层面，另一方面指的是地理环境如靠山、沿河、滨海或临近铁路、港口及城市主要干道等层面，一般来说技术密集型产业对环境质量要求较高，需要建立在环境优美离城市中心较近的位置；而劳动密集型产业由于通常情况下资源消耗大、污染较严重，所以必须依据情况规划在城市下风向的郊区。

3. 城市规划对产业经济发展的影响

（1）城市规划对产业布局的影响存在的几个问题

①从城市规划的编制依据来看。城市规划编制的主要依据是城市社会经济发展的总体目标，如 GDP 目标及其相应的经济指标。相应的产业经济发展模式如何，现有的产业结构将做哪些必要的调整，产业布局情况如何，都是规划部门要考虑的因素。所以产业经济要想实现城市空间地域的合理落实和布置就必须遵循规划的思想。

②从规划编制的时限来看。城市规划是一定时期社会经济发展目标的具体化，除了对城市进行长远设想外，还必须有一定的规划年限。但实际工作中，常出现规划期限与社会经济发展规划的期限不一致的现象。所以要真正发挥规划对产业经济的指导作用，就要加强规划时限确定的实用性和有效性。

③从规划的方法来看。传统的规划方法是先根据城市人口的机械增长与自然增长预测城市的总人口，然后根据城市规划用地标准计算城市用地规模，并按照城市用地的现状与合理的用地比例进行功能布局与用地划分。而事实上这样是不够的，如果过多考虑人的因素，忽视产业经济对城市规划的影响，就会适得其反。因此规划期限内应对产业经济的发展模式、规模及各产业结构进行预测来换算成用地规模、基础设施规模，并落实到城市空间中去，这样的规划更具说服力。

④从城市规划实施的情况来看。传统的规划模式强调功能分区，这就忽略了城市固有的文化内涵。每个城市都有自己特有的史脉和文脉，不是靠规划来改造或设计就能形成的，所以不应该过分强调主观的意识，应结合每个城市的独特经济活动内涵，进行规划布置以促进城市更好的发展。

（2）城市规划对产业经济影响的基本因素

基于上面提到的城市规划对产业发展存在的问题，应及时修缮，用新方法、新思路使其对产业经济的影响向着更有利的方向发展。

①规划新的空间模型，对产业结构产生重要影响。在现代城市经济发展方式中，产业结构对经济增长的影响日益增大，如"加速城市外围地区的新城和卫星城建设、推动工业企业向外迁移、城市中心地区功能的转变和重建"，随着这些规划的实施，城市产业结构发生了显著变化，城市面貌有了创新性的改变，城市规划已经在产业经济结构的空间深化中产生了深远的影响。

②借助新的城市规划手段，增强城市的资本竞争能力。实践证明，基础设施发展到一

定水平后，将会促进个体和群体部门的投资欲望，刺激城市企业和其他产业的发展，从而成为城市经济发展的引擎，有助于城市产业发展的高级化。现阶段高水准的城市基础设施可以增强城市优势和吸引力，尤其是能够增强引入国际资本的竞争力，所以基础设施规划的好也会促进产业经济的蓬勃发展，产业竞争力强了就会扩大优势不断创新进步使其自身更加完善更加成熟。

综上所述，产业经济在城市社会经济发展中有着重要的地位和作用，城市产业经济对城市各项事业的发展，对城市经济中心地位的确定有着举足轻重的影响。十七大的胜利召开，提出了继续全面建设小康社会的伟大号召，并提出了科学发展观的前瞻理论，这些必将为城市规划和产业经济的各自发展及其相互作用产生有利的影响。城市规划和产业经济相互促进共同发展，才能尽早实现全面建设小康社会的宏伟目标，并使我国的城市乃至国家建设朝着有序、稳妥地方向不断的推进。

第三节　城市规划的土地经济

一、土地经济

我们正处于一个巨大转折点上：土地经济正在寿终正寝，与土地经济相关的一系列活动，诸如土地财政、巨量房地产开发，以及传统的规划技术等，也在走向式微。这里所说的规划包括狭义的城市规划（规划部门组织编制的规划），以及广义的城市规划（比如交通、水务、园林、城管等部门组织编制的规划）。

1. 土地经济

土地经济的本质，是用"规划"赋予城市土地以不同的价值，比如通过改善交通条件、安排功能分区、确定建筑规模、容积率和建筑密度等，一个城市地区的土地价值就被建构出来了，这些价值以"地租分布曲线"的形式呈现出来。

2. 地租分布曲线

地租曲线是以交通可达性中心为原点，不同类型的功能空间在时空中呈现出静态价值梯度关系，同时形成动态的同心圆式集中—扩散过程。

当城市进入存量发展时代，土地经济的边际效益趋于加速递减。传统规划所能发挥的价值也趋于递减。甚至，传统规划的惯性方法对城市"土地价值的生产关系"产生了固化作用，并开始阻碍新的生产关系诞生。当然，这种阻碍不仅仅是规划本身，更是规划后面所隐藏的一整套关系，它们全都纠缠于土地之上，难分难解。于是，规划创新成为破解上述难题的紧迫之行，比如，从生态角度创新、从社会角度创新、从产业角度创新等。但所有这些，并不能改变规划的窘迫之境，因为传统规划所面对的基础性对象——土地经济，已经接近尾声。

3. 空间经济

土地经济的衰亡意味着空间经济的兴盛。空间经济以及与空间经济相关联的空间社会、空间文化等将同时兴盛。这里的"空间"，不是传统地理学、经济学和规划学中"作为土地代名词的抽象要素空间"，而是真实可体验、可进入与可感知的三维空间。空间经济也非"空间经济学"中的概念（在空间经济学中，空间实际上等同于抽象的土地经济要素，也就是说空间经济学恰恰是研究城市土地经济的核心学科）。

这里所说的"空间经济"是指，城市三维空间本身的独特要素和品质产生了价值，吸附人和产业，并进一步吸引系列化的经济关系和社会关系。这种特定的空间经济价值与传统意义上的土地经济价值无关。现在规划体系里面经常把土地和空间混在一起，认为规划创造了土地价值，土地价值包含了空间价值，这造成了很大困扰。规划和城市设计的边界含糊不清，因为都是同一个对象，价值观也一致，于是两个学科的清晰性和理论架构越来越模糊。当然在现实中空间和土地肯定是无法切割开的，但在进行理论分析时却有必要辨析清楚。

一个典型案例是北京798，独特的空间场景，吸引了独特的人，又吸引了独特产业。按照传统土地经济原理，它就是无价值的地方，应该被拆掉。第一交通不方便；第二是衰败地区；第三没有高的容积率，密度也不够，土地使用效率很差。但是最终798作为一个特色空间被保存下来，在填充进新内容之后，其所发挥的价值远远已经超过拆除盖一片写字楼和住宅区，它对北京乃至整个中国的文化产业产生了引领性的作用。798本质上正是空间经济发挥了作用，使之成为城市新价值系统的一部分。

空间经济曲线不遵循土地经济的地租分布曲线规律，它是一种与时空距离无关的随机脉冲。空间经济价值与交通无关、与功能无关、与规模无关。这种空间脉冲消解了土地经济价值的连续性，呈现出"去中心化"特征。空间经济可以使土地空间的潜在价值在地理上均匀分布，这种情况特别发生在交通相对均质化的城市和地区，当可达性不再成为人们选择出行地点的最重要因子之后，空间本身的吸引力要素就开始凸显出来。

二、市场经济下城市规划与土地利用的良性互动

1. 土地储备与城市规划两者间的互动关系

（1）研究城市规划对土地储备的引导机制

城市的发展离不开对土地的开发，当前城市中如雨后春笋般崛起的高楼大厦都是占用着宝贵的土地资源，只有充分利用土地资源，才能改善城市的整体环境，实现各种基础设施的规划，最终促进城市的繁荣发展，使人们的生活更加美好。在这一过程中，土地资源受到价格波动的影响较大，土地的价格越高并不代表其价值越大，反而过高的价格是一种

扰乱市场秩序的表现，在这种情况下，要想有效的改善这一问题，必须要从对土地的合理开发入手，严格控制资源的使用，这样才能避免不利后果的产生。

另外，城市中对于区域的划分较为明显，不同的区域所具有的功能也不相同，因此，对于区域中的土地也会受到一定程度的影响。在对区域进行规划的过程中，应该充分考虑到这一问题，加强城市空间的布局建设，完善各区域的基本设施的建设，这样才能有效地控制土地资源的使用，提高土地的储备效率。随着时代的发展，城市的发展建设一定会朝着更加美好的方向发展，而土地资源的使用是不可或缺的一部分，只有适当的使用土地资源，才有助于未来的发展建设，以达到理想的效果。

除此之外，在发展土地资源的优化配置的过程中，土地价格会出现不同程度的波动，这一波动是不可避免的，因为城市的发展建设受到众多因素的影响，投资者会根据土地的不同价值而进行投资，因此，所获得的收益也具有一定的差异性，为了为土地资源的合理分配创造更加良性的环境，就应该以市场经济的发展为前提，吸引更多的投资者进行投资，这样才能为城市的发展建设创造更加优惠的条件。

（2）分析土地储备对城市规划的反馈机制

在发展建设的过程中，为了进一步规范土地资源的使用，国家制定了关于土地储备的相关管理政策，以起到约束性的作用。加强对土地的储备，可以使城市的发展建设变得更加稳定与和谐。这一过程中，主要包含两部分。其一是对城市的空间布局进行重新地分配与构造，其二是对于新城市而言，这是一项重要的举措，能够提高城市扩张的效率。土地的合理使用不仅能够达到上述的要求，同时还可以使城市的发展水平朝着更高、更好的方向发展。

当前的城市规划并不是传统意义上的城市规划，而是需要在城市空间的合理利用的基础上实现对土地资源的配置以及储备。相信通过对土地资源的大力发展，能够使城市的整体形象得到进一步的提高，达到另一个崭新的层次。在这一发展前提下，市场经济的发展一定会更加具有可行性。

2. 土地储备和城市规划互动存在的问题

通常情况下，要对市场经济进行事先的考察，找出其中存在的不合理的因素，主要的问题在于规划与实施应该放在同等重要的位置上，前者虽然具有可行性，但是需要花费大量的时间以及精力，在此种情况下，土地资源的合理使用应该以市场为主要的向导，为市场经济的发展做出应有的贡献，进一步加强对市场的规划。体制的不完善也是影响城市发展与建设的重要因素之一，这与市场经济的基本要求极为不想符，一些不属于土地资源规划师的工作也要在规定的时间内完成。造成分工的不明确，以至于市场经济发展过程中，土地资源缺少必要的价值，严重阻碍了土地的储备。

3. 构建两者良性互动机制

（1）土地储备计划

①土地和规划部门互动反馈的直接源头。土地储备计划为两部门反馈机制的形成，提供了渠道。

②促进城市建设资金实现良性循环。土地储备制度建立后，城市建设逐步集中体现在两个方面，一方面是公益性基础设施建设，另一方面就是经营性用地前期整理开发并出让的土地储备过程。前者是政府巨量资金的投入，后者是土地资产变现后政府收益的回笼。政府公益性基础设施建设投入，必将改善设施延伸区域的环境，带来土地升值，将这些即将升值的土地预先纳入政府储备，由土地储备机构制定储备计划，进行整理、养地，再适时出让，是实现城市建设资金良性循环的关键。

③有效整合了各方面实施计划。土地储备计划是一个系统计划，它不仅结合了城市近期建设规划，各区县和各行业的城建计划、土地供应计划、土地市场和城建资金需求等方面的内容，使得计划促进城市建设和发展，而且为所涉及的每一块土地制定了详细征地、拆迁、配套、供应以及资金计划，为储备土地由"生地"转为"熟地""毛地"转为"净地"，制定详细步骤，实现储备土地精细化管理。

④有效弥补现有土地出让计划的不足。在城市土地管理日益由资源向资产管理转变的背景下，土地储备计划能有效弥补当前土地利用计划的不足，符合当前城市土地利用管理的特点，并与城市规划相衔接，为土地精细化管理奠定基础。

（2）土地储备规划

①有利于建立政府土地储备库，增强政府的调控土地市场能力。土地储备规划从政府专项规划层面出发，明确了在储备规划范围内的储备土地全部由土地储备机构来组织实施土地的前期工作，促进了土地储备库的建立，有利于形成统一储备的局面，增强了政府调控土地市场的能力。

②明确规划实施主体，促进规划实施。土地储备规划为土地储备机构明确了储备土地的范围、量及其空间分布，创造了城市规划的反馈渠道条件，是为实施土地储备而专门制定的总纲，控制了城市的非理性扩张。

三、市场经济城市规划在土地中的应用

1. 市场经济的建立对我国城市规划的影响

（1）静态的物质规划形式受到飞速发展的挑战

只关注于功能容量划分的传统的城市规划，对已经成为"商品"的城市土地，没有市场经济的分析和认识，对城市土地的利用规划表述的也还仍然只是纯物质空间的意义。在这样的状况下，正是城市规划本身与市场经济的相分离，所以才导致了规划实施在很多时候表现为与市场经济的正常行为相对抗。由此可见，城市规划的作用与其在市场经济中对其要求的脱节，是导致规划实施过程中所出现矛盾和困境的根本原因，这一点在前一段房地产开发过热状态中，城市规划未能起到其能够发挥的作用，反而在某些方面起了相反作用的事例中就可以清楚地看到，规划和市场处在了两套完全背道而驰的话语系统和行为系统之中。

（2）僵化的规划目标不能指导动态的发展

经过长期的计划经济，城市规划在人们的思想中已经形成了"龙头"作用的概念，自然地被认为是城市发展的"蓝图"，造成了传统的城市规划关注的只是为规划蓝图确定一个宏伟的目标，而几乎没有考虑宏伟目标实现的可能性和过程，以及实现目标的有效手段，更是缺乏对城市土地开发过程的指导作用和调控功能。在市场经济体制下，城市的发展主要靠市场需求与资源约束的双重动力，城市职能也由原来的单一取向趋向多元化，多极参与的开放系统取代了传统以政府控制为中心的封闭体系，城市发展的机会更具偶然性和不定性。城市活动本身是一个庞大的市场载体，经济活动的主体是企业，国家在分配资源中的作用大为减少。

（3）忽视价值规律的土地利用规划有悖市场原则

传统的城市规划对城市土地和空间的资产价值认识不足，城市规划和管理中的经济意识和时效意识缺乏。市场经济是用市场进行资源配置的一种经济体制，城市一切经济活动都直接或间接处于市场关系之中。市场运行的目标是投资利润的最大化，价值是市场的杠杆，公平竞争是市场健康运行的前提和基本保证。具有中国特色的社会主义市场经济，同样具有市场经济的基本特征：

①一切经济活动必须遵循价值规律和供求关系的变化，通过经济杠杆和竞争机制，促进资源的合理配置。

②所有参与市场经济的单位和个人，都必须按照公平，规范的市场竞争规则，平等地参与竞争。

③商品生产者和经营者都能够自主经营，自负盈亏，自我发展，政府部门主要通过各种经济政策加以引导和调控。

④一切经济活动都必须遵循科学的、完整的市场法规来进行。

2. 土地市场的主要经营方式

（1）土地使用权出让

土地使用权出让，也称土地批租，即国家以土地所有者的身份将土地使用权在一定年限内让渡给土地使用者，并由土地使用者向国家支付土地出让金的行为。它集中反映了土地所有者与土地使用者之间的经济关系。

（2）土地使用权转让

土地使用权转让，是指土地使用权原受让人将土地使用权再转移的行为。土地使用权转让后，土地使用的权利和义务也随之转移到新的土地使用者身上，而且土地使用权转让的同时，其地上建筑物、其他附着物所有权随之转让。土地所有权转让的形式主要有出售、交换、赠予、继承、破产拍卖等形式。

（3）土地使用权出租

土地使用权出租，是指土地使用者作为出租人将土地使用权随同地上建筑物、其他附着物租赁给承租人使用，由承租人向出租人支付租金的行为。土地使用权出租的特点是：土地使用权出租的标底具有复合性，不仅包括土地使用权，而且包括地上建筑物及其他附着物，出租人在出租土地使用权的同时，也意味着将该土地上的建筑物和其他附着物出租给了承租人；承租人取得的仅仅是使用土地的权利，其内容只是对土地的占有、使用，而不包括对土地的一定成分的处分权力，即不能将土地再交于别人使用，不能再将承租权转让或转租；出租人仍保持出让合同受让人的权利和义务，土地使用权出租届满后可以收回该使用权。

（4）土地使用权抵押

土地使用权抵押，是指土地使用者将其依法取得的土地使用权作为清偿债务的担保的法律行为。土地使用权抵押的特征是：附属性，抵押权的设立，原则上以债权的成立为前提，与债权是共存亡的，不可分性。

3. 市场经济下实施城市规划途径

（1）法律的强制作用：由规划部门提出，国务院批准，规划管理部门执行，如区划法、细分法和建筑法规和别的法令一样，政府通过行政命令和行使管理权来实施城建法规。同时，城市居民对违反建筑法令事件的举报，也形成一种威慑力量，防止了违章行为的发生。

（2）经济手段：采用分税制，中央政府取得大部分的所得税，再经过不同的补助基金分回到地方，由地方落实到建设项目。因此，各级政府在分配基金时的附加条件就成为保证规划实施的有力手段。如社区发展基金、住宅基金和交通基金均是中央政府的经济杠杆。

（3）公开决策过程：在协调各方利益时，公开的决策过程是保证各方利益都得以尊重的办法之一。公众参与，让各方都有机会发表意见和听取他方的意见，可以事前减少实施的阻力，也增加了公众的主人翁心理，协助并监督规划实施。规划师应帮助涉及的各方有充分的时间、丰富的信息，并提供足够的技术支持图纸文件的准备，有关法规的解释等来参与决策。

（4）教育手段：这里的教育主要指对公众的规划知识教育。规划师通过办讲座，放录像，参加社区会议，参与中小学活动，办报纸杂志等种种方式向公众介绍规划的基本知识和消息动态，并在此过程中听取公众的意见，以提高公众对规划的认识和理解，减少落实规划的阻力。

（5）奖励手段

在城建投资中，政府投资仅用于公用设施的一部分（不包括电话、煤气等），以及教育设施上，其他各种建筑活动主要由私人进行。如何引导大量私人资金投向符合规划意图的发展方向是规划师日常工作的中心。常用的奖励方法有"关联项目"（即投资在发展滞后区的项目，可以获得批准投资在控制发展区内的项目作奖励）、提高容积率（以鼓励投资在公共绿地或大型公共艺术品上），以及各种税收和政府贷款的优惠等。奖励手段一般多与其他手段结合使用，盲目用提高容积率或税收优惠来取悦于投资者的做法无法持久，也影响长期的公共利益。

第四节　城市规划的住房经济

一、城市住房市场与住房政策

1. 住房的价格差异

对于同一类的商品来说，价格的差异往往是由于其质量和功能属性的不同造成的，如各种各样的汽车，由于发动机功率不同、车内空间大小不同、能耗不同、造型不同等等属性的不同，使其具有了不同的价格。而对于住房来说，除了其本身性质和功能（如面积大小、楼层高低、设备配备等）会影响其价格外，还有很多外在的条件也会影响其价格。最主要的外在条件有三种：一是区位，即住房与其他一些设施的空间关系，如距就业地点、公交车站、学校、医院、购物中心的距离等；二是环境质量，即住房周围的大气质量、水体质量、噪声状况、公共卫生及自然景观等；三是社区特性，即邻里中其他住户的一些特征，如种族、收入、职业、家庭结构等。区位条件会造成房价围绕着某些地点向外递减，就像单中心的理论模型中证明的围绕着就业中心房价向外递减一样，围绕着轨道交通车站、重点学校、大型购物中心等也会出现房价的空间递减，这是交通成本的不同使然。而环境质量对房价的影响主要是外部性问题，围绕着具有正的外部效应的地点，如公园绿地，房价会向外递减；而在一些具有负的外部性的地点周围，如垃圾处理厂、高速公路沿线等，会出现房价的向外递增。所以，城市规划对各种经济活动和各种公共设施的空间安排会对城市房价的空间差异造成很大的影响，如何使各项设施的通达性和正的外部性达到最大而负的外部性小，是规划中应注意的问题。

2. 买房与租房

住房是一件生活必需品，每一个人都需要有一个地方住。但在所有的生活必需品中，住房是最昂贵的一件必需品。住房的生产需要投入大量的资本、劳动和土地，成本很高，所以其价格也很高。住房又是一件具有耐久性的商品，生产出来之后，只要加以适当的维护，就可以使用很多年。这两个性质结合起来使得住房市场分解为两个交易产品不同的市场，即存量市场和流量市场。住房的建筑成本和其脚下的土地构成了住房的存量，进行存量交易的市场就称为存量市场，即一般意义上的房地产市场。而住房流量是指房屋为我们提供的服务，如为我们遮风挡雨和提供各种生活设施。如果我们买不起存量，我们可以按时段来购买住房流量，这就形成了房屋的租赁市场，所以租房市场中交易的是住房流量。一个城市中住房市场以哪一个市场为主，既与其人口结构有关，也与政府的住房政策有关。人口处于高速增长时期、外来人口和流动人口多的城市，租房市场就比较兴旺；政府若对居民购房给予税收减免或财政支持，就会使自有住房成为居住的主体，从而买房市场成为主导的市场。但任何一个城市都应有两个市场同时存在，以使不同阶层、不同经济状况的居民都能找到适当的住所。对于城市规划来说，应当关注的是租房住户和自有房住户对公共服务和设施不同的需求。一般来说，租房者比较年轻，单身或双人家庭占多数，经济实力还不强，所以需要方便的公共交通和生活设施，靠近年轻人的娱乐场所和体育设施等。而自有住房户一般年龄较大，家庭中会有孩子，所以对教育、文化、医疗设施需要较多。城市规划中若能根据城市住房的特点以及不同住户在城市中区位来配备相应的公共设施，而不是按照统一的标准进行安排，就会提高公共资源的利用效率。

3. 新房与旧房

如果单看存量市场的话，还可以进一步分为新房市场（二级市场）和旧房市场（三级市场）。在新房市场中，开发商是卖方而使用者是买方；旧房市场是使用者之间的市场。这两个市场的存在也是由住房的耐久性和昂贵性决定的。在生命的不同阶段，人们对住房的需求是不同的。年轻刚成家时收入低，家庭人口也少，不需要很大的房子，且对社会活动的参与度高，需要靠近文化娱乐设施；人到中年，孩子多了，收入也高了，则需要大房子，周围还要有孩子的户外活动空间；到了退休之后，孩子也都自立了，家庭人口减少，不需要很大的住房了，但需要靠近老年人的服务设施如医院等。由于住房具有耐久性，可以使用很多年，当现有住房不能满足新的需求时，就需要有一个市场将其转让出去，以便其他人可以继续使用。三级市场也是中、低收入家庭获得住房的重要渠道。住房作为一件商品也与其他商品一样，使用的时间越长价值就越低，因为随着建筑本身和其中设备的老化，能为住户提供的服务流量是逐渐减少的。所以，在同等的其他条件下，老房子总是比新房子要便宜，从而给收入较低的居民提供了一个购房的机会。这样在住房市场中就会出现一个"滤下"的过程，即高收入的人购买新房，腾出来的旧房卖给中等收入的人，而中等收入的人腾出的旧房又卖给低收入的人，这样各个阶层人们的住房就都得到了改善。可见两级市场是相互联系、相互影响的。我国在住房改革的过程中，二级市场得到了很大的发展，但三级市场由于制度建设的滞后没有得到良好的发展，难以形成一个有效的"滤下"过程，造成了二级市场过度拥挤，房价过高，中低收入家庭难以承受，成为一个社会问题。所以，三级市场的建设是一个迫切需要解决的问题。

4. 私房与公房

由于住房价格的昂贵性，社会中总会有一些家庭靠自己的收入无力购买，不管是买房还是租房，他们都支付不起。但作为一件生活必需品，人人都需要有个地方住，社会不能看着一部分成员流落街头。这就需要政府来帮助他们。所以，为低收入的居民提供住房帮助是政府社会福利政策中一项重要的内容。这方面的政策主要有两类，一是基于市场的解决方案，一是完全依靠政府的解决方案。基于市场的政策方案包括政府为开发商建造低成本住房提供低息贷款，为中、低收入家庭购房提供无息贷款，或直接给低收入家庭发放住房补贴。这些政策都是要使居民在政府的帮助下，能够在市场中解决住房问题。完全依靠政府的解决方案就是由政府出资来建造房屋，然后以成本价或低于成本的价格出售给需要帮助的家庭，这就是公屋政策。国情的不同使得政府侧重于不同的政策方案。美国比较相信市场的功能，所以政府愿意采用基于市场的解决方案。新加坡则靠公屋政策解决了全国86% 人口的住房问题，香港也有 50% 的人口居住在政府提供的公屋中。公屋因为是政府来建设，所以需要在城市规划中做出安排，不仅仅是用地的空间安排，还包括公共服务设施的安排。因为是为中、低收入的家庭提供的住房，所以要考虑这些家庭的消费特点。比如能够承受的房价较低，建筑密度就应高一些；没有私家车，就需要方便公共交通；教育和医疗都依赖于公共部门，所以要配备公立学校和公立医院等等。

5. 消费与投资

住房的一个重要特性是其生产过程中要有大量的土地投入，而且投入的土地最后成为住房的一个组成部分，一起进入市场卖给消费者。这样购房者购买的不仅是建筑本身，也同时购买了其下的土地，所以住房一般称为房地产。如果把时间因素考虑进来，建筑与土地的价值变化方向恰恰是相反的。建筑越用越旧，也就越来越贬值；而土地由于其在城市中的总量是不变的，而当城市的人口增长、经济活动规模在扩大时，根据前边给出的原理，城市的地价会上升，这意味着房地产可以作为一项投资品，现在购买以便将来获得较高的投资回报。尤其是在通货膨胀时期，购买房地产成为一个货币保值增值的有效手段，从而带来市场中对住房需求的上升。当住房作为投资品时，有两种情况：一是长期投资，作为养老保险的一部分，年轻时多买一套房，退休后再把房子卖出去，以获得短期的投资收益。这后一种投资行为就是常说的投机行为，如果市场中的投机者多了，市场中就会出现泡沫，造成市场的动荡。前边曾给出过一个房租和房价的关系式，房价是住房在其寿命年限中各年房租贴现之和。这是一个理论上的房价。房租代表了住房能够提供给我们的服务的价格，住房在其寿命年限中能提供的服务总量的价格就是住房存量的总价值。市场中的房价如果高于这一价格，就有泡沫的存在，因为你多支付的那一部分价格得不到任何实在的住房服务。实际房价与理论值的差异越大，泡沫就越大。而泡沫是靠人们对房价上涨的预期来支撑的，一旦预期发生转变，投机者开始大量出售手中的住房，泡沫就破了，其结果会造成大量的资源浪费。20 世纪末沿海地区房地产泡沫破裂后留下的大量烂尾楼就是一个沉痛的教训。所以政府必须要有政策对房地产市场进行调控。

二、住房建设规划与城市规划的衔接机制

1. 概述

从理论上说，住房建设规划就是制订出若干年内分年度建造住房的规划，整体上包括居住区和住房建造的数量及居住水平等众多指标。也就是国家站在经济发展的角度，在保证各地房地产市场稳定的前提下，为满足各阶层的住房需求而进行的综合性的规划和安排。

总的来说，住房建设规划包括对城市住房建设发展现状及总体设想、住房建设的基础设施、住房建设占用面积以及住房建设的编制方法等各方面的内容。

目前，我国各大各城市均在陆续编制住房建设规划，但国家政府部门尚未制定出统一的住房建设规划编制技术路线。纵观我国住房制度改革的政策演变历程，可以发现住房建设规划是我国住房政策日益走向市场经济体制的配套政策，可以说它的推出标志着我国住房供应体系逐步系统、逐步完善。与城市规划相协调的城市住房建设规划具有重要意义：

首先，对城市住房建设的发展具有重要的协调意义。住房建设规划与城市建设规划二者之间的相互协调，能够促进城市建设的整体进程，加快城市化建设步伐，更为城市住房建设健康、有序的发展提供了保证。

其次，政府部门制定住房建设规划能够让广大民众切实认识到住房需求计划的重要性，并在此基础上充分了解现阶段城市住房的整体需求，进而在综合考虑自身实际情况的前提下理性购房。另外，住房建设规划能够有效预测市场的短期需求，并且通过合理的预期数据对市民的消费观念予以正确引导，进而切实保证房地产市场的良性发展。

总而言之，住房问题是关乎国计民生的大问题，住房政策是宏观调控的重要手段，而住房建设规划是体现住房政策的重要手段，合理的与城市规划相协调的城市住房建设规划有利于从宏观上调控市场，优化资源配置，进而推动城市经济的发展。

2. 住房建设规划与城市规划的关系

城市规划的内容是城市建设，住房建设规划则专注于住房建设，二者之间存在紧密联系。总的来说，住房建设规划要在城市规划的基础上进行编制，必须符合城市总体规划。下面主要从三个方面对住房建设规划与城市规划二者之间的关系进行了分析：

（1）住房建设规划必须建立在城市规划的基础之上

总的来说，城市住房建设规划所包括的住房建设总量及比例、空间布局与时间安排等内容，与城市建设用地计划存在着密切联系，政府进行城市建设和规划过程中往往要考虑具体的经济环境以及社会发展的趋势，合理地进行对城市土地的开发与利用、空间布局等各个方面进行合理的综合部署，因而也就决定了住房建设的目标政策必须与城市建设整体规划的目标政策相协调，在此基础上逐步推进住房建设规划。除此之外，住房建设规划的方式以及实施技术等也都应与城市建设相一致。

（2）专项与综合的关系

城市建设规划范围广，涉及居住、教育、商业、交通、医疗等各个方面，进行城市规划就是为了将这些方面的内容融合并促使各方面之间相互协调，进而达到综合规划的目标，全方位统筹城市发展过程中所涉及的诸多因素。

住房建设规划是城市建设规划的一部分，目前已经成为一个拥有具有自身发展目标的独有的专项规划体系，也就是说，住房建设规划与城市建设规划之间是专项与综合的关系。全面做好城市建设规划，能够切实推动住房建设规划的实施；住房建设规划的合理实施能够促进城市规划的全面落实。

（3）住房建设规划推动城市规划的速度

城市规划包括长远规划以及近期规划两方面的内容，这两个方面在规划时间和空间上存在差别。长远规划即总体规划从长远角度出发进行规划的，主要包括规划的实施方法及城市用地的计划。而近期规划也就是详细规划，则对时间、空间以及人员安排等都做出了详细的分析和计划，让人能切实地提出具体的实施措施。

总的来说，城市规划需要借助于其他项目规划的推动力，当然也包括城市住房建设规划，他们二者之间的协调与衔接对城市的发展具有重要意义，通过对住房建设实施的落实和规划，能够极大地推动城市规划的速度。

3. 二者的衔接机制

总的来说，城市住房建设规划的编制内容必须要通过城市规划的技术手段来得以实现。然而，不同的城市规划阶段和类型，工作重点也不一样，因此，城市住房建设规划必须要与城市规划的各阶段、各类型进行多角度的衔接。总的来说，住房建设规划与城市规划的衔接重点在目标、指标、时序这三个方面，具体方法分析如下：

（1）目标上的衔接

我国2006年颁布的《城市规划编制办法》规定："研究住房需求，确定住房政策、建设标准和居住用地布局；重点确定经济适用房、普通商品住房等满足中低收入人群住房需求的居住用地布局及标准"。住房建设规划的目标在于对住房的总量、空间、时间以及地区上进行合理规划，从这一点可以看出二者的目标存在着密切关系，尤其是城市总体规划编制内容中"研究住房需求，确定住房政策"，是二者衔接的重点和关键。

城市总体规划是对城市发展的短期和长期建设目标的提前规划，进而促进城市的健康、长远、稳定发展。因此，要求住房建设规划必须要与城市规划的总体目标相一致、相协调。城市总体规划要充分预见未来城市发展中的对住房的需求，科学合理地确定各类居住用地的建设标准以及空间布局，进而为住房建设规划的编制与修正提供明确的目标、科学合理的建设标准以及居住用地的空间布局。

由此看来，城市总体规划与住房建设规划要在建设目标上做到充分衔接，只有这样才能切实保证住房市场的建设与良性发展。

（2）指标的衔接

控制性详细规划是依据城市总体规划对城市具体地块的利用和建设提出的控制要求。相关文件要求住房建设规划要重点发展普通商品房，对侧重于指标的控制性详细规划提出了要求。

控制性详细规划应通过规定居住用地的住宅建筑套密度、住宅面积净密度等强制性指标，保证居住区详细规划中各种套型住房的数量以及具体的建设标准，从而促进住房建设规划的有效实施。

控制性详细规划在总体规划确定了各类住房的建设标准以及空间分布，对于城市规划以及住房建设规划的衔接起到了推动作用。因此，城市规划应在具体指标上与住房建设规划进一步衔接。

（3）时序方面的衔接

我国《城市规划编制办法》的相关规定要求城市住房建设规划应与城市的近期和长远规划保持相一致、相互协调。因此，住房建设规划与近期建设规划的衔接重点应注重时序的安排，尤其是政策保障性住房在近期建设规划中的项目年度实施计划，进而保证住房建设规划的切实落实。

第五节　城市规划的交通经济

一、总论

1. 交通运输与城市经济

交通运输的一个重要特性是：它是手段而不是目的。人之所以出行，是因为移动使一些社会的、娱乐的、教育的、职业的或其他机会的益处可以实现；同样，货物运输为生产带来高效率，使社会分工不会受到地理特性印限制，即交通运输使空间分离这一不利因素得以缩减。交通运输和上地利用互相影响，既相互制约，也能相互促进。交通运输的状况直接影响了工业布局、市场服务区域、城市规模等等。所以，应当从经济的角度看待交通问题，应用经济学的方法来研究交通的成本和收益，运用经济杠杆来调节交通的需求和供给，综合考虑交通和经济，而不能只是被动地以塞不塞车作为判断交通状况好坏的标准。必须把城市交通放在国民经济的高度去衡量和认识。

2. 交通经济学的演变

在国外，对交通经济的研究已经有很长的历史了，但这一学科从 20 世纪 20 年代开始处于半休眠状态，到了 60 年代，由于销售供应业的发展、城市交通利益的扩充以及发展中国家运输领域的研究等等原因，尤其是城市交通的问题越来越多，人们越来越认识到土地利用和交通常常需要同时考虑，才能解决现存的矛盾；这样，交通经济得以重新发展，交通经济和城市规划的界限变得越来越模糊。

虽然交通经济有很长的历史，但只是在 70 年代才开始成为学术研究的专科。交通经济作为微观经济学的一个重要分支，与其他经济领域的发展密切相关。到了 80 年代，交通经济的研究获得了更大的进展。

交通经济学研究的是运送人和物资的经济问题，它并不那么关心车辆和交通设施的生产量及广义的交通政策，这意味着主要的重点和分析直接指向交通运输所包含的问题的实质。

交通经济学家的主要工具就是现代微观经济学的理论与方法。随着时间的推移，交通经济学也有了显著变化。二次世界大战前后主要重心放在交通工业上，特别是，放在可以改善交通市场，使公共的和私人的交通操作者可以在自由竞争的条件下获得最大利润，包括组织、竞争和收费等事项上。而近来，在此基础上，更多的是关心交通系统的环境和分布效果，在制定重大决策时，市场效率被作为一条不受欢迎的狭隘准则。最重要的是要弄清楚交通运输所花费的各种源费用，而不是只简单地计算账画上的成本。交通经济，与经济学的其他分支一样，已经非常定量化。随着计量经济学的发展和计算机时代的到来，更丰富的数据和更精确的测度得以实现。交通经济学家正努力试图确定不同政策方案的精确影响及诸如交通需求等的准确预测。我国对交通经济的研究一直未有足够的重视，尤其是对城市交通的经济分析尚停留在定性的阶段，还未有人对城市交通的经济利益和社会代价等进行全面、系统的理论研究。而现今小国交通需求和供给的矛盾越来越突出，尤其是人城市交通全面紧张，而城市化进程又不断带来新的问题。近十年来虽投入大量的人力、物力、财力仍未获得理想解决，交通规划可操作性差，城市交通建设缺乏指导，盲目性增大，投资效益降低，这些与我们交通经济理论的落后密切相关。理论上，长期没能透彻阐明交通发展与经济发展之间的内在联系，没能从交通业本身的规律性以及交通运输建设和经营活动中的供求、布局、竞争等方面去阐明相互关系和作用机制，很多交通经济的理论和实践问题，在经济学的研究和实际工作中没有得到应有的重视。

3. 研究的方向与重点

西方对交通经济的研究，在理论和实践上已取得了显著成果。他们采用微观经济学的方法，对有关需求和供给等进行边际分析。作为经济增量分析方法，对社会主义经济学的研究有很大的借鉴作用，但他们所得出的结论，尤其是一些参数，并不能照搬到中国来。只有在结合我国的实际情况，综合社会的和经济的因素，进行充分的研究和大量的实践后，才能得出适合我国国情的交通经济理论体系。

依据我国城市交通存在的问题和发展趋势，借鉴国外的相关经验，我们认为近期我国对交通经济的研究应选择下列几个问题为突破口，以带动整个学科的发展：交通项目经济评价的指标体系、筹集交通项目资金的方法与途径交、通发展与土地利用合作开发的问题。

二、交通项目经济评价的指标体系

1. 研究目的与意义

城市交通建设决策的核心问题是对规划项目进行综合评价，也就是要对项目的费用和效益进行比较，以便做出正确的判断。这就需要对与交通项目有关的各类经济因素有明确的认识。目前我国城市交通界对一些建设费用如基建投资、搬迁费等是比较明确的，而对于另外一些费用，如时间费用、事故费用、环境费用等，尤其对交通项目产生的效益不够明确，一些计费方法不尽合理。城市交通项目的综合效益的来源与构成、表现形式和计算方法都是长期困扰我们的问题。由于城市交通项目建设投资巨大，而其效益又不像工业建设项目那么明显，致使我国近年在城市交通发展中经常遇到难以决策的情况，出现"公说公有理，婆说婆有理的局面"。在实际中，许多城市交通建设项目的决策还是停留在主要依靠某种经验性的分析：当城市道路交通出现了较大程度的拥挤时，就需要增加交通设施。由于分析不够准确，易于贻误时机，也往往不能够获得最大的收益。

近年来，我国已经进行或正在进行着许多重大的城市交通建设项目，而且正在迎来城市交通大发展时期，能否使我国的城市交通拥有科学的政策、系统的道路设施、完善的管理体制、稳定的投资渠道，很大程度上取决于城市交通项目的费用—效益分析，迫切需要在定性分析的基础上，运用定量分析的手段，如调查统计、建立模型等，得出适合我国国情的交通建设项目评价方法体系。

在"七五"期间，中国城市规划设计研究院城市交通研究所进行了城市交通综合效益的研究，得出许多有价值的结论，结合国外的经验给出各类费用评价的关系模型。但是由于种种原因，其结论只具有理论参考的价值，尤其是未能确定有实际指导意义的评价参数，所以还需要更加广泛深入的调查研究，得出具有权威意义的计算方法，建立切实可行的定量评价模型。

2. 费用—效益分析

在经济分析中，费用—效益分析（或成本—效益分析）可以简单定义为一特定行为的正的或负的结果。通常正的结果被作为效益，负的结果被作为费用。也有时候是相反。无论被称作"费用"还是"效益"，关键是要给出正确的符号（正或负号），然后把所有的影响叠加起来，就可以评价一个行动的优劣了。

可以按以下几种方式对费用效益进行分类：

（1）按费用、效益的来源或接受者划分。

（2）按量化的能力大小划分。

（3）按项目影响的性质划分。

道路交通建设会对三部分人立即产生影响道路提供者（如道路建设部门府等投资者）、道路使用者、其他人（也称为第部分人）。这是第一种分类方法—分类方法比较明确，也最容易被采用。第二种划分方法是根据货币化可能性大小把结果分为：可量化的金钱表示的结果（市场结果），如投资、购买材料费用等。可量化的非金钱表示的结果（非市场结果），如非工作性的旅行时间等不可量化的结果（非市场结果），如政治方面的影响等。

这一划分是相对的。现代交通经济学家的一个重要目标就是要研究量化的方法，并尽可能用货币表示。例如对空气污染的影响已有了一些量化结果，从技术上已可量测空气污染的影响，并把量化的结果包含在经济评价中，因而这一影响已从第三部分转变为第二部分的一项。

第三种划分方法是按照项目影响的性质划分，道路改善与扩建项目主要是减少运输费用；而新建道路项目则是新产生的经济成果。当然，许多项目是二者兼有之。两者的区别在于：运输费用减少是由道路使用者节省下来的，而所有新产生的经济成果，是属于开发效益，是由第三部分人产生的。

从研究的角度出发主要是采用第一种划分方法，并吸收了第二、三种方法的内容。

3. 费用分类

道路提供者（建设者）主要提供了道路建设和道路系统运营的费用，主要有道路建设费、道路养护和更换路面费、道路的改善工程费以及土地征用、安置搬迁费等。关于项目实施的费用还要包括项目监督费、职工工资、现场办公费、施工住宿费以及前期工作费（调查、设计费）等。

在分析中首先要弄清楚哪些部分通常是不受道路设施自身性质的影响的，不需在项目评价中考虑（如执照费），而哪些项目是会受到道路投资的影响，应在项目评价中全盘考虑的。其次，"转移费用"应当从计算中扣除，包括税收和各种建设材料、设备的进口关税。另外，在价格改革阶段，具体每种物资的"影子价格"如何确定，也需要进一步的研究。在项目评价中主要的道路使用者费用是车辆运营费用、旅行时间费用、事故费用以及旅客出行疲劳费用。

道路使用者的效益就是上述各方面费用的减少。通过做"有无"检验，比较有这个项目时道路使用者的费用是多少，若没有这个项目时道路使用者的费用又是多少，两者之差就是道路使用者从道路交通设施改善中得到的效益。

道路使用者费用中比较难评价的是旅行时间价值。出行者的旅行时间可分为工作时间出行和非工作时间出行，工作出行时间的价值可依据机会费用来反映，工作时间的节省允许工作人员在给定的时间里生产更多的产品，其时间价值可用工资率来表示。但是非工作时间是不能直接用货币来衡量它的时间价值的，非工作时间的节省并不能直接转化成产品或社会财富。通过对旅行者行为的研究发现：旅行者手中将有两种商品，一个是时间，一个是货币。他可以用时间去换取货币也可以用货币去换取时间，在一定条件下两者存在着相互替代的关系，这——关系可用"效用理论"中的无差异曲线来表示。国外的研究表明：非工作时间的价值是低于同等时间的工资率的，其值在平均小时工资率的 25%～75% 之间。在我国的旅行时间价值研究中应取值多少，正是需要深入研究的问题。

第三部分人对交通建设项目承担的费用主要是环境污染的影响，包括噪声、空气污染、不安全感、视线阻挡、震动和社区切断等环境污染的影响是由运输的使用者产生的，而使非使用者承受。运输使用者团体影响到了非使用者团体又没有付出赔偿时，就产生了外部费用，这一费用是由第三部分人承担的。

第三部分人又是交通建设的外部受益人，由于道路交通建设能够促进生产，使产品增加；为产品扩大了市场；并提高劳动生产的效率，从而使第三部分人享受到开发效益。同时，第三部分人还可获得多种不易量化的效益，如改善了公共设施的可达性、改进行政的接触等。

全面考虑三部分人的费用效益影响，不仅可以从国家福利的角度出发评价一个项目的所有影响，更可以通过"效益分享"的方法，帮助解决公共设施和服务的投资问题。

同样地，如何量测各种影响是研究的难点和重，建议如何定量地分析交通建设项目中各类费用和效益，建立符合中国实际情况的评价指标体系和参数，以便对其进行综合评价，是提高城市交通规划的科学性、更有效地利用有限的建设资金的关键一环；尤其在我国的交通经济研究薄弱，理论方法不能满足迅速发展的交通建设需要的现状下，开展这项研究更是当务之急。

我们认为，研究的重点应该放在如何结合我国的具体国情量化各类费用和效益，建立具有科学性和实用性的相关模型及参数上。这就需要进行广泛深入的样本调查，对研究的高度、深度和广度提出了较高的要求。

三、筹集交通项目资金的方法与途径

1 国外的经验从美国的经验和做法来看，筹集交通建设项目的资金主要有以下几种途径：

（1）对交通设施使用者收费

主要是指燃油税，美国是从大规模建设公路时开始征收的，由联邦和州政府使用。另外，公共交通的票款收入、车辆登记费、停车费、附加到上下水管道的交通费等，亦属此类。

（2）对非交通设施使用者收费

当对交通设施使用者征税不能实现时，则从房产税、收入税、买卖税、矿产税收入中抽出一部分用于交通建设，在美国这部分收入约占交通项目投资的23%。

（3）特殊受益费

从税收增额中筹措资金。

特殊评估。从交通设施改善中获得收益的房地产拥有者为交通建设付费需要有特别的立法规定。

交通影响费。是为减轻私人发展商对当地交通服务水平造成的影响而收取的费，可以按面积收费，或采取资助交通建设的形式。交通服务费。房地产商由于有了达到交通设施的直达道路受益而缴纳的费用。分一次收费和年费两种。

（4）从私人手中筹措资金

土地发展商出资。协议投资。私人拥有部分交通设施。

私人捐助，私人捐助可以从减税中获益。

（5）借款筹资债券。无息债券。借款套息。卖主出资，购买交通设备时私人租借。

（6）私人房地产利用租借、出卖产权。租借、出卖现有设施，由卖方提供借款。

（7）特别收入广告费，对在停车场/公共汽车站、车辆等处做广告收费，发行彩票。

4. 可能的方式

从美国的投资渠道看，有几种筹资方式是值得我们加以研究借鉴的。首先是机动车燃油税。从目前国家所征收的机动车燃油税的情况来看，这一税种并未专用于道路交通建设，现在所征收的 0.20 元 / 吨的燃油税成为国家财政收入的一部分，与设置这一税种的国际惯例大相径庭。

关于现行的养路费，则属于一种不公平收费，特别在分配上有严重缺陷。全国 80% 的车辆在城市内运行，但养路费和车辆购置费全部由交通部门收走，每年约 150 亿元；而城建维护费每年仅 80 亿元，开支却多达十多项，道路桥梁、城市给排水、城市防洪、煤气供热、公共交通、园林、绿化、环卫以及中小学校舍维护等都需要用这一款项，因此只能解决城市道路实际需要的 20%。

而且，把城市建设维护费用于城市交通的专项收费，它的性质属于非交通设施使用者收费范畴，这在美国却是非主要税种，它的征收带有不公平因素在里面，值得再研究。另外，BOT 方式也是解决城市交通基础设施建设资金的办法之一。BOT（Build-Operate-Transfer)方式就是建设一运营一移交方式。具体操作方式是：由企业融资，兴建与营运，政府制定优惠政策并在实施过程中予以协助，在契约期满后将营运中的设施移交给政府。目前，国内一些城市政府以此作为吸引外资投资城市轨道交通系统的一个尝试。为了使投资者能够收回投资本息，并取得一定的利润，政府提供了多方面的优惠政策，扶持其发展。优惠政策的内容有：

（1）提供补偿用地，使投资者可通过开发房地产获得利润，补贴轨道交通项目。

（2）减免项目公司的各种税项，免征轨道交通设备进口关税等。

（3）组织银团给予长期低息贷款，为企业发行股票、债券、基金等提供协助。

（4）在工商管理方面赋予公司开展多种经营的便利。BOT 方式在实际操作中有许多经济上、法律上的问题有待解决，如有的外商获得了补偿用地后，将轨道交通系统建设放置一边，而先搞土地开发，挣取高额利润。因此急需总结经验教训，使 BOT 方式走向规范化。关于从私人或团体手中筹措资金，在第四部分专门论述。对拥挤进行收费，既是缓解拥挤的办法，也是一个获得资金的渠道。

四、交通发展与土地开发

1. 交通建设对土地价格的影响

城市地价水平与诸多因素（自然因素等）相关，城市交通条件是其中不可短缺的服务水平等。详见第五部分。交通因素、经济因素和社会人文环境个，包括交通综合可达性、交通设施服工商企业的经营活动有交易性和非交易性活动之分，城市交通作为企业经营的外部条件与这些活动的各个环节相关。

工商企业的交易性活动体现在商品交换上，交通条件越方便的地方，客流量就越大，商品交易的成功率也就越大；由于对繁华地区（交通可达性好）的需求高，该地的地价也就相应上涨。

工商企业的非交易活动包括生产过程和原料、产品的运输；其中，生产环节与交通条件无关，而运输过程则受到道路质量、路网可达性等的影响。城市交通设施的改善，有助于减少企业在运输过程中的费用，从而使企业获得更大的利润，进而使该地的地价进一步提高。同时，交通条件的改善使雇主可以在更大的范围内选择雇员，提高了企业的内在竞争能力。

2. 利益分享——筹资的手段

交通服务和交通设施的改善经常给某些不是直接使用者的团体带来显著的效益。"效益分享"这一术语常用来描述这样一个量测范围，它可以通过向其他非直接消费者（外部受益人）收取补偿的方法，帮助解决公共设施和服务的投资。以筹集公共交通改善项目资金为例，这一概念具有很突出的地位。公共交通改善对三个不同团体产生了显著的效益，包括有雇主、零售商、土地拥有者和开发商。但这些费用几乎完全不能被公共交通服务的直接消费者所偿付。以"效益分享"的方式扩展潜在的财源，对公共交通运营者来说是一个特殊的收益，可以缓解对政府财政拨款的依赖，加快解决城市交通建设资金短缺的问题。

3. 合作开发的策略

在交通建设中利用合作开发方式进行集资，并与土地利用有机结合的做法，国外已有许多成功的经验，国内也进行了一些有益的尝试。合作开发的核心是集资，前两种策略带有较强的指令性，色彩空间上使交通建设同周围土地利用有机地结合起来。后两种则基本上属于指导性和自愿性的。主要有四方面的策略：发展费用策略；房地产税策略；净值投资策略；刺激开发策略。

第六节　城市规划的环境经济

一、环境污染与经济发展的关系

经过改革开放 30 多年快速发展，我国已经成为世界第二大经济体。国家统计局发布的 2013 年国民经济和社会发展统计公报显示，我国国内生产总值去年已达 56.8 万亿元。根据换算，2013 年我国人均 GDP 约为 6700 美元。经济社会发展取得的成就举世瞩目。

在自豪于我国取得巨大发展成就的同时，必须清醒认识到，我国经济社会发展也付出了巨大的资源环境代价。这种高速发展是在一定程度上以牺牲一代人、甚至几代人的健康为代价的。虽然国家和地方采取了很多预防和治理措施，但由于生产方式粗放，产业结构不合理，经济发展速度超过资源环境承载能力，环境保护与经济发展严重不平衡，环境污染影响超过环境治理效应等原因，环境污染导致的人群健康损害事件仍然频繁发生。

据统计，仅"十一五"期间发生的 232 起较大（Ⅲ级以上）环境事件中，就有 56 起为环境污染导致健康损害事件；37 起环境事件发展为群体性事件，涉及环境与健康问题的就有 19 起。陕西省凤翔县、河南省济源市和湖南省武冈市等 31 起重特大重金属污染事件，对群众健康和社会稳定都造成了不良影响。

全国肿瘤登记中心发布的《2012 中国肿瘤登记年报》披露，全国每年新发肿瘤病例约为 312 万例，平均每天确诊 8550 人，每分钟就有 6 人被诊断为癌症。其中，肺癌已代替肝癌成为我国首位恶性肿瘤死亡原因，占全部恶性肿瘤死亡 22.7%，且发病率和死亡率仍在继续上升。诱发肺癌的危险因素中，国际研究证实吸烟是首要因素，但越来越多的流行病学研究表明，大气污染与人群肺癌发病 / 死亡率的升高存在显著关系。

2012 年，北京大学公共卫生学院潘小川教授等人的研究报告《危险的呼吸——PM2.5 的健康危害和经济损失评估研究》指出，2010 年，北京、上海、广州、西安因 PM2.5 污染分别造成早死人数为 2349、2980、1715、726 人，共计 7770 人，分别占当年死亡总人数的比例为 1.9%、1.6%、2.2%、1.5%。

除了空气污染，水污染、土壤污染、食品污染等问题集中爆发，都给人群健康带来了极大的危害，甚至影响到了下一代。

2014 年 5 月 29 日，国务院新闻办举行新闻发布会介绍妇幼健康及相关改革发展情况。国家卫生计生委副主任、国家中医药管理局局长王国强介绍说，1996 ~ 2011 年，我国围产儿出生缺陷发生率持续升高，从 87.67/ 万上升至 153.23/ 万。每年新增出生缺陷数约 90 万例，其中出生时临床明显可见可视的出生缺陷约有 25 万例，还有一些缺陷随着孩子的成长方能逐步察觉。

对于中国出生缺陷率上升的主要原因，目前并无明确结论，原因在于出生缺陷病因复杂且多数病因不明。但环境污染和孕产妇年龄不断增加，普遍被认为是主要的风险因素。《中国出生缺陷防治报告》（2012）就指出，"影响出生缺陷的环境和社会因素增多，育龄妇女环境有害物质暴露增加；高龄产妇比例逐年上升"是中国出生缺陷预防面临的严峻挑战。

美国科学院院刊曾发表过北京大学研究人员关于持久性有机污染物（POPs）暴露与胎儿神经管畸形相关性的研究论文。该文首次发现胎盘中多环芳烃和部分有机氯农药水平与神经管畸形的发生风险存在相关性，呈现显著的剂量—反应关系，并证明这一相关性在无脑和脊柱裂两种主要亚型中均存在。该研究提出，胎儿母亲对这一类污染物的暴露水平差异，以及对污染物的代谢差异很可能是导致这一关联的主要原因。

毋庸置疑，作为有十几亿人口的最大发展中国家，发展经济，让人民群众过上富裕生活，是政府最重要的责任。其实，对于任何国家来说，经济发展都非常重要。不发展经济，就没有国家的繁荣强大；不发展经济，就没有人民生活水平的提高。贫穷难言幸福，幸福需要物质基础。

但是，发展经济和保护环境之间的矛盾，似乎是一个永远都无法解开的死疙瘩。无论是发达国家的昨天，还是发展中国家的今天，都在走发展经济污染环境的相似路子。

个中道理也很简单，经济发展必然消耗能源、矿产资源和水资源，因而往往会导致能源和资源的减少；经济发展不可避免地排放废弃物质，造成土地、水和空气的污染，导致环境质量的下降。

我们国家在经历了极贫济弱、物质极度匮乏之后，必然产生对经济发展的渴望和GDP增长的冲动。一些地方甚至以GDP论英雄，为追求经济发展速度，多出政绩，不计后果，不惜牺牲生态环境换取经济的一时增长；有些地方急功近利，只算经济账，不算生态账，结果欠下了一屁股的环境债、健康债，在一定程度上牺牲了一代人、甚至几代人的健康。这无异于杀鸡取卵、竭泽而渔，吃祖宗饭、断子孙路。

所以，发展不是没有代价的。只是这个代价原来没算过，现在开始算了。如果扣除健康代价、生态环境代价，有的地区GDP增长恐怕是负数。对生态的代价还可以算，对健康的影响和损害多大，没算过。发展本身只是手段，幸福才是人们生活的目的。搞建设、谋发展，最终目的不仅仅是创造多少GDP、上多少项目、盖多少高楼、造多少汽车，更重要的是让人民过上幸福美好的生活。道理很简单，说起来谁都懂，但事情往往是说起来简单做起来难。

发展是硬道理，中国今后的发展任务仍然很重，但发展绝非不计代价，更不能被曲解为一切为发展让路，甚至包括人的健康和生命。健康受损了，还有幸福吗？在发展的过程中，必须始终坚持把人的健康和生命安全放在首位，切不可片面追求发展。只有能给生活于其中的人带来幸福，提高他们生活质量与生存质量，这样的发展才具有价值和意义。当然，环境污染问题的解决不可能一蹴而就，但我们至少应该找出一条能解决问题的方法。绝不能再走发达国家走过的先污染后治理的老路。否则，最后我们只能花钱治病，拿钱买命。但健康和生命是金钱可以买来的吗?

二、城市环境保护规划

城市环境保护规划是指为保护和改善城市的环境质量，协调生态环境与城市发展的关系，根据一定的环境目标所拟定的规划，又称城市环境规划。

为保护和改善城市的环境质量，协调生态环境与城市发展的关系，根据一定的环境目标所拟定的规划，又称城市环境规划。城市环境保护规划是进行城市环境管理的重要依据。城市环境保护规划的制定必须以城市社会经济发展计划和城市总体规划为基础，但又对后者进行补充和使其完善。

城市是一个庞大而复杂的系统，城市环境保护涉及这个系统的各个方面。尽管世界各国制定了各种防止城市环境污染和城市环境治理的方案，取得了一定成效，但至今城市环境质量不良的问题还未能得到根本的解决。因为这种治理方案多半是被动的和消极的，没有与城市的发展相联系和做出全盘、长远的安排。经过实践，人们逐渐认识到作好城市环境保护，必须作好城市环境规划，从预防着眼，治理着手。

城市环境保护规划具有地区性、综合性、预测性的特点。规划应遵循以下原则:

1. 与城市的发展和建设规划相协调，既保护环境，又促进城市发展。

2. 合理利用自然资源和综合利用废水、废气和固体废物。

3. 最大限度地减少和控制污染物质排放量和排放浓度。

4. 充分利用绿化系统和水体净化环境，维护生态平衡。

城市环境保护规划的内容和方法尚处于探索之中。美国、日本和西欧国家在制定城市环境规划时，一般着眼于控制污染;通过污染物控制指标，执行环境标准，达到控制和改善环境质量的目的;方法上着重于预测分析。苏联和东欧国家在规划上着眼于自然资源的合理利用;发展无污染工艺;最大限度地减少污染物质的排放;保持环境与城市发展相协调;方法上着重对规划地区的环境做出研究分析，编制综合环境规划或城市生态规划图。中国的城市环境保护规划采用城市环境质量评价和环境预测相结合的方法:分析城市环境存在的主要问题及其产生的原因，预测未来主要污染物排放和环境质量变化的趋势，估计城市发展对环境的影响和范围;从而明确城市环境保护的方向，制定改善城市环境质量的纲要和控制城市污染源的主要措施，从环境保护角度提出合理的土地利用和工业布局的意见。

三、城市规划建设中的环境保护

近年来，随着我国城市建设的不断增加，现代化的城市越来越多，城市的不断升级和更新，这也导致了城市的污染以与其相同的或者比它更快的速度蔓延。这严重威胁了城市的发展以及以后的发展规划，更对居民的居住环境带来了严重的不良反应，因此为了保证城市的正常发展，解决环境问题成了城市规划中不可或缺的问题之一。在我国，规划局是主要负责城乡规划的机构，其对环境的管理经验比较缺乏，它很大程度上只考虑城市规模的扩大，而对城市大规模的建设造成的垃圾污染、大气污染、水污染、噪声污染等的蔓延却很少考虑，不是带着未雨绸缪的态度来处理城市规划问题，而是带着当环境问题发生了恶化再去解决的态度进行规划城市的发展，环境一旦恶化了，付出再高的代价也难以恢复。因此，在城市规划初期就解决城市中的环境问题，成了城市环境保护的重点。

1. 城市规划中的环境问题

城市是人类社会政治、经济、文化科技教育的中心，随着经济活动和人口的高度密集，它面临着巨大的资源与环境压力。改革开放以来，我国的城市建设突飞猛进，特别是县市城市、乡镇城市的发展在转移农村劳动力、支撑城镇经济方面发挥了重要作用，成为加快城镇化进程的主要力量，但同时，我国的城市快速发展过程中也暴露出一系列的生态环境问题。

（1）城市规划中环保意识不强。部分城市、城镇领导环保意识比较淡薄，重视经济发展，忽视环境保护和生态建设，片面强调经济增长，对环境保护认识不够，忽略了经济发展的环境成本，使城市、城镇的持续发展面临较大的隐患。

（2）城市中的大气质量日益恶化。工业和交通运输业的快速发展导致使用大量的化石燃料，从而将粉尘、臭氧、硫氧化物、碳氧化物、氮氧化物等排入到大气层中，严重恶化大气质量。我国的大气污染属"煤烟型"污染，即城市空气中总悬浮微粒浓度水平较高，达到了 309 微克/立方米的平均浓度；二氧化硫浓度也严重超标，有些城市到了相当严重的地步，相对而言，北方城市比较严重，达到了 83 微克/立方米的平均值。大气污染所导致的臭氧层破坏和温室效应更是严重直接地威胁到人类的生存。城市道路下面所布置的管线交叉纵横，存在多头管理，各部门报规划不能协调一致，建设资金独立。常常出现修路在前，水、电、热、排污、通讯紧跟其后，分别开挖路面，造成城市天天破路挖沟的尴尬局面，施工造成扬尘污染。

（3）水体污染相当严重。城市人口数量的突飞猛进和工业的迅猛发展，带来了大量的污水在没有处理好的情况下直接排入水体中，严重破坏了水环境。我国城镇平均每天至少要将一亿吨的污水不通过处理直接排入河流中。目前我国七大水系中有一半以上河段水质受到了污染，40% 的水源已不能饮用，50% 的城镇水源不符合饮用水标准，90% 的城市水域污染严重。

（4）垃圾包围城市。我国城市生活垃圾产生量急剧增加，且增长势头不减。目前，我国城市垃圾人均年产量达到 440 公斤，2010 年估计我国城市生活垃圾量达到了 3.52 亿吨，居世界第一，而且每年以 8%10% 的速度增长。垃圾的历年堆存量达到 60 多亿吨，全国有 200 多座城市陷入垃圾的包围之中。另外生活垃圾无害化处理率平均为 59.71%（真正符合无害化处理要求的不足 20%），有 130 个城市的生活垃圾无害化处理率为 0。

2. 我国城市规划中环境保护规划措施

目前，人们慢慢地明晰了城市规划与城市发展之间的关系，并致力于探寻科学的规划指导城市建设。城市环境保护规划是城市规划的重头戏，它是在总体规划城市的性质、规模、发展方向的前提下，通过调查分析城市环境质量现状，进而制定规划体系，借此来达到保护人类的生存环境、减少污染、节约能源的目标。根据我国环境保护的总方针和总战略，即"坚持经济建设、城乡建设与环境建设同步规划、同步实施、同步发展，实现经济效益、社会效益和环境效益协调统一"，为了提升人类的生活环境，营造良好的生活氛围，针对城市规划中受到的污染问题，建议采取以下工作：

（1）做好城市环境保护规划的准备工作，这些前期准备包括：

①用好相关的城市自然环境资料，包括城市具体的地理位置、气象、水文以及生态环境等。

②调查好城市的社会与经济现状，如人口、GNP 等。

③做好环境状况的调查分析，如监测大气、水体、噪声的实时情况，并做好记录等。

④城市生态环境现状分析与功能区划等。

环境规划应该是基于城市总体规划中城市的性质、规模、发展方向的基础上，通过调查分析城市环境质量现状，进而编制科学的规划体系，用以保护人类的生存环境、减少污染、节约资源；

（2）大气排放规划，就是在城市大气质量现状的基础上，并分析发展趋势，划分功能区，根据既定的环境规划目标计算各功能区最大排放限度，制定科学的排放规划。

目前情况下，在国内很多城市的大气污染中，落后的燃烧方式燃煤和汽车尾气是主要的罪魁祸首，这带来的主要污染物是二氧化硫和总悬浮颗粒，由此可见，规划的长远有效方式应该是改进落后的燃煤方式，使燃烧效率提高，尽量使用无污染或少污染的能源，例如：气体燃料、型煤、太阳能、地热等，采取区域集中供热、改变千家万户的小烟囱的状况，通过遏制污染源和进行创新污染控制技术等手段创建无烟控制区。调整工业布局，根据大气自净规律，科学有效的利用大气环境容量：加强遏制污染源，限制污染物的排放量；提倡公共交通，推广新型能源汽车以减少汽车尾气的排放量；城市规划过程中要严格执行规划一支笔，建设一张图的原则，各部门在敷设管线时要一次到位，否则不允许破路施工，以避免"天天挖沟"现象发生。增加城市绿化面积、选择耐污性好的树木品种，有效达到植物净化。

（3）水污染控制规划是在调查分析水污染现状的前提下，根据受污水体的环境容量计算限制排放量并计算出排放标准。从国内水污染的情况来看，限制排污量应该从改进落后的生产方式上着手，实现少废、无废工艺的清洁生产，提高污水处理效果和资源利用率，控制污水排放量，完善污水处理设施，加强治理工业废水和生活污水，最终做到有效保护水资源。

（4）垃圾本身是放错位置的资源。垃圾处理可分为四个层次，首先是尽可能进行分类回收利用；其次是尽可能对可生物降解的有机物进行堆肥处理；再次是尽可能对可燃物进行焚烧处理；最后是对不能进行其他处理的垃圾进行填埋处理。城市垃圾处理设施属厌恶性项目，选址在建成区经常遭到居民强烈反对甚至上访，且与其他市政设施相比，城市垃圾处理设施具有占地面积大、防护距离要求远的特点，城市规划必须与环境卫生规划同步进行，环卫设施规划中对垃圾产生后的收集、运输和处理用地布置必须结合实际，纵观全局，统筹安排，立足长远，远近结合，正确处理需要与可能、改造与新建的关系。

（5）提高居民自身素质修养，培养人人保护生态环境意识。加强普及、宣传生态意识，树立人与人、人与自然和谐的生态价值观。

第七节　城市规划的公共经济

研究公共经济的核心在于公共服务以及主体是公众利益的公共产品的产出。城市规划是政府行为的一种，所以其职责包括编制一定时期内的城市发展规划，以及综合性地部署各项建设。其核心任务是对国家和公众的利益进行有效的维护，对空间资源的开发和利用进行调控，最终让社会和城市经济都实现可持续发展，并且二者之间协调统一，这两者具有高度一致的研究取向和责任目标。

所以研究城市公共经济，是对一段时间内公共产品的产出以及公共服务的质量进行分析，找出其中存在的问题。这是公共经济学所提出的要求，可以将城市规划的作用充分发挥出来，调控公共产品的产出和服务之间的关系，将二者中存在的各个问题加以纠正或者解决，保证城市规划编制的科学性和实用性，完成其基本责任。

一、城市公共资源开发中出现的一些问题

城市公共资源是一种共有资源，政府可以对其进行调控，其特点是垄断性、公益性和专有性。开发公共资源具有生产过程中的排他性，但是从消费者的角度来说非排他性则是非常明显的。当产出公共产品以后，可能会导致其产品在消费和服务中的排他性和竞争性完全消失，成为服务于城市经济社会发展的公益性产品，所有的公众都可以享用这个产品。城市公共资源开发这个过程是循序渐进的，很多因素例如城市的规模大小、城市经济社会发展水平等都会对其产生影响，所以在开发城市公共资源的过程中还存在一些显著的问题。

1. 保护城市公共利益与经济增长之间的不协调

改革开放以来，虽然城市政府开始逐渐转变以往那种过于强调生产而不重视城市公共建设的想法，但是他们投入在公共建设方面的财政仍然很不足，再加上长期以来的错误积累，使得在城市经济增长迅速的情况下，城市公共产品增长的速度非常缓慢，二者之间出

现了一些不协调的情况。

近年来虽然城市政府的公共服务能力提高了不少，供给城市公共产品这方面也有了显著的进步，但是在城市化快速发展的影响下，城市规模出现了大范围的扩张，公共服务和公共产品却还是不能满足公众日益增长的需求量，很多城市都不能保障自身的公共利益。同时在开发和建设城市的过程中，一些城市过于看重经济效益，势必会对一些公共利益造成损害。很多大型或中型城市出现了城市病，例如影响了环境质量，造成交通非常拥堵等，这些都制约了城市经济社会的发展。

2.公共产品以及服务供给的发展速度与需求的增长不对称

中国的城市公共经济之所以发展缓慢，就是因为城市在公共服务和公共产品方面不能达到需求的标准，城市在经济社会发展方面的正常需求是不能被满足的。同时政府提供的一些服务，以前是由国有企事业单位自行承担的，不断减少的企业福利增加了城市居民的需求，与政府供给之间也出现了越来越大的差距。

如今城市的经济实力在不断增强，有了更高的人均收入，这些都改变了城市公共产品和公共服务在数量、结构以及质量方面的需求。城市居民从以往消费型的公共产品需求，升级成了发展型的需求，如今在文化、医疗、休闲及教育等方面持续增长的消费，比总消费的增长情况更高就说明了这个趋势。但是很多公共产品明显出现了供不应求的问题，与社会需求不相符合，例如公共租赁房、经济适用房等。这进一步加剧了城市居民公共需求与公共服务、产品供给之间有效性的不对称现象。

中国转型期的城市社会并没有消除公共产品供需之间出现的持久张力，这种张力反而伴随着不断扩张的居民公共需求和结构的转型变得更加凸显。这种凸显不仅体现在规模层面，在结构层面也有所体现，不仅是行为上的更是理念上的。最近几年城市中涌入了大量的农村剩余劳动力，城市公共服务和产品的需求量因此增加了许多，但是这部分人却并不包含在现有的供给模式中，也就是说提供的公共产品和服务并没有惠及至这些人身上。这种制度、政策上面的不足造成的结果就是居住在城市中的所有人口不能公平地享用城市公共产品以及服务，对城市化的效率产生了很大的影响。

3.公共产品生产出现了过度超前和过度滞后的两极分化问题

对于中国来说，在开发城市公共资源的过程中最大的问题就是发展不当，一方面是城市公共经济的发展严重滞后，造成了公共产品和服务数量不足等问题；另一方面则是在城市公共领域方面出现了超前投资。公共产品和服务的不足，影响了城市功能的完整性。而城市公共投资浪费造成的结果是投入和产出没有成正比，或者是产出的公共产品、服务出现了过剩现象，没有对城市功能进行有效地强化，白白增加了城市的发展成本。这两方面的问题带来的城市投资浪费情况是非常严重的。根本原因就是在使用城市公共投资的时候没有从长远出发来进行规划，监督和制约机制缺失，更没有去分析公共投资对于城市功能是否有利，能不能提高并强化其功能。

二、对城市规划的公共利益进行维护，使其达到最大化

城市规划这项公共政策是非常重要的，从最初的编制到后期的实施都是城市政府公共行为的充分体现。所以在规划、编制到实施的过程中都要对各种利益主体进行协调，强调公共利益的主要地位，在足够公平的前提下提高城市运行效率，从而将城市公共利益达到最大化。

1.为城市发展目标的实现提供了保障

城市发展目标的概念是在一定时期内城市政府制定的发展指标和发展目的，是为了对城市经济、空间、环境以及社会等方面的发展进行推动而制定的。城市发展目标属于城市规划和战略规划的范围，其作用是对下一层次的城市规划以及建设进行指导。研究城市发展目标，首先要充分地对城市发展所处的阶段及城市社会经济目前的发展情况、宏观背景进行分析，以此为依据科学合理地设定城市发展的战略安排和指标设计。在实际操作中确定城市发展目标的一个重要依据，就是城市国民经济社会发展的规划纲领。城市发展目标要将城市公共利益的诉求充分地体现出来，也就是说要反映政府在当年内需要完成的城市建设内容。如今我们所处的时代高度全球化，国内城市都追求发展成为创新城市、生态城市、信息城市、宜居城市以及低碳城市等。这个目标框架是比较大的，下面还有建设城市公共设施、城市绿化等，对其控制范围都有比较明确的界定。所以在制定城市发展目标的时候要足够科学，并从时间和空间量方面提供保障来实现目标，这既是规划城市的重要内容，又能将城市规划作为政策和技术工具的作用充分地发挥出来，为城市公共利益的维护起到积极作用。

2.让公共产品的有效供给得到进一步增加

在特定的经济社会发展过程中，政府能够提供高效且高质量的公共服务和产品给居民，满足公众的公共需求，就说明城市发展具有良好的质量。公共产品的有效供给也就是对资源进行合理的配置，为经济发展和社会福利产生促进作用，在目前的社会发展形势下也需要转变城市规划重点研究的方向。工业化时期城市发展的主要目标是实现经济的增长，所以当时提供了足够的空间以及生产性基础设施来帮助城市经济增长，就是城市规划的主要任务。如今中国城市已经从工业化转型了，所以如何有效生产和分配城市的公共服务和产品就成了城市规划中主要考虑的部分。

目前住房、养老、教育以及医疗部分都是城市居民在公共服务方面提出的要求，但是城市政府能做到的却不多。很多公共服务本来都是应该由政府提供的，但是城市居民并没有免费享受到。经济的发展使得大量外来人口涌入了城市，他们虽然推动了城市化的进程，但却不在城市公共服务的服务范围之内，即便享受到的公共服务，也和城市居民存在很大的差距。

在编制城市规划的时候，首先要以社会经济发展目标为依据，合理配置城市公共产品和服务。在这个过程中市场经济需要调节资源配置，政府也要监管公共产品的供给情况。

例如在编制城市居住区规划的时候往往会有很多设计单位共同进行，政府需要做好监管工作，才能保证公共产品以及服务配套的完善、到位，不出现缩减建设规模、重复交叉等问题。

3. 对市场外部性的影响进行矫正

外部性指的是经济行为影响外部，出现私人或者企业成本偏离社会成本、私人收益的情况。外部性广泛存在于城市发展过程中，并且有正负两种。之所以会出现负的外部性，其中市场的失效是主要原因，损害了私人或公共利益，效率的降低、过度使用公共资源以及转嫁成本等就是其具体表现。所以各级政府要将自身的调控职能充分发挥出来，进行经济活动以及资源配置，对私人和公共部门之间进行协调，达到统一的利益关系，避免出现"公地悲剧"这种职能缺失问题。通过对市场外部性的矫正，来为城市经济社会和环境健康做好保障。